근대가 세운 건축,
건축이 만든 역사

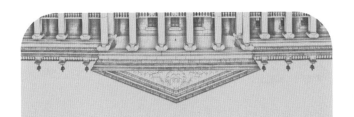

근대가 세운 건축,
건축이 만든 역사

역사 따라 살펴보는 경성 근대건축

이영천 지음

영국 전래동화 〈아기 돼지 삼 형제The Three Little Pigs〉는 전 세계적으로 잘 알려진 이야기로, 엄마 품에서 벗어난 돼지 삼 형제가 각기 삶을 영위하기 위해 짓는 집의 재료와 구조가 이야기의 중심이다. 시각이나 해석에 따라 여러 변형된 이야기로 각색되기도 했으며, 지혜로운 셋째 돼지의 용기 있는 행동을 슬기로운 민중의 생존 전략으로 비유하기도 한다. 이야기에 숨겨진 은유와 여러 행동 규범은 각자가 처한 상황 인식과 맞물려 때로는 강자가 약자에게 가져야만 하는 도덕적 가치로, 때로는 오리엔탈리즘Orientalism으로, 때로는 침략적 제국주의를 비판하는 도구로 쓰였다. 19세기 후반 바람 앞 등불 같았던 조선의 위급은 아기 돼지 삼 형제 중 몇째가 지은 집에 해당했을까?

집은 터가 바탕이다. 집을 지으려면 앉을 방향은 물론 지형과 지질, 물 빠짐, 바람과 햇볕 등 자연 요소를 모두 고려해야 한다. 아울러 이웃과 마을, 집이 속한 공동체의 관념과 생활 양태, 전통과 의식, 규범도 주요하게 살펴야 할 인문 요소다. 나라로 치면 '지정학적 요인'이라 할 만하다. 터가 정해지면 합리성과 경제성이 담보되는 설계가 있어야 한다. 이는 집 짓는 사람의 필요와 욕구, 공간 구성을 반영해 예산과 공사 기간, 소요 장비와 기술자, 재료를 결정하는 계획 행위다. 미래의 불확실성에 대비한 '중·장기 계획'을 세우는 것이기도 하다. 설계가 완료되면 터를 닦고 기초를 다진다. 무엇보다 자연재해를 예방할 수 있어야 한다. 한 나라의 '정치적 토대와 구성원인 국민의 건강성'에 비견할 수 있다.

터가 닦이면 기단을 쌓고 주춧돌을 놓는다. 들어설 집의 공간을 구획하고 내리누르는 모든 하중을 맨 아래에서 견뎌내야 한다. 집이 무너지거나 변형되는 것을 막아내는 역할이다. 지속성을 담보하는 '생산력을 바탕에 둔 튼실한 경제력'이라 할 수 있다. 그 위에 기둥을 세우고 기둥끼리는 보를 건다. 기둥과 보는 무거운 지붕을 지탱해야 하며, 벽을 충분히 품을 수 있어야 한다. 말 그대로 '동량棟樑'이다. 한 사회의 '사상이나 종교, 교육과 규범, 가치 기준과 상식' 같은 것이다.

짓는 집이 만약 한옥이라면 지붕을 먼저 얹는다. 눈비와 더운 햇볕을 막아주고, 적정한 무게로 집이 안정되도록 버티는 역할이다. 지붕은 한 사회의 미래를 이루고 가꿔갈 '문화와 학문, 과학 기술' 같은 것이다.

그다음에는 벽을 쌓는다. 기둥과 벽 재료가 집 구조를 결정하는데, 벽은 보온과 단열은 물론이고 야생동물과 침입자로부터 집에 사는 사람을 안전하게 보호할 수 있어야 한다. '국방과 치안' 같은 존재다. 필요에 따라 벽에 창을 내는데, 이를 통해 바람과 공기, 햇살과 풍경을 맞아들인다. 창은 날씨와 외부 변화, 공동체를 이룬 이웃의 활동을 관찰해 거주자를 주체화하는 창구이자 통로다. 자국의 이익과 호혜互惠에 복무하는 '외교 활동' 같은 역할이다.

문門은 집의 꽃이다. 건축에서는 '벽이나 담장 등 한 공간의 영역을 구획하는 경계와 그 영역에 이르는 통로가 만나는 지점'으로 정의한다. 따라서 벽이나 담장 같은 '경계 요소'와 필연적으로 병존할 수밖에 없다. 방의 경계 요소는 벽인데, 방문은 벽의 그 기능 일부를 해체시킨다. 담장은 집의 경계 요소이고 대문이라는 존재로 통로를 갖는다. 성벽 또한 마을이나 도시의 경계 요소로, 그곳에 이문里門이나 성문을 내어 경계를 넘나들게 했다. 문의 존재와 기능은 잇닿는 경계 요소에 따라 좌우되는 것이다. 일상에서 사람들은 수없이 많은 문을 드나든다. 방문과 대문, 일터의 출입문이다. 혹은 타인의 경계에 드는 문을 지날 수도 있다. 문을 드나든다는 행위는 영역 안팎의 서로 다른 기능을 가진 공간을 주체적으로 소비한다는 의미다. 방에서는 휴식을, 사무실에서는 일을, 부엌에서는 조리 행위를 하면서 그 공간을 소비하는 것이다. 이런 모든 일상은 결국 경계를 '넘나드는' 행위다. 이는 곧 새로운 공간이나 사람, 행위와 생각을 만나는 것이며, 모든 '변화'를 추동하는 시작점이다.

문호門戶는 결국 나를 지켜내며 외부와 교류하는 통로이자 수단이다. 이를 '개방'한다는 것은 경계를 허물어 다른 시공간과 타인을 스스럼없이 불러들여 만나고, 그들이 가진 장점과 문화를 배우고 익혀 내 것으로 수용하겠다는 주체적 의지 표현이다. 개인이 그렇듯 한 나라의 점진적이고 온건한 봉건 해체를 위한 '주체적 근대화Autonomous Modernization'는 따라서 필연적으로 잘 지어진 집의 문호를 열어젖히는 것에서 비롯한다.

대항해시대의 신대륙 발견과 상품시장 확장은 상업자본주의를 싹틔웠다. 금·은과 원료 확보 경쟁은 새로운 시장 개척으로 이어졌다. 넓혀진 시장에 따라 급증하는 면직물 수요가 산업 발달로 이어지면서 양모 가격은 급등했다. 이에 영국이 가장 먼저 반응한다. 16~18세기 영국에서 두 차례에 걸쳐 인클로저Enclosure가 일어나는데, 인클로저로 양羊을 기르던 울타리가 토지라는 '자본재 사유화'를 빚어냈으며, 이로부터 이전과는 전혀 다른 새로운 '생산관계'가 파생한다. 바탕에는 가격 변동에 대응하는 대규모 농업 경영의 출현과 도구와 기술 발달에 따른 '생산력' 증대가 있었다. 생산력 증대는 필연적으로 인구 증가를 수반했는데, 증가한 인구를 먹여살린 효자 품목이 바로 감자였다. 증가한 인구는 농업 외 분야로 흡수되었다. 광작廣作의 거대 농장 생산관계에서 이탈한 농민이 산업 예비군으로 전락한 것이다. 이로써 농업만이 아니라 공업에서도 대량생산이 가능한 체제의 모태가 형성되었다. 이른바 '생산양식'의 변화다. 이런 변화가 확대재생산이라는 잉여물을 통해 신시장 개척과 이윤 확장 욕구를 지속적으로 추동해냈다. 유럽의 변방 영국에서 '산업혁명'이 일어난 직접적 계기다.

봉건 해체의 길은 여럿이었다. 방식과 정도의 차이는 있었지만 각 지역과 나라마다 전통적 생산양식이 온건하게 해체되고 있었으며, 점진적으로 자본주의로 나아가고 있었다. 특이하게 영국의 봉건 해체 양태는 대량생산이 가능한 '생산도구'의 발달로 추동된 급격한 형태였다. 이런 급진적 변화가 가져온 산업혁명은 약육강식이라는 비정한 칼날이 되었다. 자본에는 온정의 눈길과 따뜻한 마음이 없었다. 원료와 시장, 이윤 확보라는 생존게임에서 점령이나 제압해야 할 상대는 물론 선·악을 따로 구분하지 않았다. 살아남으려면 영국이 추동한 산업혁명이라는 열차에 싫으나 좋으나 올라타야만 했다. 이는 서구 유럽 국가들에 가장 먼저 영향을 끼쳤다. 생존의 전제조건은 간단했다. 튼실한 생산력을 바탕으로 겸비해야만 하는 강력한 군사력이었다. 18세기 중반에서 19세기 중반 사이 산업자본주의와 식민제국이라는 독점자본주의가 탄생한 배경이다. 이를 편의상 '군사력을 배경에 둔 산업혁명형 근대화'라 규정한다. 19세기 중후반, 이런 산업혁명형 근대화에 거의 막차로 올라탄 나라가 러시아와 일본이었다.

일본은 메이지유신明治維新(1868년)이라는, 혁명에 버금가는 상층부로부터 충격파가 있었다. 비교적 허술하던 기존 통치기반은 대정봉환大政奉還(1867년)으로 붕괴되었지만 내부는 전쟁을 겪어야 했다. 전쟁에서 승리한 반 막부幕府 세력은 천황제라는 중앙집권적 단일정치체제로 급격히 이행해갔다. 통치체제 붕괴에서 시작된 봉건 해체가 사회 전체와 국가를 새롭게 변화시킬 기회를 준 셈이다. 일본은 신분제를 폐지하고 생활 양태부터 바꿔나간다. 그리고 내부에 쌓인 불만은 외부와의 전쟁을 통해 해소했다. 필연적으로 군사력 증강이 가장 먼저 필요할 수밖에 없었던 것이다. 이후 20여 년간 '탈아입구脫亞入歐'를 통한 급격한 산업혁명형 근대화에 몰두한다.

반면 조선은 안정적인 통치 기반과 유사한 생산양식에서 크게 벗어나지 못하고 있었다. 극심하게 썩은 정치체제에도 불구하고 종주국 중국의 영향권에 놓인 안정된 통치 기반이 봉건 해체의 걸림돌로 작용했다. 급변하는 동아시아 정세에서 중국 중심의 정치·경제 블록에 포함된 나라들이 유사한 고난의 길을 걷게 된 직접적 이유다. 중국은 물론 조선과 동남아시아의 거의 모든 나라가 겪었던 피식민지로의 전락은 다른 시각으로 보면 봉건 해체를 가로막는 필연성이 내재된 체제의 구조적 한계였다.

거대 중국을 직접 통치하는 일에 대한 한계와 부담을 동시에 느끼고 있던 영국을 비롯한 서구 열강은 조선에 그다지 관심을 갖지 않았다. 시장 개척 우선순위도 중국 다음으로 일본이었다. 이런 경향성은 가톨릭과 기독교 선교사들에게까지 퍼져 있던 공통된 시각이었다. 따라서 중국을 경제적으로 예속시켜 그들이 가진 조선에 대한 종주권을 배후에서 잘 조종할 수만 있다면 조선에서의 경제적 이득과 간접 지배 그리고 선교의 자유가 보장되리라 판단했다.

하지만 19세기 후반 일본과 러시아라는 복병이 등장한다. 또 무너져가고는 있었지만 거인 청나라의 목숨은 생각보다 질겼다. 가장 먼저 러시아의 남하정책이 조선과 만주에 위협이 되었다. 이에 대응하던 조선은 빗장을 걸어 잠근다. 이는 병인박해와 병인

양요의 직간접 원인이었다. 가톨릭 선교에만 몰두하던 프랑스를 통해 점진적이고 유화적인 '주체적 근대화'를 취할 작은 기회를 이 때 상실해버렸는지도 모른다. 내부적으로는 세도정치 수구집단과 중국 통치기반에 기생하던 기득권 세력과의 싸움에서 지레 물러나 버린 형국이었다. 그 길이 반드시 산업혁명형 근대화를 지향하는 게 아니었어도 좋았다. 17세기부터 내부에 축적된 상업자본을 활용한 '하부 구조'의 변화를 시작으로 봉건 해체의 길에 들어설 여건이 다소나마 형성되어 있었기 때문이다.

흥선대원군의 실각은 구시대 회귀에 대한 반발과 변화하는 국제관계가 빚어낸 필연의 산물이었다. 당시 상황에서 개혁과 개방은 시대적 요구였다. 하지만 새로 권력을 쥔 왕후 민씨 일파는 무능하고 부패했으며, 무너져가는 중국 등허리에 기대기 급급했다. 운요호의 무력 시위에 어이없는 개항(1876년)이 들이닥치자 온 나라는 어리둥절해 했다. 중국을 경제적으로 예속시켜 조선에서 이권을 어부지리하려던 서구 식민제국마저도 당혹스럽기는 마찬가지였을 것이다. 조선에는 통상조약이라는 파고가 밀려들었고, 이는 서구 식민제국이 조선에서 러시아와 일본의 존재를 확인하는 과정이기도 했다. 어쩌면 조선과 만주가 두 나라 중 하나의 손아귀에 떨어질지도 모른다는 서구 열강의 우려의 산물이기도 했다. 이런 우려는 불행하게도 청일전쟁과 러일전쟁을 거치면서 현실이 되고 만다. 서구 식민제국은 그들이 아프리카, 아시아, 아메리카에서 그랬듯 이런 점령정책을 아무 일 없다는 듯 서로 추인해준다.

가장 먼저 조선에는 서양 공사관이 생겨났다. 뒤이어 가톨릭 성당과 기독교 교회당, 학교, 병원이 밀물처럼 밀려들었다. 이 과정에서 서구식 건축은 토지이용의 변화를 가져왔는데, 토지이용의 변화는 새로운 가로망 개설을 요구했고, 이는 도시 공간구조의 변화로 이어졌다. 교통시설이 먼저 들어선 곳에서도 마찬가지 현상이 일어났다. 이런 선순환은 반복적으로 도시의 다른 기능과 시설에 영향을 주면서 도시 공간구조의 변화와 확산을 이끌었다. 또 토지이용의 집적화·고도화는 생산력을 증대시켰다. 이 때문에 급격한 자본재의 사유화가 이뤄졌고, 이는 다시 생산관계와 생산양식을 바꾸었다.

이런 변화는 생활 양태의 변화 또한 수반했다. 이제 전혀 다른 생활양식을 구가하는 새로운 집이 필요해졌다. 봉건형 가내수공업과 대가족이 해체되고 핵가족화하는 이른바 직주분리職住分離였다. 생활의 변화는 일상 환경 또한 바꿔놓았는데, 온돌로 대표되는 좌식이 침대로 대표되는 입식으로 변화했고, 식생활도 달라졌다. 서당이라는 개별적 가르침과 배움의 공간은 학교로 대체되었고, 대규모 공장도 들어섰다. 이런 모든 변화가 사람들 생각에 변환을 가져온다. 변환된 생각은 행동과 실천으로 이어져 집단과 사회를 변모시켰고, 이는 수직적이던 봉건적 정치·사회 계급 구조의 해체를 불러왔다. 참정권으로 대체된 수평화된 계급 구조의 빈자리를 자본재를 소유한 집단이 차지하게 된 것이다. 그러나 안타깝게도 우리는 이런 변화의 길을 스스로 걷지 못하고 타의에 의해 강제·강압되었다. 우리 생각과 의도를 펼칠 수조차 없는 처지로 빠져버렸다.

잔인하지 않은 식민 지배가 어디 있겠냐마는 분명 차이는 존재했다. 식민 통치 방식을 앵글로색슨형과 프로이센형으로 나눌 수 있는데, 전자는 영국이 인도에서 시행한 방식으로 제한된 정치적 자치권을 부여하고 영국 연방의 일원으로 복속시켜 민족적·인종적 차이를 인정하는 통치를 원칙으로 했다. 반면 후자는 인종말살정책이라는 가혹한 통치 수단을 적용한다. 이는 피식민지의 언어, 문화, 전통, 사상까지 망라해 뿌리째 뽑아내려는 시도로, 인종적·정치적 동화를 무력으로 강요한다. 이 과정에서 무자비한 탄압과 잔혹한 살육이 뒤따른다. 일본이 조선에 행한 식민 통치 방식이었다.

프로이센형의 근간이 된 시설물들은 행정기관이나 교육기관은 물론 군사기지, 처벌과 감시를 자행한 기구들이다. 이를 통해 언어를 앗아가고 표현의 자유와 집회결사의 자유, 최소한의 자치권마저 인정하지 않았으며, 투표권은 물론 재산권까지 박탈했다.

군국주의 일제의 대륙 침략 루트인 철도가 국토의 공간구조를 지배했으며, 총칼로 조선인의 자본재 소유를 철저히 감시하고 봉쇄했다. 3·1운동 이후 폐지된 회사령도 사실 기만에 불과했다. 이후 한반도 내 기업은 일본의 이익과 침략전쟁에 복무하는 한도 내에서 허용될 뿐이었다. 친일로 자본을 축적한 독점자본가도 예외는 아니었다. 수탈형 산업구조 때문이다. 이는 생산관계의 심각한 왜곡과 민족 차별, 계급 차별로 이어졌다. 군수산업 우선정책에 따라 비정상적 생산양식도 형성되었다. 일방적으로 앗기고 종속되는, 피식민지의 힘으로는 절대 홀로 설 수 없는 '노예적 근대화'였다.

이 모든 결과론적 서술에도 당시 조선은 '아기 돼지 삼 형제'가 될 의지가 있었는지조차 의문이다. 분열된 내부는 처음에는 중국에, 그다음에는 러시아에 기대다가 종국에는 일본 손아귀에 장악당한다. 어쩌면 어떤 형태의 집을 짓겠다는 생각조차 갖지 않았을지 모른다. 몇 번의 좌절된 민중 저항이 '바로미터'다.

근대화 들머리 파란의 역사는 근대건축을 낳았다. 자주와 자강으로 부강한 나라를 만들어 영세 중립국을 수립하겠다는 저항의 몸부림은 철저히 짓밟힘으로써 좌절되었다. 일제가 세운 건축은 노예적 근대화의 이식이나 마찬가지였다. 침략과 강압, 과시와 위압의 얼굴을 한 그들의 건축은 친일이라는 역사를 써냈다. 그리고 기회주의 세력을 양산해냈다. 물론 독립투쟁이라는 빛나는 역사도 있다. 늦지 않았다. 이어가야 할 자산은 되살려 빛내고, 타도하고 없애야 할 병폐는 말끔하게 도려냈으면 좋겠다. 주체적 시민의 힘으로 말이다.

부족한 책을 선선하게 허락해준 루아크 출판사에 감사 인사를 드린다. 더불어 늘 응원해주는 많은 벗에게도 감사의 마음을 전한다. 방 안에만 박혀 '하고잡이Workaholic' 생활을 고집하는 부족한 사람을 묵묵히 감내하고 응원해준 아내 윤주와 딸 하린에게도 고맙고 사랑한다는 말을 전하고 싶다.

차례

1장

서로를 경계하며
우후죽순 밀려드는
외국 공관들

조선은 19세기 후반이 되어서야 문호를 연다. 하지만 본질은 제국주의 국가들의 패권 다툼 속에서 일어난 비자발적, 비주체적 개방이었다. 이런 딱한 처지에 맞닥뜨린 근본 원인은 안으로 썩은 내치가 첫째 요인이고, 동북아시아에서 대영제국과 러시아의 힘겨루기인 '그레이트게임The Great Game'을 대비는 물론 파악조차 하지 못한 무지와 맹목이 둘째 요인이다. 이렇듯 우리 근대화의 여명은 타자가 비춘 어스름한 빛줄기를 타고 밝아왔다.

　1875년 일본 군함 운요호의 어이없는 도발에 안으로 곪아 있던 조선은 속수무책이었다. 이듬해 조선은 일본과 조일수호조규朝日修好條規(강화도조약)를 맺으면서 강압으로 문호를 열어야 했다. 1880년 돈의문 밖 천연정天然亭 부근에 일본공사관인 청수관이 설치되는데, 이는 조선에 최초로 들어서는 외국 공관이었다. 이후 서구 열강들은 기다렸다는 듯 조선과 조약을 체결하고 공사관을 짓는다. 서구 열강 중에 가장 먼저 조선과 통상조약을 맺은 나라는 미국이다(1882년). 미국은 공사관으로 사용하기 위해 1883년 정동에 있는 한옥을 매입한다. 지금도 주한미국대사관저 부속 시설로 사용 중인 바로 그 한옥이다. 미국이 조선과 수교를 맺자 영국과 독일도 뒤따른다. 그중 영국이 정동에 건립한 공사관은 130년간 한 자리를 지키며 지금도 대사관으로 기능하고 있다. 독일은 영사 업무를 개설한 뒤 곳곳을 전전하다가 어렵게 지금의 서울시립미술관 자리에 영사관을 건립하지만 경운궁 확장정책에 밀려 회현동으로 이전하고 만다. 이 건물은 지금 사라지고 없다.

영국의 움직임에 조급해진 러시아는 1884년 조선과 수교를 맺고 1890년 한성 내 최초의 서구식 공사관을 정동 언덕에 짓는다. 가톨릭 선교의 자유를 얻으려다 수교가 늦어진 프랑스는 1896년 창덕여중 자리에 무척 아름답기로 소문난 공사관을 건립하는데, 강제병합 뒤 조선총독부가 사용하다가 심상소학교를 세우는 과정에서 헐리고 만다. 벨기에는 1901년 수교 이후 회현동에 영사관을 짓는데, 이 건물은 일제강점기에 보험회사와 군사시설로 사용되다가 1970년 옛 상업은행 소유가 된다. 회현동 부지를 재개발하는 과정에서 건물은 남현동으로 통째로 옮겨졌고, 지금은 서울시립 남서울미술관으로 사용 중이다.

한반도에 들어온 열강들이 공관 부지를 확보하고, 건축물을 짓고, 그들 의도에 맞게 운용하는 과정을 살피다 보면 살아남기 위해 아등바등 몸부림치던 조선의 모습을 자연스럽게 엿볼 수 있다.

조선의 마지막을 오롯이 지켜본 언덕

돈의문 터에서 정동길로 접어들면 저절로 근대의 정취가 느껴진다. 지금은 높은 빌딩에 가려 쉽게 알아보기 어렵지만, 왼쪽에 제법 높은 언덕이 있다. 구한말에는 도성을 한눈에 살필 수 있었다는, 지금의 정동공원이다. 3층의 새하얀 전망탑이 이 언덕을 홀로 지키고 서 있는데, 한국전쟁 폭격 속에서도 겨우 살아남은 옛 러시아공사관 흔적이다. 바람 앞에 맨몸으로 선 꺼져가는 촛불 같던 조선의 위급이 고스란히 남아 있는 곳이기도 하다. 러시아공사관은 우크라이나 출신 건축가 사바틴Afanasii Ivanovych Seredin-Sabatin °이 설계한 건축물이다.

계속되는 러시아의 남하 시도

북극에 인접한 러시아는 자연환경이 몹시 척박하다. 추운 겨울이면 바다마저 꽁꽁 얼어버려 항구로 기능할 수 없는 곳이 상당수다. 이는 군사적·상업적으로 무척 열악한 조건이다. 겨울이 길어 농업생산량이 저조하고, 농토마저 척박했던 러시아는 비옥한 토지를 찾아 끊임없는 확장을 시도했다. 척박한 토지가 옥토로 바

° 러시아 국적의 건축기사다. 1883년 9월 조선에 온 그는 머무는 동안 여러 건축물을 설계하고 토목공사에 참여하는 등 활발한 활동을 전개했다. 경운궁 조영 기본계획(1888)을 비롯해 환벽정(1897), 정관헌(1900), 수옥헌(1902), 구성헌(1902), 돈덕전(1902), 경복궁 후원 목조탑 및 관문각(1891), 러시아공사관(1890) 및 아문(1894)과 부설 교회(1902), 독립문(1897), 독일영사관저(1902), 손탁호텔(1903), 인천해관청사(1883), 세한양행 사택(1884), 부두 접안시설(1884), 만국공원(1888), 제물포구락부 본관(1889) 및 별관(1901), 러시아부영사관(1902) 등이 그의 손을 거쳤다.

꿰기를 기다려 무력으로 점령하는 정책을 지속적으로 펴나간 것이다. 17세기 중반 우크라이나를 점령한 것이 대표 사례다. 그 이후에도 러시아는 얼지 않는 항구와 옥토를 갈망하며 남쪽으로 내려오려는 시도를 멈추지 않는다. 그들의 이런 움직임은 서유럽의 경계심을 다분히 높이는 요인이었다.

러시아의 남하정책은 발칸반도에서 중앙아시아를 향해, 다시 중국과 동북아시아를 향해 순차적으로 이행되었다. 17세기에는 북해와 발트해 연안으로 진출해 스웨덴과 전쟁을 벌였고, 18세기에는 그리스정교를 보호한다는 구실로 크림전쟁을 일으켜 크림반도를 차지할 속셈을 내보이지만 영국과 프랑스의 저지로 실패한 적도 있다. 러시아의 이런 움직임은 서유럽과 사사건건 부딪혔으며 19세기 유럽의 주요 쟁점으로 떠오른다. 특히 식민지 확장의 선두에 선 영국과의 마찰이 극에 달한다. 계속되는 러시아의 남하 시도는 영국을 필두로 한 서유럽 제국에게 번번이 좌절된다.

그런데도 러시아는 서유럽 국가들보다 중국에서 더 큰 이권을 차지한다. 1860년 북경조약北京條約°으로 연해주를 획득하고, 이를 통해 블라디보스토크에 항구를 건설해 극동 진출을 위한 교두보로 삼는다. 1870년에는 구상에만 머물던 시베리아횡단철도 건설에 착수하고, 청의 영토인 신장·위구르 지역을 점령한 이리伊犂

°제2차 아편전쟁 결과로 1860년 10월 18일 청나라가 영국, 프랑스, 러시아와 체결한 조약. 이 조약에 따라 영국은 주룽(홍콩 중심부)을, 러시아는 연해주를 차지한다. 러시아는 만주로 영향력을 확대했고, 영국은 청의 각종 이권을 빼앗았으며, 프랑스는 천주교 전파 등 포교 활동 자유를 인정받았다.

점령사태로 동북아시아에 긴장을 조성하기도 한다. 이처럼 만주와 한반도 지역이 러시아의 점령 대상으로 급격히 부상한다.

한양 도성을 한눈에 살피려는 러시아

러시아에 위협을 느낀 영국은 중국을 중심에 두던 동북아시아 확장전략을 수정해 1883년 조선과 수교를 맺는다. 그전까지 영국은 조선에 큰 관심을 두지 않았다. 러시아의 남하정책을 저지하기 위한 하나의 대안이었을 뿐 최우선 대상은 아니었던 것이다. 곳곳에서 마찰을 빚던 영국이 조선과 수교를 맺자 러시아는 다급해진다. 러시아는 주청 공사로 근무 중이던 베베르Karl Ivanovich Weber°를 조선에 급파하는데, 그의 임무는 조선과 만주를 경영하는 것이었다. 아울러 조선과 통상조약을 체결해 각종 이권은 물론 조선에서 부동항을 얻는 것이기도 했다.

러시아는 1884년 7월 7일 조선과 조로수호통상조약朝露修好通商條約°°을 체결함으로써 정식 외교관계를 맺는다. 초대 공사로 부임한 베베르는 무척 예의 바르면서 신중하고 냉철한 인물이었다.

°러시아 외교관으로 1885~1897년까지 주조선 러시아 공사로 활동했다. 을미사변 때 일본에 항의하고 청일전쟁 후 삼국간섭에 관여하기도 했다. 아관파천 당시 고종으로부터 여러 이권을 얻어냈으며, 고종이 환궁한 뒤에는 이완용 등을 필두로 친러 수구파 정권을 형성하는 데 영향을 끼쳤다.

°°주청 천진 공사 베베르와 김병시 사이에 체결되어 1895년 10월 비준을 교환했다. 베베르는 이홍장의 실질적 수족으로 조선 내정에 깊숙이 관여하고 있던 독일인 묄렌도르프의 도움을 받았다. 조선은 러시아의 도움으로 나라를 지키려는 계획이었고, 러시아는 부동항을 얻으려는 남하정책의 일환이었다.

곧장 고종의 신임을 얻고 고관대작들과 두루 사귄다. 아내를 앞세워 왕비의 환심을 사두었을 뿐 아니라 조선 내정을 간섭하던 원세개袁世凱를 철저히 경계한다. 조선에서 청나라의 영향력을 약화시키려는 의도였다. 베베르의 인척으로 알려진, 함께 입국한 손탁 Antoinette Sontag은 궁궐 양식조리사로 일하는데, 그는 궁궐 내부 깊숙한 곳에서 베베르의 손발처럼 움직인다.

베베르는 한성에서 경쟁자 영국에 맞서는 위용을 과시하고자 도성을 한눈에 살필 수 있는 곳에 공사관을 지으려 계획한다. 그가 선택한 땅이 바로 경복궁과 경운궁, 경희궁을 굽어볼 수 있는 정동 언덕이었다. 베베르는 여러 경로를 통해 조선 조정과 협상을 벌였는데, 당시 조선 조정은 이미 썩을 만큼 썩어 있었고 재정 상태도 열악했다. 러시아는 이를 악용한다. 러시아는 땅값을 아끼기 위해 일 년 이상 협상을 끌고 가는데, 베베르가 1884년 11월 본국에 보낸 〈한양 공사관 유지금내역 상신서〉에는 공사관 부지 매입비로 5000멕시칸달러와 공사관 신축 예산으로 6만 달러가 각각 필요하다는 내용이 기록되어 있다.[1] 정확히 일 년 뒤인 이듬해 11월 2일 본국 외무부에 보낸 비밀 전문에서 "한양에 좋은 공사관 부지를 찾았다. 이 언덕에서 조금 떨어진 낮은 곳에 미·영 공사관이 자리해 있다. 조선 조정은 언덕 주변을 포함해 약 2헥타르를 2200달러에 매입할 것을 제의해왔다"라고 보고하면서 공사관 부지의 지형도를 첨부한다. 이에 러시아 외무부는 곧바로 도쿄에 있던 스페이에르Alexei de Speyer에게 "베베르에게 속히 공사관 부지 구입 자금 2200달러를 송금하라"라는 전문을 보낸다.[2] 5000달러였던 땅이 일

근대가 세운 건축, 건축이 만든 역사

1896년에 촬영한 러시아공사관 전경. 당시 한성에서 제일가는 서구식 건축물이었다.

년 뒤 절반도 되지 않는 2200달러가 된 것이다. 이는 당시 쌀 1100가마의 값이었다. 이런 과정을 거쳐 공사관은 1885년 착공에 들어갔고, 5년 뒤인 1890년 완공한다. 러시아공사관은 당시 한성에서 제일가는 서구식 건축물이었다. 인접한 영국공사관을 능가하는 규모였고, 장안에 우뚝 솟은 군계일학의 모습이었다고 당시 기록은 전한다.

조선의 시련과 고종의 아관파천

당시는 여흥민씨의 세도정치가 절정으로 치닫던 때였다. 소수의 손아귀에 나라가 녹아나면서 삼정이 문란해졌고, 양반이라는 작자들은 '면허받은 흡혈귀'나 마찬가지였다. 백성의 참담한 궁핍은 더는 빼앗길 게 없는 '뿌리 내린 곤궁의 안락함'이었다. 나라가 외세의 침탈을 받아도, 왕이 바보 취급을 당해도 백성의 삶과는 전혀 무관한 것으로 여기는 분위기였다.

이를 고쳐보겠다고 일어난 동학혁명으로 궁지에 몰린 조선 정부는 제 나라 백성을 죽여달라며 청나라 군사를 불러들이는 우를 범한다. 천진조약天津條約에 따라 일본군까지 밀려들면서 조선 지배권을 두고 조선 땅에서 자기들끼리 전쟁을 벌이는 일이 발생한다. 청일전쟁이다. 전쟁에서 패배한 청나라는 요동반도와 대만을 넘겨주겠다는 시모노세키조약下關條約을 1895년 체결해야 했다. 하지만 프랑스와 독일, 러시아가 이를 좌시하지 않는다. 러시아의 활동으로 삼국간섭이 관철되어 일본은 요동반도를 다시 내주어야 했다. 일본은 이때 러시아를 주적으로 삼아 막강한 러시아 함대에 맞설 해군력 증강에 혼신의 노력을 다한다. 러일전쟁은 이때 이미 서막이 열린 것이다.

베베르는 한발 더 나아가 조선 정부를 조종한다. 왕비와 결탁해 친일 내각 해산을 독려하면서 그 자리에 친러·친미 관료를 들여앉힌 것이다. 러시아에 대한 일본의 견제가 점점 커질수록 왕과 왕비는 러시아에 손을 내밀며 베베르와의 관계를 더욱 돈독히 가져간다.

이즈음 일본 육군 중장 출신인 미우라 고로三浦梧楼가 새 공사로 조선에 부임하는데, 그의 목적은 분명했다. 부임 37일 만인 1895년 10월 8일 궁궐을 침범한 그는 건청궁 옥호루에서 왕비를 처참하게 시해한다. 사무라이를 동원한 즉자적 테러였다. 이 광경이 당시 건청궁에 거처하던 외국인 목격자를 통해 전 세계에 알려진다. 그중 한 사람이 러시아공사관을 설계한 사바틴이다. 조선 조정을 장악한 일본은 친러·친미 관료를 내쫓고, 친일 관료 일색인 제3차 김홍집 내각을 들여앉힌다. 아울러 경복궁을 삼엄하게 경계해 유약한 왕을 사실상 포로 신세로 전락시킨다. 사방이 친일 분자였기에 왕은 누군가가 자신을 독살할지도 모른다는 걱정과 근심으로 식음을 전폐하고, 오로지 미국 선교사 언더우드Horace Grant Underwood 부인이 손수 가져다주는 음식으로만 연명한다. 날달걀과 연유다. 미국 선교사들은 번갈아가며 불침번을 섰다. 왕은 이미 왕이 아니었다. 하루하루가 치욕스러운 수인囚人 아닌 수인의 나날이었다.

친일 내각은 여러 개혁정책과 더불어 단발령을 선포하고 밀어붙인다. 왕비의 죽음과 단발령으로 전국에서는 의병이 일어나지

건청궁 옥호루. 이곳에서 사무라이를 동원한 즉자적 테러로 왕비가 시해되었다.

만, 이들은 명분만 그득한 수구파에 불과했다. 이들 힘으로는 일본을 털끝 하나 건드릴 수 없었다. 그해 11월 친러·친미 관료들이 왕을 미국공사관으로 피신시키려던 춘생문사건을 일으키지만 실패하고 만다. 이때 러시아가 움직인다. 혼란한 정국에 자국 공사관을 보호한다는 명분으로 인천항에 정박 중인 군함에서 수병 100명을 한성으로 진군시킨다. 고종은 베베르를 통해 러시아 황제에게 친서를 보내는데, 그저 살려달라는 구차한 밀서에 불과했다. 베베르는 친러파 이범진을 준동시킨다. 의병을 진압한다는 명분으로 도성 경비가 상대적으로 소홀한 상태에서 이범진은 엄상궁°의 기지를 활용한다. 그녀의 도움으로 왕에게 여인 복식을 입혀 1896년 2월 11일 이른 새벽 세자와 함께 러시아공사관으로 도피시킨다. 파천播遷은 과분한 상찬이었다. 고종은 겨우 수인 취급에서 벗어났을 뿐이다. 베베르의 '기획외교'가 성공을 거둔 장면이다.

이에 일본군 1000여 병력이 러시아공사관을 에워싼다. 돈의문은 폐쇄되고 정동 일대는 통행이 금지된다. 공사관을 경비하는 러시아 수병은 160여 명에 불과했기에 일촉즉발의 상황이었다. 일본은 대포로 시위하고 엄포를 놓으며 환궁을 추궁한다.

그러나 러시아공사관에서 고종의 생활은 이전과 별반 다르지 않았다. 유약한 왕은 베베르를 전격 신뢰하면서 즉각 친러 내각을 구축한다. 그러고는 단발령을 철회하고 김홍집과 유길준 등 을

°순헌황귀비純獻皇貴妃 엄씨. 대한제국 고종황제의 후궁이자 황비다. 1861년 8세에 입궐해 을미사변 직후 고종의 시중을 들다 총애를 받아 영친왕을 출산했다. 이후 상궁에서 귀인, 순빈을 거쳐 순비가 되고 1903년 순헌황귀비에 책봉되었다.

러시아공사관으로 들어가는 길목에 놓인 러시아게이트.
독립문을 빼닮은 문에는 러시아 황제를 상징하는 쌍 독수리가 그려져 있었다.

미사적을 잡아들이라 명한다. 또 모든 일은 베베르와 상의해 처결하라 지시하기에 이른다. 이는 러시아가 한반도에서 여러 이권을 차지하는 빌미가 된다. 고종은 그곳에서 1년 9일을 머무는데, 아관파천俄館播遷 당시 고종이 거처하던 곳은 2층에 있는 르네상스풍의 가장 화려한 방이었다. 그 시간 동안 나라는 곳곳에서 살점이 잘려 나가고 뼈가 으스러졌다.

화려함을 뒤로하고 전망탑만 남은 러시아공사관

러시아공사관은 부지 면적 2만제곱미터(약 6050평)에 약 7만 7800달러를 들여 지었다. 본관은 건축면적 5414제곱미터(약 1637평)로 2만 6600달러가 소요되었다. 공사관은 르네상스의 부흥이라는 신르네상스Neo-Renaissance 양식으로 지하 1층, 지상 2층에 3층짜리 전망 탑을 갖춘 제법 규모 있는 건물이었다. 아치형으로 장식한 3면 입면부 안으로 들여창문을 냈고, 아치형 정문 상부에는 아크로폴리스처럼 삼각의 신전 박공지붕을 얹었다. 또 지붕 위로는 여러 개의 굴뚝을 솟아오르게 했다. 본관 정문에 X자 모양의 제정 러시아 황제의 문양이 새겨진 깃발을 걸어놓기도 했다. 본관 외에 서기관 관사, 주거와 주방동, 세탁과 경비동, 마구간까지 있었고, 공사관으로 통하는 길목에는 러시아 게이트 또는 아문俄門이라 불리는 독립문을 빼닮은 붉은색 아치문을 설치했다. 문에는 러시아 황제를 상징하는 쌍 독수리를 그려 넣었다. 러시아 육군 카르네프 대령과 그의 보좌관 미하일로프 중위가 남긴 기록(1895~1896년)에는 러시

1970년대 초 수리공사가 진행되기 전 러시아공사관 전망탑.

한국전쟁 폭격 속에서 겨우 살아남은 전망탑은 정동공원 한쪽을 오롯이 지키고 있다.

아공사관과 그 주변의 배치가 비교적 잘 묘사되어 있다.

우리 눈앞에 미국, 영국, 프랑스 국기가 펄럭이는데 그중 러시아 국기가 가장 높이 있었다. 잠시 후 우리는 붉은 문 앞에 멈춰 섰다. 그곳에는 러시아를 상징하는 쌍 독수리가 그려져 있었고, 담 안으로 러시아제국의 웅장한 공사관 건물이 보였다. 우리는 러시아제국 대리공사 스페이에르와 그 부인의 호의로 공사관 건물에 머물 수 있었다. … 또 멕시코 공사로 임명된 전 공사 베베르도 있었는데, 인수인계하는 동안 건물 왼쪽을 사용하고 있었다. 건물 오른쪽은 스페이에르 공사가 사용했다. 러시아공사관이 자리 잡은 곳은 터가 매우 넓었고 도읍 전체가 한눈에 들어올 정도로 전망이 좋았다. 큰 건물 이외에도 작은 건물이 네 채 있었다. 베베르는 아관 및 주변 울타리 설치비, 땅값을 포함해 3만 3000루블이 소요되었다고 했다. 이 건물 뒤에는 헛간이 달린 작은 곁채와 정원이 있었는데, 그곳에서 토종 비둘기를 많이 길렀다. 울타리 왼편 정면에는 독서실과 당구장이 있는 외교관 클럽이 있었다.[3]

오늘에 견주어도 전혀 뒤지지 않는 화려함을 갖춘 건물이라 읽힌다. 러시아공사관을 설계한 사바틴은 1883년 조선에 입국한 때부터 1904년 러일전쟁 발발 전까지 한성과 인천에 서구식 건축물을 여럿 남긴다. 그의 설계가 그대로 우리 근대건축 발자취였다.

지금 정동 언덕에 남아 있는 3층짜리 전망탑의 원래 재료는 석재 그리고 회색과 붉은색 벽돌이었다. 1973년 수리하는 과정

근대가 세운 건축, 건축이 만든 역사

에서 하얀색으로 바뀐 것이다. 복원으로 재질을 되찾는다면 모습은 다시 변할 것이다. 이로 미루어 공사관도 같은 재료로 건축했으리라 추정한다. 1981년 전망탑을 발굴하는 과정에서 지하에 폭 45센티미터, 길이 20.3미터짜리 통로가 발견되었는데, 이는 경운궁과 러시아공사관을 잇던 비밀 통로로 추정하고 있다. 이 작은 통로에 꺼져가는 촛불 같던 나라의 위급이 고스란히 투영되어 보인다.

'애꾸눈 잭'으로 조선을 바라본 영국

1841년 1차 아편전쟁을 전후해 영국은 중국을 중심에 둔 동북아시아에서 경제적 이권 확보에만 주력한다는 이른바 '무형의 제국' 전략을 견지하고 있었다. 그런데 1860년 2차 아편전쟁으로 서구 열강들이 북경을 점령하자 상황이 급변한다. 그 결과 천진조약이 체결되어 영국은 홍콩을 할양받고 러시아는 흑룡강黑龍江 이북 지역을 영토로 인정받는다. 연이은 북경조약에서 러시아는 우수리스크 지방(연해주와 남부 하바롭스크 지방)마저 할양받는다. 이에 영국은 식민지 개척 전략을 수정하는데, 특히 중국을 중심축에 두었던 동북아시아 전략 일부를 바꾼다. 내용상의 식민화 전략을 버리고 배후에서 실질적 지배를 꾀하는 전략으로 선회한 것이다. 이를 통해 경제적 이권을 확보한다는 이른바 '그림자 전략'이다. 정세를 고려한 임기응변 성격의 조치이기도 했다.

사실 조선은 영국의 관심 밖이었다. 중국이 1순위였고 2순위는 일본이었다. 조선에 대한 주된 관심은 상품시장이 아니었다.

군사용 항구로서 제주도와 거문도에 군함과 상선을 정박시킬 수 있는지 그 가능성을 탐색하는 수준이었다. 조선보다 시장 잠재력이 훨씬 컸던 일본에도 큰 관심을 보이지 않았던 걸 보면, 영국은 영국-인도-중국을 잇는 시장을 안정적으로 유지하는 데 집중했던 것 같다. 영국은 배후에서 중국을 잘 조종하기만 하면 하찮아 보이는 조선에 대한 경제적 이득도 수중에 들어올 것이라 계산한 것 같다. 역사학자 하헌주는 〈개항기 영국의 대한정책과 주한 영국 공관〉이라는 연구에서 이 상황을 두고 이렇게 이야기한다(이하 인용문구 역시 하헌주의 말이다).

> 제2차 아편전쟁 후 1870년대 말까지 영국의 동아시아 정책은 평화적인 방법으로 상업상 우위를 유지하는 소극적 현상 유지 경향을 보인다. … 동아시아에서 영국은 러시아의 진출 본격화와 메이지유신 이후 급성장한 일본의 대두로 수세에 몰리고 있었다. 특히 러시아는 블라디보스토크항 건설과 시베리아, 연해주 지역에 대한 식민화에 본격 착수하고, 1870년부터 부분적으로 시베리아 내륙 철도 계획을 수립하기에 이른다. 부동항을 얻으려는 러시아의 끈질긴 남하정책이 활기를 띠기 시작한다. 러시아의 이런 움직임은 영국에 커다란 위협으로 다가왔다. … 더욱이 이리점령사태°에서 볼 수 있듯 유사시 러시아가 만주·한반도를 전격적으로 점령할 가능성마저 배제할 수 없는 상황이었다.[4]

°1871년 러시아가 신장·위구르 지역을 점령한 사건.

제일 먼저 움직인 나라는 일본이었다. 일본은 러시아와 국경을 변경·확정하기 위해 1875년 사할린 – 쿠릴열도 교환조약이라 불리는 상트페테르부르크조약Treaty of Saint Petersburg을 체결하고, 조선과는 1876년 강화도조약을 맺는다. 이때 러시아가 사할린을 차지하고 알래스카까지 영토를 확장할 기미를 보이는데, 이렇게 되면 '간접적 견제'라는 영국의 '그림자 정책'이 한계에 봉착한다. 곧 1876년을 기해 영국은 정책을 바꾼다. 전쟁 직전까지 몰린 이리점령사태가 하나의 신호가 되어 러시아는 물론 일본의 진출 가능성까지 농후해진 것이다. 배후에서 조종하던 중국의 종주권이 더는 조선의 보호장치가 될 수 없다는 점을 인식한 영국은 조선과의 통상조약을 진지하게 고려하기 시작한다.

> 영국의 대조선 정책이 사태 추이를 관찰하는 것에서 문호개방 정책으로 바뀐 것은 1880년 4월 자유당 제2차 글래드스톤 내각이 등장해 6년 만에 그랜빌 외무장관이 재취임한 이후 일이다. … 케네디 보고를 접한 그랜빌은 런던에 머물던 파크스Harry Smith Parkes[•]에게 조선 개국을 위한 각서를 작성하여 제출케 함으로써 영국 정부의 한국 개국정책이 확정되기에 이른다.[5]

[•]영국의 대중국 외교관. 애로호 사건으로 제2차 아편전쟁을 일으킨 장본인이다. 이후 동아시아 전문가가 된 그는 1865년부터 18년간 주일 영국 공사를 역임했다. 1884년에는 주청 영국 공사 겸 주조선 영국 공사로 몸담았다. 그러나 이듬해 북경에서 순직한다. 한반도를 담당한 최초의 영국 외교관이다.

하지만 영국은 섣부르게 나서지 않았다. 누구라도 먼저 조선과 통상조약 맺기만을 기다린다. 앞으로 나서서 조선과 조약을 체결한 행위로 러시아를 자극할까 우려해 뒤로 한발 물러나 추이를 관망한 것이다. 조선 내부도 김홍집, 이조연 등 미국 우선 수교파와 러시아 견제세력인 개화파 중심의 영국 우선 수교파로 나뉘어 있었다. 가장 먼저 미국이 조선과 수교에 나섰다.

1882년 5월 22일 제물포에서 조미조약이 체결된 사실이 알려지자 영국 아시아함대 사령관 윌리스George Ommaney Willes는 통역관 모드를 대동하고 즉각 조선과 수교 협상에 나섰다. … 그리고 조미조약이 체결된 지 불과 보름만인 6월 6일 조선과 영국 사이에 조미조약 내용을 한 글자도 뜯어고치지 않은 조영조약이 체결되었다. … 영국이 수교 교섭에서 거문도에 군함 정박지를 확보하려 한 데서 볼 수 있듯, 조약을 통해 영국이 1차적으로 얻고자 한 것은 러시아의 조선 침략 저지였다.[6]

이른바 '윌리스 조약'이 체결되었지만 아직 양국에서 비준은 이뤄지지 않은 상태였다. 영국은 윌리스 조약이 경제적 욕구를 충족시키지 못했다며 불만에 가득 차 있었다.

당시 영국은 침략적 식민제국이었다. 유니언 잭Union Jack °은

° 영국 국기에서 사용하는 왕실 깃발 디자인이다. 스코틀랜드, 아일랜드 국기와 잉글랜드 국기를 합한 것으로 1801년 이후 공식화되었다.

이런 호전적 침략성을 잘 드러낸 상징적인 깃발이다. 영국은 조선에서 자기들 속성을 교묘히 감추다가 조청상민수륙무역장정朝淸商民水陸貿易章程˚ 체결을 계기로 조선을 압박할 구실을 찾는 와중에 독일과 공모해 윌리스 조약의 비준을 6개월 지연시킨다.

여러 차례 애스턴William George Aston˚˚을 조선에 파견해 사전 정지작업을 벌이던 영국은 조선에 임오군란이 일어나고, 1882년 일본이 조선과 제물포조약을 체결하자 기회를 포착한다. 임오군란에 대한 사죄 명목으로 일본에 간 개화파 수신사를 파크스는 놓치지 않았다.

> 영국은 임오군란 발발을 자신들의 경제적 욕구마저 충족시킬 결정적 계기로 활용했다. … 수신사로 일본에 온 박영효, 김옥균 등 개화파 인사들과 접촉하면서 … 파크스가 윌리스 조약의 내용이 그대로 비준되기 어렵다는 사실을 언급하며 조약 개정 가능성을 타진하자, 박영효는 조약 개정을 원한다면 양국 정부가 직접 논의해야 할 것이라며 가능성을 시사했다. 개화파 입장은 경제적인 면에서 다소 양보하더라도 영국과 조약 개정 협상을 통해 중국의 종주권 배제에 대한 영국의 협조를 원했던 것이다.[7]

˚1882년 8월 23일(음) 조선과 청나라가 맺은 통상장정. 임오군란 뒤 청나라의 영향력이 확대되는 과정에서 체결된 불평등조약이다. 여기서 조선을 청나라의 속국으로 명기했다.

˚˚아일랜드 출신 외교관이자 언어학자. 1864년 주일본 영국 공사 통역관으로 일본에 갔고, 1884년 주차 조선 총영사가 되어 한성에 온다. 1885년 갑신정변 뒤 조선과 일본의 이해관계 조정을 담당했고, 그해 영국함대의 거문도 점령사건으로 사임하고 귀국했다. .

파크스의 불만은 윌리스 조약이 세계를 주름잡는 영국의 위상에 맞지 않는다는 것이었다. 특히 경제 이익 확보가 관건이었는데, 대조선 무역과 조선에서 영국인의 지위를 보장한다는 부문에서 커다란 결함을 내포한 조약이라는 주장이었다. 영국이 파크스를 조선에 파견하자 조선은 전권대신 민영목을 앞세운다. 둘 사이에 치열한 논의가 진행되었지만 결국 국력에 따라 협상은 불평등한 결론으로 치닫고 만다.

1883년 10월 27일, 한성에 도착한 파크스는 11월 26일까지 꼭 1개월에 걸친 끈질긴 협상을 벌인 끝에 "우리가 원하는 모든 것을 얻었다"라고 서신에 스스로 밝힐 정도로 어느 정도 만족스러운 조약°을 체결하는 데 성공했다.[8]

조약은 내한한 파크스와 독판교섭통판사무 김병시가 1884년 4월 28일 비준서를 교환함으로써 효력을 갖게 되었다. 조약 내용°°은 일방적으로 영국에게 유리한 것들뿐이었다. 영국은 러시아의 조선 진출을 막고 경제적 이익을 취할 명분을 모두 얻는다. 수교 후에도 조선을 '애꾸눈 잭One-Eyed Jacks'으로 바라본 그들의 시각

°영국은 관세율 인하, 내지 통상권을 비롯한 많은 이익을 챙겼지만 조선에 대한 중국 종주권 배제에는 협조하지 않음으로써 애초 개화파의 기대를 저버렸다.

°°조선 내 자유로운 여행, 조선 정부의 보호 책임, 치외법권 주도는 영국 정부가 판단함, 부산과 인천, 서울 양화나루 개항, 개항장에서 영국인의 종교 자유 보장, 보행 거리 내에서 여권 없이 자유롭게 왕래할 수 있음, 영국 군함은 개항장 이외에 조선 어디에나 정박할 수 있고, 선원이 상륙할 수 있음.

을 읽을 수 있다.

> 영국은 수교 직후 서울에 총영사를 주재시키고 주청 영국공사관
> 의 지휘를 받게 했다. ··· 한국에 별도로 공사관을 설치하고 유지해
> 야 할 필요성을 느끼지 못한 데 기인한 것으로 보인다.[9]

그들에게 조선은 하찮고 성가시며 무척 불쾌한 나라였다.

공사관 건립을 둘러싼 갈등

주조선 영국 총영사 애스턴은 한성의 여러 곳을 둘러보면서
공관 부지를 물색한다. 그러다 자신이 묵던 집이 곧 팔린다는 정보
를 얻고 조선 관료를 찾아 나선다. 그러고는 김옥균 등 조선의 여
러 관료에게 영국 정부가 매입 여부를 결정할 때까지 누구에게도
처분하지 않겠다는 약속을 받아낸다. 집은 관료 신석희의 소유였
다. 작은 한옥이 여러 채 있고 넓은 정원을 가졌으며 세 방면을 둘
러싼 언덕 위에 오르면 전망도 뛰어났다. 그러나 주변 위생 상태가
불량했으며 우물을 깊게 파야만 식수를 조달할 수 있다는 단점도
있었다. 애스턴은 북경에 있는 파크스에게 이를 보고한다. 본국 외
무성은 가격이나 모든 조건이 무난하다고 판단하지만 재무성이 제
동을 건다. 조선을 '몹시 불쾌한 곳'으로 간주하면서 예산 집행을
거절한 것이다.

당시는 여러 열강이 정동에서 공관 부지를 찾느라 분주한
시기였다. 부지를 확보하기 위한 경쟁이 일어나면 값이 더 오를 개

연성이 농후했다. 통상조약 비준을 위해 한성을 방문한 파크스는 애스턴이 묵던 집에 머무는데, 그 역시 땅값이 저렴하다는 생각에 일을 서두른다.

공관 문제는 파크스가 출국하기 하루 전(1884년 5월 10일)에야 가까스로 매듭지어졌다. … 애스턴은 그 집을 1만 500냥(1200멕 시칸달러)에 매입하기로 했다. … 영국공관은 3144평 부지로, 합 177평 규모의 한옥 6동이 있었다.[10]

영국이 매입한 한옥은 당장 쓸 수는 있었지만, 그들 문화나 생활양식에는 부적합했다. 또 집이 낡아 매번 수리해야 했는데, 그마저 임시방편이었다. 새로운 청사가 필요했다. 이는 애당초 애스턴이 의도한 바였다. 부지를 매입하기 전부터 신청사 건립을 염두에 두었던 것이다.

1880년대 말이 되자 영국 외무성은 각국에 공관 건립을 추진한다. 동북아시아에서 영국이 소유한 토지를 관리하는 곳은 상해에 위치한 '영국 상해 공동조계 공무국 공무부'였는데, 파크스는 다시 한 번 외무성에 공관 신축 문제를 강력하게 건의한다. 그들은 건축적으로 사형선고를 받은 것이나 다름없는 한옥을 계속 사용할 수 없는 처지였다. 하지만 여전히 외무성과 재무성의 시각이 달랐다. 외무성은 수리는 '공금 낭비'라는 진단을 내렸고, 재무성은 조선에 영구적 발판을 놓는 것에 회의적이었기에 '개조'를 주장했다.

동북아시아에서 활동하는 영국 건축가들은 모두 상해 공무부 소속이었다. 그중 가장 주목받은 건축가가 마셜F. J. Marshall이었다. 상해 공무부는 외무성 논리에 따라 미리 설계에 착수한다.

> 영국공관 건축 골격은 상해 건설국 책임건축가였던 건축기사 마셜에 의해 만들어졌다. 1889년 1월 18일 그가 외무부에 보낸 예비설계도가 포함된 기본 계획에 총영사를 지낸 애스턴의 제안이 반영되어 기본 설계가 마련되고, 여기에 영국 공사 월샴John Walsham의 제안으로 방 하나가 추가된 계획이 1889년 10월 완료되었다. … 1890년 7월 19일에 힐리어Walter C. Hillier 총영사 부인에 의해 정초석이 세워졌다.[11]

1889년부터 1890년 초겨울까지 공사관 건립을 위한 여러 건축 자재가 하나둘 준비된다. 지붕에 쓰일 나사와 강재, 아연 철판과 현관 손잡이, 각종 자물쇠 들이다. 심지어 포도주 저장창고의 테를 두르는 자물쇠가 포함될 정도였다. 붉은 벽돌은 중국인이 공급을 맡았다.

> 건축자재 확보 문제는 영국에서 제작해 수송해서 써야 했던 강재鋼材를 제외하고는 의외로 쉽게 해결되었다. 철거한 한옥에서 나온 상당량의 화강석과 목재를 재활용할 수 있었고, 양질의 화강석도 쉽게 구할 수 있었다. 또 30만 장의 뛰어난 품질의 붉은 벽돌도 별다른 어려움 없이 서울에서 납품받기로 계약했다. … 어려움 속에서도 공사는 착착 진행되어 1891년 5월, 공사관 관저(1호 관사)

지붕과 바닥공사가 마무리되어 서양식 2층 벽돌 건물로 우선 준공되었다. 2호 관사 건축은 지연되어 이듬해인 1892년 5월에야 완료되었다. 총 공사비는 애초 예상보다 다소 증가해 토지에 225파운드, 건물에 5988파운드로 총 6213파운드가 소요되었다.[12]

130년간 한 자리를 지킨 영국공사관

공사관은 동향으로 배치되었다. 제1의 집은 영국 컨트리하우스에 청나라 양식과 르네상스 빌라 구성을 혼합한 특징을 보인다. 붉은 벽돌과 전돌을 사용한 2층 건물로 전면부는 박공지붕을 얹었다. 1층에는 네 개의 아치를, 2층에는 크기가 작은 쌍 아치 넷을 연속으로 배열해 대비시켰고, 그 안에 베란다를 두어 아치 열주로 이었다. 측면에는 크기가 다른 창을 냈다. 또 회색과 붉은 벽돌을 섞어 색채 대비 효과를 주었는데, 부분적으로 장식 쌓기를 활용한 벽돌쌓기는 청나라에서 유행하던 기법이었다. 비슷한 시기 지어진 명동성당, 원효로성당, 기기국 번사창에 공통으로 이런 특징이 나타난다.

영국공사관의 전체 형상은 런던 스펜서하우스Spencer House°와 비슷하다. 박공지붕은 그리 높지 않고 중앙에는 원통형 환기구를 두었다. 각 없는 모양의 건물 모서리나 지붕을 낮은 평면형으로 처리한 것도 특색이다. 내부는 어떤 모습이었을까? 1층에는 큰 입

°1752~1754년에 건립된 팔라디오 양식의 저택. 런던 최초의 네오클래식 양식을 도입한 건물이다.

1910년대 영국공사관(위)과 지금의 공사관(아래).
일반인의 출입이 쉽지 않아 사람들에게 잘 알려지지 않은 건축물이다.

구와 리셉션 홀을 배치했고, 정문으로 들어가서 왼쪽으로는 총영사실이, 입구 홀 오른쪽으로는 접는 문으로 연결된 응접실과 식당이 있었다. 그 문이 마주 보이는 곳에는 간단한 음식을 차릴 수 있는 방이, 그 문 왼쪽으로는 부엌과 보일러실이 있었다. 뒤쪽 밖에는 하인들 숙소를 두었다. 위층에는 각각 네 개의 침실과 목욕탕을 설치했는데, 영국의 주거 양식이 상당히 한국화되었음을 말해준다.[13] 그리고 공사관 지하에는 공관을 건축하는 데 공이 컸던 애스턴을 기려 '애스턴홀'을 따로 만들었다.

제2의 집은 제1의 집과 모양과 용도가 달랐다. 2층짜리 네모난 건물인데, 주로 1층은 사무 공간이었고 2층은 주거 공간이었다. 시간이 지나면서 점차 다른 용도로 사용된다.

영국에게 조선은 철저히 부수적인 나라였다. 영국은 러시아라는 공동의 적을 두고 1902년 일본과 군사동맹°을 맺는다. 1903년에는 공사관을 지킨다는 명분으로 군대가 주둔할 수 있는 병영 막사까지 짓지만, 을사늑약으로 통감부가 설치되면서 미미하던 외교 기능마저 철수시킨다. 이후 텅빈 병영 막사와 공사관은 일본이 관리한다. 침략적 제국주의의 속성에 어울리는 행동이었다. 영국은 1920년대 초까지 동북아시아에서 일본과 철저히 이해관계를 같이했다.

°1902년 1월 30일, 러시아의 남하에 대비해 영국과 일본이 체결한 제1차 영일동맹. 1905년 8월 12일 개정·조인된 조약에 따라 제2차 영일동맹이 체결되었으며, 다시 1911년 7월 13일 개정·조인된 조약에 따라 제3차 영일동맹을 맺었다.

오로지 시장 개척을 위해 조선에 온 벨기에인

베네룩스 3국은 벨기에, 네덜란드, 룩셈부르크를 부르는 통칭이다. 명칭은 세 나라가 1944년 9월 관세동맹을 맺으면서 생겨났다. 이 동맹이 오늘날 유럽연합EU을 탄생시킨 기반이다. 이들 모두는 한때 네덜란드에 속했다. 가공과 중계무역에 능한 나라들로 일찍이 산업과 무역을 통해 큰 부를 쌓았다. 한마디로 장사 수완이 뛰어난 나라들이란 얘기다. 그중 벨기에 사람 레온 뱅카르Leon Vincart가 1900년 조선에 온다.

1830년 식민지에서 독립한 벨기에는 19세기 후반이 되자 되려 식민지와 신시장을 개척하는 데 혈안이 되었다. 1878년 아프리카 콩고를 식민지 삼아 헤아릴 수 없는 살상을 벌이기도 했다. 조선 역시 이들에게는 먹을 게 많은 신시장으로 보였던 듯하다. 뱅카르라는 인물은 수완에 능한 상인이었을 개연성이 높다. 벨기에는 그에게 '전권대사' 자격을 부여한다.

벨기에를 떠난 뱅카르는 과거 자신들을 지배했던 프랑스로 건너가 동방으로 향하는 석탄 증기선을 탄다. 일본으로 향하는 배였다. 수에즈운하를 통과한 배는 몇 달의 항해 끝에 가까스로 일본에 도착한다. 그곳에서 그는 중국과 대한제국 이야기를 충분히 들었을 것이다. 네덜란드 동인도회사가 200여 년간 구축해놓은 자료를 참고했는지도 모른다.

배를 타고 인천에 당도한 뱅카르는 곧장 한성으로 가 대한제국에 통상을 요구한다. 훗날 나라를 팔아먹는 데 앞장섰던 을사오적 중 하나인 박제순과 협상을 벌인 그는 1901년 3월 '조백수호통상조약朝白修好通商條約'을 체결한다. 내용은 오로지 상업 활동에 관한 규정 일색이었다. 벨기에는 공사관이나 대사관을 설치하는 일에는 관심이 없었다. 오직 시장 개척에 상응하는 영사(대민업무) 업무만 할 수 있으면 되었다.

투자가치 높은 곳을 눈여겨본 뱅카르

조선과 통상조약을 체결한 뱅카르는 영사관 부지를 물색한다. 이때 그의 장사꾼 촉수가 민감하게 작동한다. 이미 도시화가 진행된 곳은 투자가치가 떨어지기에 개발은 더디지만 장래 도시가 될 개연성이 높은 지역을 살핀다. 그렇게 눈에 들어온 곳이 남산골이었다. 목멱산과 숭례문을 잇는 성벽 안쪽부터 종현(명동)성당과 진고개泥峴로 이어지는 드넓은 곳이다. 이른바 왜장대, 지금의 예장동 일원의 일본인 거류지 주변이다. 이곳에 사는 일본인이 1897년 1만 제곱미터(약 3025평)를 조차해 왜성대공원을 조성했는데, 뱅카르는 이를 눈여겨본다. 확장되는 일본의 영향력을 의식한 것이다. 왜성대공원 서쪽 땅, 곧 회현동 1가 부근에서 영사관 부지를 물색하던 그에게 희소식이 날아든다. 연산군에 반기를 든 정광필 이후 대대로 회현방에 자리 잡은 명문 세가 동래 정씨 소유의 토지가 싼값에 매물로 나온 것이다. 뱅카르는 '토지 자본 이득'을 셈하고는 건물 규모와 상관없이 가급적 넓은 토지를 확보하려 한다. 그래야만 매각 차익을 톡톡히 챙길 수 있기 때문이다. 일종의 '투기전략'이었다. 쇠락해가는 정광필의 후손을 설득하자 회현동 1가 14번지가 1902년 벨기에 수중으로 떨어진다. 곧이어 영사관 설계에 착수한 벵카르는 다시 주판알을 튕긴다.

당시 대한제국은 서구식 건물을 설계하거나 시공하는 데 있어 기술과 경험이 부족했다. 게다가 한성에 들어와 있는 서양인 건축가들은 단가가 비쌌고, 그렇다고 본국에 설계를 요청하기에는 시간과 비용 측면에서 난망이었다. 이제 막 신흥국으로 떠오르는 일본이 제격이었다. 서구식 건축을 배운 기술자들이 제법 포진해 있었기에 벵카르는 그들을 선택한다. 영사관은 그리 큰 규모가 아니어서 설계는 일사천리였고 이듬해 공사에 들어갔다. 벨기에 총영사 벵카르가 총감독을 맡고, 일본인 고타마小玉가 설계했으며, 시공은 일본 토목회사 호쿠리쿠가, 공사 감독은 일본인 니시무라西村가 담당한다. 공사 와중에 러일전쟁이 발발해 공사 기간이 다소 길어졌다.

영사관 건물은 대한제국이 외교권을 강탈당한 해인 1905년에 지하 1층, 지상 2층, 연면적 1500제곱미터(약 454평) 규모로 완공된다. 건물은 옛것(그리스·로마)으로 돌아가자는 고전주의 양식이었다. 대칭형 평면에 이오니아식 장식을 채택했고, 건물 측면에는 발코니를 두었다. 정형화된 통일성을 강조함으로써 어느 면에서는 경직되어 보이기조차 했다. 주변은 온통 남산골을 장악했던 빈한한 초가집과 일본 가옥 일색이었다. 그곳에 정형의 상자 같은 직육면체의 빨간 벽돌 건물이 들어선 것이다.

지금은 미술관으로 사용 중인 옛 벨기에영사관.
1982년 원래 위치에서 해체되어 관악구 남현동으로 이전되었다.

오랜 방랑을 끝내고 미술관으로
다시 태어난 벨기에영사관

남산은 구한말부터 일본인들에 의해 서서히 변모하더니, 갑신정변 뒤에는 일본공사관까지 자리 잡은 일본 거류민들의 중심지였다. 을사늑약 이후에는 조선통감부 청사가 들어서 명실상부 조선 강탈을 위한 핵심 지역으로 자리매김한다. 1926년 경복궁에 신청사가 들어서기까지 통감부 청사는 조선총독부 청사로 사용된다.

일본은 왜장대 주변의 99만여 제곱미터(약 30만 평)의 땅을 차지하고는 고종이 이름을 하사했다는 '한양공원'을 1908년 조성한다. 이는 남산에 일본 신을 모시는 조선신궁이 들어서는 기반이 된다. 인근 광장과 그 주변에 조선은행과 경성우편국, 경성부청사까지 들어서 회현동, 명동, 충무로가 본격적인 일본인 중심의 상권으로 변모하기 시작한다. 자연스럽게 벨기에영사관 주변은 노른자위 땅이 된다. 벵카르의 눈은 정확했다. 고종이 승하하고 3·1운동이 들불처럼 번지던 1919년, 벨기에는 10배 이상의 막대한 차익을 남기고 영사관 건물을 일본 요코하마 생명보험사에 팔아넘긴다. 일본인 상권이 명동과 충무로를 점령한 뒤였고, 한성 상권의 패권을 두고 종로와 맞설 때였다. 벨기에영사관이 있던 곳은 곧 식민도시 경성의 핵심 상권으로 성장한다.

이후 집은 1930년대 일본 해군성 무관부 관저로 사용되었다고 알려졌지만 시기에 관한 구체적 자료는 남아 있지 않다. 군부대가 들어서자 주변에 집창촌이 생겨났는데, 이때부터 회현동 일원이 슬럼화의 길을 걷는다. 해방 후에는 우리 해군 헌병대가 이어받는다. 그러다 옛 상업은행이 본점을 짓기 위해 1970년 이 땅을 사들인 뒤 은행 사료관으로 사용한다. 그러던 중 1977년 사적으로 지정된다. 집은 이 덕에 살아남는다. 그리고 은행이 1982년 본점 신축에 들어가면서 집을 해체해 지금의 관악구 남현동으로 이전시킨다. 이전 비용으로 상당한 금액을 사용한 것으로 알려졌다.

남현동에 자리 잡은 집은 한동안 제대로 관리되지 못했다. 은행이 낡은 집에 관심을 둘 이유는 없었기 때문이다. 서울시는 폐허로 방치되다시피 한 이 집을 미술관으로 사용하겠다고 2002년 우리은행에 제안한다. 다행인지는 모르겠지만 그래서 집은 서울시립 남서울미술관으로 재탄생한다. 영사관이었던 건물이 보험회사 사옥으로, 군대 관사로, 은행 사료관으로 사용되다가 한강 건너 멀리까지 이사를 가 마침내는 미술관이 된 것이다.

만들어진 의도와 무관하게 부침을 거듭한 그 집이 터 잡은 곳은 엄청난 투기 이득을 창출해냈지만 집은 부랑자처럼 떠돌았고, 본디 태어난 운명으로 살아내지도 못했다. 누더기처럼 여기저기 생채기만 가득할 뿐이다. 이제는 문화시설로 거듭났으니 그나마 기품이라도 지켜냈으면 좋겠다. 동시대를 살아낸 사람의 한 생도 이와 별반 다르지 않아 보인다.

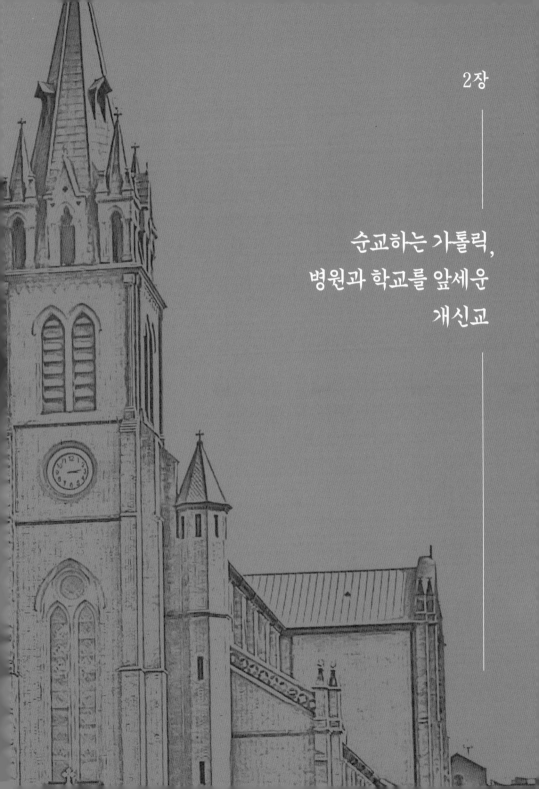

2장

순교하는 가톨릭,
병원과 학교를 앞세운
개신교

16세기부터 발달한 서구의 과학기술과 도구, 기계와 서적들이 가톨릭과 함께 일본과 중국으로 유입되고 있었다. 모두 선교사를 통해서다. 두 나라에 진출한 선교사들은 예수회˚ 소속이었다. 예수회의 선교 방식은 현지 문화와 언어, 토착 신앙, 가치관을 존중하면서 가톨릭을 안착시키는 것이었다. 따라서 비교적 순탄하게 가톨릭이 뿌리내릴 수 있었다.

　　일본에서는 가톨릭 신자를 '기리시탄'이라 불렀는데, 임진왜란 때 조선을 침략한 고니시 유키나가小西行長는 이른바 '기리시탄 다이묘'로 알려져 있다. 병사들 가운데도 신자가 많았다. 중국은 이보

˚16세기 종교개혁에 대항해 설립된 로마 가톨릭 수도회. 선교지의 언어, 문화, 전통 습득에 집중하고, 선교지 사람들과 깊은 공감대를 형성한 바탕에서 선교지 문화 코드로 복음을 변증하며 이를 가르치는 선교방식을 구사했다.

다 조금 늦은 시기에 마테오 리치Matteo Ricci°를 통해 가톨릭을 받아들인다. 예수회 전교 명령으로 1582년 마카오에 도착한 그는 예수회 전통에 따라 중국어를 배워 유창한 솜씨로 '하느님 말씀'을 전파했고, 이와 함께 수많은 서양 서적을 한문으로 번역해 간행했다. 이 서적들이 명청 교체기에 조선으로 유입되어 과학과 기술, 종교를 망라한 모든 분야에 영향을 미친 것이다. 마테오 리치는 1601년 명 황제로부터 교당을 세워도 된다는 허가를 받고 1605년 북경에 천주교 교당을 건립한다.

조선에 뿌려진 천주교의 씨앗

여러 식민제국과 마찬가지로 가톨릭 선교사들 역시 강력한 중국의 지배권 아래에 놓인 처지 때문에 조선에 큰 관심을 두지 않았다. 조선에 선교사 유입이 더뎌진 이유다. 청이 건국되자 조선은 소중화주의를 표방하면서 청을 업신여기고 배척했는데, 권력에서 소외된 세력은 사신 등을 통해 청 문물과 가톨릭을 지칭하는 이른바 서학西學을 수용하려는 움직임을 보인다. 한문으로 된 많은 서양 서적이 이때 조선으로 들어오는데, 실사구시實事求是를 추구하는 북학파의 탄생 배경이자 가톨릭의 유입 경로다. 다만 실학이 본격화하면서 그 실체가 드러났을 뿐 조선에 가톨릭이 유입된 시기는 그리 명확하지 않다.

°중국을 비롯한 아시아에 가톨릭을 정착시킨 이탈리아 출신 예수회 선교사.

실학파 대다수는 유교 근본주의에서 벗어나지 못한 부류였다. 과학과 기술로 절박한 민생문제와 사회문제를 해결하는 데 방점을 두었을 뿐이다. 유교를 버리고 새로운 사상인 가톨릭을 받아들이기에는 여전히 여건이 부족한 실정이었다. 새로운 사상과 문물을 수용하려는 세력은 물밑에서 조용히 움직였다. 서정민 교수는 《한국 가톨릭의 역사》라는 책에서 그 세력으로 이익을 언급한다.

최초로 본격적인 서학 연구에 나선 인물은 실학파의 이익이었다. … 유학의 공론空論에 회의를 느끼고 실용적으로 여러 학문에 관심을 보이는 경향을 지닌 학파였다. 실학파를 시작한 대표 인물의 한 사람인 이익에 의해 본격적인 '가톨릭학', 곧 서학 연구가 시작된 것이다.[14]

하지만 실학자 모두가 가톨릭에 귀의한 것은 아니었다. 실학자 중 가톨릭의 허점을 공격하려는 부류인 공서파攻西派는 후에 가톨릭 박해 입장으로 돌아선다. 반대로 가톨릭을 수용하려는 부류는 신서파信西派였다. 대표적으로 권철신, 권일신 형제와 이벽 그리고 정약전, 정약종, 정약용 형제였다. 조선 가톨릭은 이들 신서파 위주로 자생적으로 퍼지기 시작한다.

시와 벽, 적응주의와 원리주의의 대립
노론과 소론, 남인은 정조가 즉위한 뒤 다시 갈라섰다. 사도세자의 죽음이 잘못이라는 시時파와 옳다는 벽僻파로 나뉜 것이

명례방공동체의 초기 집회 모습을 담은 그림.

다. 이중 가톨릭을 가장 적극적으로 받아들인 세력이 남인 시파였다. 자생적으로 가톨릭을 수용한 신자가 점점 늘면서 그 세는 한성과 기호지방, 삼남으로 확산되는데, 1779년에는 조선 가톨릭 신앙공동체의 출발점으로 인식하는 경기도 광주 천진암 주어사강학회°가 열렸고, 1784년에는 이승훈이 북경에서 세례를 받았으며,°° 1784~1785년에는 명례방공동체 사건이 일어난다. 이승훈이 귀국한 뒤 일 년 남짓, 교세는 전국으로 확산해 신도가 1000여 명에 달했지만 큰 문제를 안고 있었다. 우선 로마 교황청에서 인정하는 성직자가 없었고, 공동체 역시 로마 교황청으로부터 공식 승인을 받지 못한 상황이었다. 교회를 세워 북경 천주교를 모방했지만, 이는 가톨릭교회법으로는 엄연한 '불법 행위'였다. 따라서 신부 파견과 로마 교황청의 승인이 과제로 대두된다. 이에 윤유일을 북경에 파견해 북경 주교에게 이 문제를 알리고, 1789년 북경 가톨릭에 조선의 상황을 상세히 보고한다. 이때 북경 주교는 가성직제도 금지 내용이 담긴 '사목교서'를 내린다. 이듬해 윤유일이 다시 북경으로 가 신부 파송을 요청하자 북경 가톨릭이 이를 약속함으로써 비로소 조선 가톨릭이 교황체제로 편입되기에 이른다.

그런데 북경 가톨릭이 제시한 지침은 전혀 다른 방향으로 전개되었다. 우상숭배라는 이유를 들어 '조상 제사 금지' 원칙을 제시

°장소가 불교사찰이라는 점이 특이하다. 권철신, 이벽, 정약전, 정약용 등이 참여해 미사 형식의 종교의례를 진행했다.

°°1783년 사절단 일원으로 북경에 가 1784년 1월(음) 그라몽 신부로부터 영세를 받았다. 1784년 3월 24일(음력) 성서와 성상, 묵주 등을 가지고 돌아왔다.

한 것이다. 더할 수 없이 높은 로마 교황의 권위는 세속 국가권력 위에 존재한다는 '울트라몬타니즘Ultramontanism'의 작동이었다. 이는 조선의 통치 철학인 유교와 그 체제를 근간에서부터 뒤흔드는 내용이었다. 예수회가 해체된 뒤 북경 가톨릭은 원리주의자들이 지배하는 공간으로 변모해 있었고, 주교 구베아Alexandre de Gouvea는 전형적인 반 예수회 타입의 선교 신학을 견지하는 선교사였다. 따라서 선교지의 가치관, 문화, 언어, 풍속 따위를 인정하지 않는 분위기였다. 제사 금지조치는 원리주의에 입각한 벽闢의 논리로, 조선 신자들은 큰 혼란에 빠진다. 가톨릭과 조상 숭배라는 양자택일의 좁은 길에서 우왕좌왕하는 와중에 많은 신자가 이탈한다. 뒤이은 1791년 전라도 진산에서 신자이자 선비인 윤지충과 권상연이 조상 제사를 거부하고 신주神主를 불사른 진산사건이 일어난다.

이 와중에 신부가 파견된다. 탄압을 고려해 조선인과 용모가 닮은 청의 주문모周文謨 신부가 1795년 조선에 온 것이다. 정부는 이를 감지하고 체포령을 내린다. 주문모는 관헌의 눈을 피해 선교에 열을 올리면서 수년 만에 신도 수를 1만여 명까지 늘리지만 선교 방식은 울트라몬타니즘을 그대로 따랐다. 선교지의 가치를 인정하는 적응주의 노선인 시時에 편승하지 못한 것이다.

이처럼 왕조의 가치체계를 근간부터 흔들며 확산하던 가톨릭은 권력에게는 큰 위협이었다. 통치 철학인 유교와 정면으로 대치하면서 정치적 경계와 반감을 키우는 요인으로 작용했기 때문이다. 이후 조선 가톨릭이 피로 점철된 배경이다.

근대가 세운 건축, 건축이 만든 역사

끊임없이 이어지는 박해

가톨릭과 남인 그리고 시파에 우호적이던 정조가 1800년 급서하자, 영조의 계비 정순왕후가 권력을 잡고 노론 벽파가 준동한다. 이들이 개혁을 지향하는 남인과 시파를 제거할 목적으로 수구 색이 뚜렷한 당쟁을 일으키는데, 그 빌미로 가톨릭을 공격한다. 사학邪學으로 규정된 가톨릭 엄금령이 1801년 1월 내려지고 가톨릭이 피를 뿌리기 시작한다. 신유박해辛酉迫害다. 다섯 집을 한 통으로 묶어 어느 한 집에서라도 신자가 나오면 다섯 가구 모두를 죽이는 '오가작통법五家作統法'이 이웃을 감시·밀고하게 만든다.

그해 3월에는 황해도로 선교를 나갔던 주문모 신부가 자수한다. 자신으로 인한 더 큰 피해를 막으려는 조치였다. 그는 4월 한강 새남터에서 참수당한다. 성리학에 위배되는 가톨릭 신부를 처형했지만, 그는 분명 중국인이었으므로 조선은 외교적 부담을 갖지 않을 수 없었다. 이때 좋은 먹잇감이 나타난다. 제천 배론에서 황사영°이 쓴 백서가 포착된 것이다. 길이 62센티미터, 너비 38센티미터의 흰 비단에 한문으로 한 줄에 110자씩 121행을 담은 북경교구에 보내는 밀서로, 조선의 근간을 뿌리째 뒤흔드는 내용이었다. 조선의 가톨릭 박해에 대한 소상한 언급과 이에 대한 극복 방안이 담긴, 조선 가톨릭의 재건을 청원하는 형식의 글이었다. 특히 셋째 청원이 조선의 이목을 집중시켰다. 로마 교황이 결단해 서양 함대를 이끌고 와 무력으로 조선 정부를 위협, 가톨릭을 받아들이

°정약현의 사위. 신유박해 때 제천 배론 토굴에 은신해 백서帛書를 썼다.

제천 배론 성지는 초기 가톨릭 신자들이 박해를 피해 숨어 들어와 화전과 옹기를 구워서
생계를 유지하며 신앙을 키워 나가던 곳이다. 이곳에서 황사영이 쓴 백서가 발견되었다.

게 하고 신자들을 보호해달라는 요구였다. 울트라몬타니즘의 전형으로 종교를 앞세운 서구 제국주의 침략 방식의 모방이었다. 이 백서가 조선에게는 주문모를 죽인 부담을 모면할 훌륭한 자료가 되어주었다. 곧장 조선은 사학을 배척하라는 왕명을 내려 가톨릭에 대한 반대를 더욱 공고히 다진다. 당시 순교자 300여 명 가운데는 양반은 물론 중인과 천민, 여성도 70여 명이나 포함되어 있었다. 주요 순교자로는 주문모, 이승훈, 정약종, 최창현, 최필공, 홍교만, 홍낙민, 권철신, 이가환이 있다. 이 박해로 가톨릭은 물론 남인과 시파는 괴멸적 타격을 입는다.

순조 대에 이르자 가톨릭에 유화적인 시파 김조순이 안동김씨 세도정치를 구축한다. 뒤이어 큰아들 김유근이 권력을 계승한다. 순조는 유고로 풍양조씨에게 헌종을 부탁하는데, 김유근이 병으로 정계에서 은퇴하자 가톨릭을 적대시하는 벽파 풍양조씨가 우의정 이지연을 앞세워 권력을 넘본다.

1831년 9월 9일, 교황 그레고리오 16세Gregorius XVI가 가톨릭 조선대목구를 설정함으로써 조선은 독립 교구가 된다. 그리고 조선 선교는 '반 예수회식' 선교의 대표 단체 중 하나인 '파리외방전교회'가 담당한다. 이 단체 소속의 신부 모방Pierre-Philibert Maubant과 샤스탕Jacques Honoré Chastan 그리고 주교 앵베르Laurent-Joseph-Marius Imbert가 조선에 부임하는데, 이들은 성직자 양성 전통에 따라 김대건, 최양업, 최방제를 1836년 12월 마카오신학교로 유학 보낸다.

---

*1658년 설립된 로마 가톨릭 선교단체. 기해박해(1838년)와 병인박해(1866년) 때 이 선교회 선교사들이 순교하며 수난을 겪는다.

교구 탄생으로 교세가 회복되고 신도가 늘어나자 박해론이 다시 대두되어 결국 2차 박해인 기해박해己亥迫害가 전개된다.

1838년 교인 체포가 시작되고, 이듬해 3월 가톨릭은 사학이 니 토벌해야 한다는 사학토치령이 내려져 오가작통법이 다시 가동 된다. 3월부터 7월까지 신도 21명이 서소문 밖에서 순교하고, 지도 자급이었던 유진길, 정하상, 조신철 등이 붙잡힌다. 7월에는 주교 앵베르와 두 신부가 자수해 한성으로 압송되어 추국을 받는다. 정 하상과 유진길은 모반부도죄, 조신철은 사서강습죄로 프랑스 선교 사 세 명과 함께 9월 처형당한다. 거기에 추가로 12월까지 17명이 한강변 당고개에서 죽임을 당한다. 《기해일기己亥日記》는 순교자가 56명, 옥사자가 22명이라고 기록하고 있다. 그 밖의 피해는 파악조 차 되지 않는다. 끈질기게 이어진 대학살은 실상 권력 쟁탈전이었 다. 박해 결과 안동김씨가 2선으로 밀려나고 풍양조씨가 전면에 서 게 되는 연합정권이 형성되는데, 이후 헌종의 죽음(1849년)으로 풍 양조씨 권력은 다시 2선으로 물러난다.

마카오로 유학 간 김대건은 1845년 상해에서 사제서품을 받아 조선인 최초의 가톨릭 사제가 된다. 이후 조선 교구장 페레올 Jean-Joseph-Jean-Baptiste Ferréol 주교와 함께 귀국한 그는 주교의 지시로 메스트르Joseph Ambroise Maistre 신부 등을 맞아들일 항로를 알아보다 가 1846년 6월 백령도 앞바다에서 관헌에 체포된다. 체포된 이들 은 수개월 동안 모진 고문을 받다 9월 한강변 새남터에서 신자 8명 과 함께 순교하고 만다. 병오박해丙午迫害다.

1863년 흥선대원군은 나이 어린 아들을 왕으로 내세워 권력을 쥔다. 그런데 그 직후부터 러시아의 남하가 새로운 위협으로 다가온다. 연해주를 차지한 뒤 국경을 넘나들며 호시탐탐 만주와 조선 땅을 노리는 러시아의 계속되는 통상 요구에 흥선대원군은 커다란 위기의식을 느끼고 있었다. 이때 가톨릭 신자로 승지를 지낸 관리 남종삼이 대원군에게 묘책을 건의한다. 영국, 프랑스와 수교를 맺어 러시아를 견제하자는 제안이었다. 이에 대원군은 베르뇌Siméon François Berneux 주교를 직접 만나기로 한다. 그러나 지방에서 선교 중이던 베르뇌가 한성에 당도하기까지는 한 달 이상이 걸렸다. 1865년 11월 북경에 다녀온 사신들이 불길한 소식을 가져온 직후였다. 2차 아편전쟁으로 1860년 북경이 영불연합군에 함락되었다는 것과 '태평천국의 난'으로 십수 년간 중국이 피로 물들었다는 소식이었다. 이에 엄청난 반 가톨릭 정서가 도성을 휩쓴다. 청나라도 가톨릭을 탄압한다는 소문이 와전되면서 여론은 심상치 않게 흘러간다.

　이런 정황을 감지한 국내 정치는 요동쳤다. 반 대원군 파가 결집하고, 운현궁에 가톨릭 신자가 드나든다는 소문과 대원군이 사학을 옹호한다는 비난이 드세게 일어난다. 여기에 고종을 옹립한 풍양조씨 신정왕후의 대원군 비판도 가세한다. 이에 대원군은 정치적 위기의식을 느끼고 권력을 지키는 길을 택한다. 가톨릭에 유화적이던 태도를 바꿔 강력한 쇄국과 척화로 방향을 급선회한 것이다. 대원군은 1866년 정월 금압령禁壓令을 내려 대대적인 탄압을 시작한다. 이로 인해 잠두봉을 비롯한 한강변에서 수많은 신도의 목이 잘려나간다. 이때부터 사람들은 잠두봉을 '목이 잘려나간

산'이라 해서 절두산切頭山이라 불렀다. 새남터에서는 베르뇌 주교 외에 프랑스 사제 5명과 두 조선인 평신도가 순교의 피를 뿌렸다. 박해는 1871년까지 네 차례나 이어졌고, 전국적으로 8000여 명이 목숨을 잃는다. 이는 프랑스 함대가 강화도에 상륙해 문화재 등을 약탈해간 '병인양요'의 원인이 되었다. 조선에는 방방곡곡 척화비 가 세워진다.

외교보다 선교사업에 치중했던 프랑스

대원군이 실각한 1873년 이후부터 조선은 서서히 통상의 문을 열기 시작한다. 일본(1876년)과 미국(1882년)을 시작으로 영국과 독일(1883년), 러시아(1884년), 이탈리아(1884년)가 조선과 통상조약을 체결한다. 프랑스도 서두르지만 명분에서 차이를 드러낸다. 단순한 통상조약 체결이 아니라 선교와 가톨릭의 자유를 기본으로 삼았기 때문이다. 따라서 교섭은 지지부진할 수밖에 없었다. 북경에 머물던 프랑스 공사 부레Frédéric-Albert Bourée는 천진영사관의 디용Charles Dillon에게 사전 탐사 임무를 맡긴다. 1882년 6월 조선에 입국한 디용은 지도층을 접견하고 영국과 유사한 조약을 요구해 합의에 이른다. 조약의 기본 원칙에 대한 기준이 세워진 셈이다.

프랑스는 주청 대사인 코고르당Georges Cogordan을 1886년 4월 전권위원으로 임명하고 조선과 회담을 갖는다. 그리고 두 달 뒤 13관款으로 된 '조불수호통상조약朝佛修好通商條約'을 조인한다. 조약은 플랑시Collin de Plancy와 김윤식이 비준을 교환함으로써 효력이 발생했다. 협의 과정에서 프랑스는 선교의 자유를 얻으려고 원세

근대가 세운 건축, 건축이 만든 역사

개袁世凱를 동원해 압력을 가해보지만, 고종은 이를 끝내 허락하지 않는다. 다만 조약 9관에 '잘 가르치고 타일러서 지난날의 잘못을 깨우치게 한다'는 '교회敎誨'와 '조선인의 자유로운 고용'이 포함되었는데, 프랑스는 이를 선교의 자유를 얻은 것으로 해석했다.

프랑스는 조선에서 외교보다 선교사업에 더 치중했다. 조선이 가톨릭을 정식으로 승인하지 않았는데도 조약 체결을 계기로 프랑스 선교사들은 자유롭게 선교활동을 펼쳐나갔고, 가톨릭과 개신교에 대한 금압정책은 유야무야되고 말았다. 포교의 자유가 허용되기 시작하면서 드디어 조선에서도 서학, 곧 가톨릭의 길이 열린 것이다.

성지 지척에 들어선
용산신학교와 원효로성당

순교의 길을 간 성인의 발걸음을 반추해본다. 순교는 박해라는 외피에 죽음이라는 본질로 답하는 희생의 길이다. 가톨릭에서 순교자를 성인 반열에 세우는 일은 '존숭할 자격'을 부여하는 성스러운 행위다. 진정한 신앙고백이나 교리적 덕행의 실천 결과가 죽음이라는 순교로 나타나며, 이로써 모든 죄와 벌이 씻겨 구원받는다는 믿음의 길이다.

서울에는 여러 순교지가 있다. 가톨릭은 우리에게 그만큼 많은 '피의 선교'를 보여주면서 찾아왔다. 명례방공동체 사건을 시작으로 100여 년이라는 시간을 지나오며 기록으로 남은 순교자만

9000여 명에 육박한다. 한강철교 북쪽 새남터도 이름난 순교지 중 하나다. 애당초 군사훈련소 겸 처형장으로서 사육신이 죽음을 맞이한 곳이다. 수많은 가톨릭 순교자가 새남터에서 신앙고백을 하며 순교의 길을 걸었다. 주문모 신부, 김대건 신부, 앵베르, 베르뇌 주교, 모방, 샤스탕을 비롯한 서양인 다섯 신부 등이 대표적이다. 이웃한 용산 언덕의 당고개 순교지 또한 마찬가지로 아픔의 역사를 간직한 곳이다.

가톨릭은 교회 부지로 가급적 높은 언덕을 선호한다. 가톨릭 교리를 표현하는 대상물로서 권위를 드러내고 어느 장소에서든 잘 보이도록 함으로써 시각적 효과를 거두려는 의도다. 또 주변에 순교성지가 있어 가톨릭과 인연이 깊은 곳이라면 선호도는 배가된다. 이는 통례적으로 인정되어온 가톨릭 전통으로, 한성에서는 종현(명동)성당과 약현성당의 입지가 대표적이다. 아울러 선교지에 보낼 성직자를 양성하는 일은 파리외방전교회의 가장 주요한 사업 중 하나였다. 조선 최초의 신학교는 메스트르 신부가 1855년 세워 병인박해 때 폐교된 제천 배론의 '성요셉신학교(배론신학당)'다. 이후 조불조약 체결 직전인 1885년 여주 강천 부엉골에 '예수성심신학교'를 재건해 암암리에 성직자 양성을 준비하기도 했다.

앞서 이야기했듯 프랑스는 조불조약을 계기로 조선 정부의 승인 없이도 자유로운 선교활동을 벌이고 있었다. 그 첫 사업이 바로 성직자 양성을 위한 신학교 건립이었는데, 조선 가톨릭의 전권을 쥔 파리외방전교회는 한성에 신학교 건립을 제1의 사업으로 삼아 서두른다. 조약체결 직후인 1887년 용산 땅을 매입한 파리외방전교회는 부엉골의 예수성심신학교를 1887년 3월 이곳으로 옮겨온다. 그러고는 곧바로 건축계획에 착수했는데, 함벽정이 있던 곳은 신학교로, 삼호정(지금의 용산성당)이 있던 자리는 성직자 묘지로 조성할 계획이었다.

신학교는 1891년 5월 정초를 놓고, 코스트Eugene-Jean-Georges Coste 신부의 설계와 청나라 기술자의 시공으로 1892년 6월 25일 축성된다. 이 신학교가 조선 최초의 성직자 양성소 '용산신학교'다. 이를 소小신학교라 불렀는데, 이 학교는 1928년 혜화동으로 이전한다. 그후 건물은 성직자 휴양소와 주교관으로 사용되다가 무슨 이유에서인지 1960년대에 철거되어 지금은 남아 있지 않다. 대大신학교 교사는 소신학교 인근에 1911년에 건축되어 일제가 강제로 폐쇄하는 1942년까지 그 역할을 이어갔다. 건물은 잠시 공백기를 거쳐 1944년부터 성모병원 분원으로 사용되었는데, 그 덕에 온전히 존치될 수 있었다. 1956년 성심수녀회가 설립되면서 건물을 인수했고, 수녀원과 사무소로 사용하다가 지금은 성심기념관으로 쓰고 있다.

성심기념관은 앞뒤로 한 개 층 차이가 나는 경사지다. 건물은 우아하고 절제된 모습으로 중앙 출입구를 중심으로 엄격한 좌우대칭인 조지언 양식의 벽돌조다. 반지하 1층, 지상 2층으로 구성되어 있어서 지하층을 노출시킨 앞면에서 바라보면 마치 3층 건물처럼 보인다. 지면에서 양쪽으로 오르는 중앙 계단과 활꼴 아치의 지하층 출입구, 1층 현관의 박공 모양 캐노피로 중심성을 강조했고, 기둥과 처마, 수평 돌림띠, 창 둘레 등 선형線形 요소마다 회색

옛 함벽정의 흔적. 이곳에 들어선 신학교가 조선 최초의 신학교인 '용산신학교'였다.

옛 용산신학교 대신학교 교사.
한국전쟁 이후 성심수녀회가 인수해 지금은 성심기념관으로 사용하고 있다.

벽돌을 끼워 미적 효과를 높였다. 또 건물을 7칸으로 구획하고, 각 칸에는 활꼴 아치창을 냈다. 경사 지붕에는 지붕 아랫방을 밝게 밝히거나 환기를 위해 설치한 창을 두었다.

성심기념관 우측 언덕으로는 신학교 부속 성당으로 지어진 원효로예수성심성당이 있다. 신학교와 마찬가지로 코스트 신부가 설계한 것으로 알려져 있지만 설계를 미리 완성해 놓은 게 아니라면 그의 생몰연대(1896년 선종)로 보아 가능성은 희박해 보인다. 1899년 5월 착공해 1902년 4월 축성한 건물은 여러 차례 보수를 거치긴 했지만 원형이 비교적 잘 보존되어 있다.

성당은 작은 규모의 강당 형식으로 고딕의 비례는 물론 조형미가 무척 돋보인다. 신학교와 마찬가지로 경사 지형을 이용했기에 아래에서 보면 3층이고 뒤에서 보면 2층이다. 주 출입구가 한쪽으로 치우친 비대칭형으로, 왼쪽에는 각각 1층과 2층으로 진입하는 출입구를, 오른쪽에는 제단祭壇으로 들어가는 출입구를 냈다. 평면은 단순하다. 배랑拜廊°이나 열주가 없고, 제단과 신자석만 있는 단순한 구조다. 애당초 신자석 바닥이 제대를 향하지 않고 중앙축을 향해 단을 내린 형식이었는데, 보수·복원 과정에서 복도를 없애고 편평한 마루로 바꾸었다. 규모에 비해 다소 육중한 버트레스 Buttress °°가 창 사이마다 설치되었고, 버트레스 꼭대기에는 작은 첨탑이 장식되어 있다.

°교회 본당으로 들어가기 전에 위치한 단층의 큰 방이나 현관.
°°벽체가 쓰러지지 않도록 지탱하는 부벽付壁.

용산신학교 부속 성당으로 지어진 원효로예수성심성당.
작은 규모의 강당 형식으로 고딕의 비례가 무척 돋보이는 성당이다.

김대건 신부의 유해가 1960년 7월 이곳 원효로성당에서 혜화동 가톨릭대학으로 이장되었다. 성당에는 김대건 신부를 뜻하는 명문銘文 'A. K.'와 생존 기간이 로마자로 표기되어 있다. 또 브뤼기에르Barthèlemy Bruguiére 주교와 성당 봉헌식을 집전한 뮈텔Gustave Charles Marie Mutel 주교의 유해, 조선교구 1대부터 8대 교구장까지의 유해가 모두 이 성당에 안치되어 있었다. 이 밖에도 기해박해와 병인박해 때 순교한 성직자 유해도 대부분 이곳을 거쳐 갔다. 그 후 순교자들 유해는 혜화동, 명동성당, 절두산 등지로 분산되었고, 역대 교구장의 유해는 용산 성직자 묘지로 옮겨 안장되었다.

정갈한 두 집을 보면서 '종교란 무엇인가'를 다시 생각한다. 과학과 기술, 문화와 교육을 앞세우며 다가온 피로 물든 가톨릭의 역사도 같이 떠올려본다. 안온한 평화 속에 놓인 두 집을 보면 그저 숙연한 마음이 들 뿐이다.

한성 최초의 가톨릭 성당, 약현성당

약현藥峴은 만리동에서 충정로로 넘어가는 고개 이름이다. 약초밭이 많아 '약전현藥田峴'이라 하다가 '약현'으로 줄여 부르며 지명으로 굳어졌다. 조불수교 이후 조선교구는 신자가 급증하자 1887년 수렛골巡和洞에 공소를 설치하고 1891년 종현(명동) 본당에서 분리하는데, 그곳이 바로 약현이었다. 강당을 짓고 일반인에게 가톨릭을 교육하던 곳에 성당이 들어선다.

조선교구는 1887년 성당 터를 매입해 1891년 10월 정초식을 거행하고 이듬해 12월에 건축공사를 마무리 짓는다. 교회당은 고딕과 로마네스크 양식이 혼합된 벽돌조다. 높은 첨탑을 가진 고딕 양식은 고난도 기술과 많은 공사비를 요구하기에 지혜롭게 절충형을 택한 것으로 보인다. 성당은 1998년 2월 행려자의 방화로 지붕과 내부가 불에 타고, 첨탑 일부가 무너져내렸다. 이를 2000년 9월 다시 지었다.

입구에서 14처 동산을 오르다 보면 한복 입은 동상이 제일 먼저 반겨주는데, 바로 정하상의 동상이다. 정하상은 파리외방전교회의 반 예수회식 선교 분위기 속에서 자신이 추구하는 토착적 신앙변증을 수행한 신도였다. 그의 집안은 가톨릭 남인 시파로 박해 때 순교한 사람이 많았다. 신유박해 때는 아버지 정약종과 형 정철상이, 기해박해 때는 어머니와 여동생이 서소문에서 순교했다. 정하상 역시 기해박해 때 체포되는데, 풍양조씨 세도 권력의 대리 격인 우의정 이지연에게 미리 작성해둔 〈상재상서上宰相書〉를 올린다. 이는 조선의 법률, 관습, 문화, 정치, 사회적 인식 범주를 수용하면서 가톨릭을 변증, 설득하고 박해가 부당하다는 내용의 논리적인 글이었다. 서소문에서 순교한 그를 1984년 한국가톨릭교회 200주년을 기념해 방한한 교황 요한 바오로 2세가 성인(성 정하상 바오로)으로 시성諡聖했다.

약현에 성당이 자리 잡은 것은 최초의 영세자 이승훈의 집이 인접해 있고, 신유박해, 기해박해, 병인박해 때 성인 44명을 포함해 모두 98명이 가까운 서소문 형장에서 순교했기 때문이다. 성당 설계는 용산신학교를 설계한 코스트 신부가 맡았고, 청나라 기술자가 시공했으며 주임 신부인 두세Camille Eugene Doucet가 공사를 감독했다. 두세 신부는 착공 때부터 코스트 신부는 물론 러시아 건축가 사바틴에게 자문을 받아 불철주야 공사에 매달렸다.

약현성당은 중림동 언덕에 서서 박해의 아픔이 서린 서소문 형장을 그윽하게 내려다보고 있다. 정면에 서 있는 22미터 높이의 종탑 하단 몸체에는 아치창 한 쌍을, 그 아래에는 둥근 원형 창 하나가 나 있다. 내부는 긴 십자가형 삼랑식 구조. 외부에서 보면 지붕이 조금 낮은 듯하지만 내부로 들어가면 천장이 무척 높게 느껴져 장엄한 분위기를 자아낸다. 제대 뒤편의 스테인드글라스를 통해 들어온 빛은 성당을 밝고 화려하게 장식해준다. 제대 좌우에는 성 모자상과 성 요셉상을 모셨고, 좌우 벽에는 14처가 걸려 있다. 본당 뒤쪽으로는 서소문 순교성지전시관이 있는데, 1998년 화재에서 기적적으로 불타지 않은 목조 성모상과 기해박해의 전말을 기록한 서적을 비롯해 순교와 성당의 역사를 보여주는 자료가 전시되어 있다.[15]

종탑은 1905년에 세웠고, 1921년에는 남녀 자리를 구분하는 내부 칸막이를 제거했으며, 벽돌 기둥을 돌기둥으로 교체하는 등 내장공사를 다시 했다. 1974~1976년에는 긴 세월 훼손된 곳곳의 복원공사를 시행하기도 했다.

성당은 번잡스러운 장식이 없고 아담하면서도 장중한 모습을 하고 있다. 한성 최초의 가톨릭 성당으로, 소규모 벽돌조 성당의 표본이라 할 만하다.

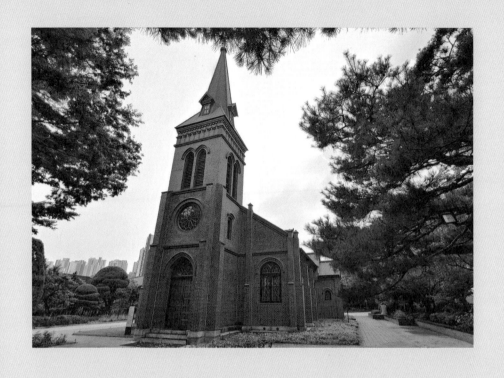

한성 최초의 가톨릭 성당인 약현성당.
1998년 방화로 소실된 성당을 2000년 복원했다.

도성 어디서든 볼 수 있었던 명동성당

종현鍾峴은 정유재란 때 이곳에 진을 친 명나라 장수가 남대문에서 종을 가져다 사용함으로써 북鼓고개라거나 북달재라 부른 데서 유래한 지명이다. 이곳에는 종묘에 버금가는 왕실 기념장소인 여섯 임금의 어진을 보관하던 영희전永禧殿이 있었다. 이 전각의 존재는 이후 성당 건립 과정에서 가톨릭과 정부가 대립하는 빌미가 된다.

자생적으로 교회를 창설한 가톨릭은 수표교의 이벽 집과 명례방의 김범우 집을 중심으로 신앙공동체, 곧 명례방공동체를 만든다. 그리고 이는 '을사추조적발사건'이라 부르는 '명례방 사건'의 실체가 된다. 1785년 형조가 도박단으로 오인해 이들 공동체를 적발하는데, 집회 참석자 이승훈과 정약전, 정약종, 정약용 형제, 권일신과 권상학 부자, 이벽, 김범우 등 10여 명을 체포한다. 서학에 비교적 관대하던 정조 시대였기에 형조판서는 유력 집안의 사대부를 처벌하는 데 부담을 갖는다. 이에 사대부는 타일러 돌려보내고 신분이 낮은 역관 출신 김범우만 단양으로 귀양을 보내는데, 그는 매 맞은 후유증으로 1786년 유배지에서 죽고 만다. 조선 가톨릭 최초의 순교자는 신분 차이에서 비롯된 것이다.

명례방에 터를 닦는 조선교구

조선교구는 약현성당에서처럼 교회와 인연이 깊은 곳 주변 언덕에 성당을 건립하려고 노력한다. 따라서 명례방 사건과 조선

근대가 세운 건축, 건축이 만든 역사

최초의 순교자 김범우의 집이 있던 곳 주변 언덕이 조선교구 눈에 들어온 건 당연한 귀결이었다. 높다란 종현 언덕은 매우 훌륭한 입지이기도 했다.

1883년부터 조선교구는 이조판서를 지낸 윤정현의 집을 포함해 종현 땅을 조금씩 사 모은다. 워낙 검소한 윤정현의 삶에 감동한 고종이 일대 부지와 60칸 집을 하사했다는 이야기가 전하는 곳이다. 조선교구는 황해도 김가밀로라는 신도 이름으로 은밀하게 집과 땅을 매입하고, 그렇게 사들인 윤정현의 집을 교회 서당으로 사용한다.

조불수교 후 조선교구는 경리를 맡고 있던 프와넬Victor Leuis Poisnel 신부의 주도로 종현의 토지 매입을 본격화한다. 그리고 1887년 지금의 명동성당 부지 매입이 완료되자 곧이어 정지작업을 시작한다. 당시 상황을 블랑Marie Jean Gustave Blanc 주교 보고에서 확인할 수 있다.

> 우리는 아직도 건축을 시작하지 못하고 있습니다. 그러나 하느님의 도우심으로 겨울 전에는 시작할 수 있을 것으로 봅니다. 우리가 매입한 대지는 도시 중심부에 위치하며, 주요한 기본 건물들을 다 지을 수 있을 만큼 넓은 대지입니다.[16]

블랑 주교는 설계를 맡은 코스트 신부에게 부지 정지작업을 1890년까지 완료해달라고 독려한다. 이와 함께 신자들은 지긋지긋한 박해가 끝났다는 증거를 성당 짓는 일에서 찾으려 했다. 완전하게 종교의 자유를 얻었다는 사실을 증거하겠다는 일념으로 부지 정지작업에 적극 협조하며 매달린다. 한성 부근에서 몰려든 교우들은 사흘씩 작업을 도왔고, 부녀자들은 삯꾼을 사서 보냈으며, 전국 곳곳에서는 성금이 답지했다. 불행하게도 부지 정지작업 과정에서 교우 두 명과 외국인 두 명이 사망하기도 했다.

고종의 반대와 계속되는 난관

성당 부지 공사가 순조롭게 진행되고 있던 1888년 1월, 조선 정부는 갑자기 토지소유권을 억류시킨다. 표면적으로는 '땅이 국유지이자 조선왕조 여섯 임금의 어진을 모신 영희전으로 이어지는 주맥이어서 풍수적으로 곤란하며, 나라에서 신성시하는 곳을 이교異敎의 높다란 교회당이 내려다봐서는 안 된다'는 논리를 내세운다. 그러면서 토지 대금을 반환하겠다고 한다. 조선교구는 '사유지인 윤정현의 집과 땅을 매입한 것이며, 종현과 영희전의 주맥 사이에 골짜기가 있어 본시 풍수적으로 영향이 없는 곳이다'라며 항의해보지만 받아들여지지 않는다. 같은 해 3월 조선 정부 외부外部는 러시아공사관을 통해 땅을 맞바꾸자는 환지換地를 제의해왔지만 블랑 주교는 이를 거부한다. 급기야 조선 정부는 4월 28일 금교령禁敎令을 내려 모든 서양 종교에 대한 포교와 제반 활동을 금지시킨다. 이 금교령으로 가톨릭은 물론 개신교까지 선교활동에 발목이 묶인다. 따라서 성당 건축은 부득이 지연될 수밖에 없었다.

이 분쟁은 삶 속으로 파고들던 서구 생활양식이 조선의 전통과 권위에 본격적으로 도전하는 시작점이었으며, 이는 점차 관습과 규범으로 이어질 수밖에 없는 필연이었다. 명동성당보다 더 높은 곳에서 경복궁, 경운궁, 경희궁을 한눈에 내려다보는 러시아 공사관 건립에 대해서는 일언반구 반대하지 못한 일이 있었기 때문이다. 나라 사정이 대체로 이와 같았다.

국유지와 풍수지리를 앞세워 땅을 맞바꿀 생각까지 한 조선 정부, 정확히 고종의 속내는 따로 있었다. 고종은 성안에서 왕궁보다 더 높은 곳에 서양 종교 건축물이 들어서는 데에 분개했다. 절대지존의 권위에 대한 도전으로 인식한 것이다. 특히 그 집과 부지를 청백리로 소문난 윤정현을 위해 직접 하사한 것이었기에 분노가 더 컸는지도 모른다. 그러나 조선교구도 만만치 않게 대응한다. 6월에 부임한 프랑스 공사 플랑시는 토지소유권 억류를 해제하는 것이 합법적 해결 방안임을 조선 정부에 촉구한다. 블랑 주교는 7월 조선교회를 성모 마리아에게 바치는 봉헌식을 공공연하게 거행하기도 했다. 그렇게 2년 남짓의 시간이 훌쩍 지난다.

1890년 1월 21일, 설날을 맞아 드디어 토지소유권이 교회로 반환된다. 신임 프랑스 공사의 압력이 작용한 결과였다. 곧바로 2월에 감사 미사를 거행하고 코스트 신부의 설계로 주교관 건립에 착수한다. 그때 블랑 주교가 선종하고, 그해 8월 뮈텔 주교가 부임한다. 주교관은 연말에 완공된다. 주교관 완공 직후부터는 본격적으로 자재를 마련하기 시작하는데, 그 사이 용산신학교 축성식이 열리고, 약현성당 본당이 완공된다.

1892년 5월 8일, 드디어 성당 머릿돌을 놓고 기공식을 연다. 뮈텔 주교가 머릿돌을 축성했으며, 설계와 공사 감독은 코스트 신부가 맡는다. 기술자는 몇몇 조선인 석공을 제외하면 대부분 중국인이었다. 최초 설계는 본당 내부 기둥을 석재로 계획했지만 석재를 대규모로 확보하는 게 어려워 변경된다. 첫 창문까지 벽돌을 쌓아 올린 상태에서 극심한 재정난(1892년 말~1893년)에 휩싸인다. 자금난으로 자재를 원활하게 공급하지 못해 중단된 공사는 1893년 10월 3일, 홍콩 주재 파리외방전교회가 5만 프랑을 긴급하게 지원하면서 재개할 수 있었다. 그간 종탑을 세우다가 여러 차례 붕괴하는 사고가 발생해 설계 변경을 통해 종탑 높이를 낮추었다. 또 벽돌 기둥을 설계보다 더 두껍게 쌓도록 조치했다. 이 과정에 러시아 건축가 사바틴에게 건축 구조에 대한 자문을 구하기도 한다.

10여 개월 진행되던 공사는 또다시 청일전쟁(1894년)의 영향을 받는다. 중국인 기술자들이 모두 철수하는 바람에 공사가 다시 중단된 것이다. 전장이 만주로 이동하고서야 공사는 재개된다. 6월에서야 중국인 벽돌공이 본격적으로 투입되어 공사를 이어갔고, 성당은 드높은 위용을 과시하며 도성을 굽어보기 시작했다.

성당 외부 공사가 마무리될 즈음인 1896년 2월, 설계자이자 공사 감독이었던 코스트 신부가 선종하면서 급하게 프와넬 신부가 직을 이어받는다. 건물은 조금씩 완성되어 가는데 이번에는 성당에 사용할 종 만들 돈이 부족했다. 뮈텔 주교가 고민에 빠졌다는 말을 전해 들은 프랑스 선교사들은 주교 몰래 기금을 모아 1897년 7월 프랑스에 종 제작을 주문한다. 이 소식을 전해 들은 뮈텔 주교는 감격한 나머지 종에 '사랑의 징표'라는 이름을 붙인다. 종은 낙성식 두 달 전인 1898년 3월 대한제국으로 들어온다.

건립 당시 명동성당은 도성 어디서든 볼 수 있었다.
한국 가톨릭의 상징과도 같은 건축물이다.

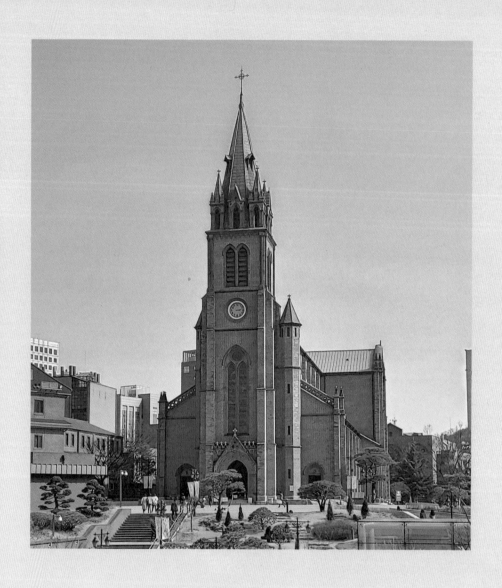

장엄한 분위기를 자아내는 명동성당의 핵심은 바로 종탑이다.

1898년 5월 29일, 드디어 축성식이 열렸다. 3000여 신도와 각국 외교관이 참석한 성대한 행사였다. 정부의 토지압류와 자재 결핍, 자금난과 청일전쟁, 숙련된 기술자 부족, 잦은 사고로 인한 공사 중단, 설계 변경 같은 어려움을 모두 이겨내고 6년 만에 완공한 것이다. 그리고 프랑스에서 들어온 종은 6월 11일 종탑에 매달린다. 건축비는 6만 달러가 소요된 것으로 알려졌다. 이는 당시 신문 기사를 통해 추정한 수치일 뿐, 신도들의 모금과 자발적인 노동, 자재 헌납은 제외된 공사비다.

장엄한 분위기를 자아내는 명동성당

성당은 길이 68.25미터, 폭 29미터, 본당 높이 23.435미터, 종탑 높이(십자가 제외) 46.7미터다. 일반적인 고딕 양식의 성당이 서쪽에 출입구를 두는 동-서 배치인 점과 달리, 명동성당은 지형과 좌향, 진입로 같은 입지 여건을 고려해 정북에서 서쪽으로 30.5도 엇갈린 북북서 쪽으로 입구를 놓았다. 따라서 성당 배치도 남남동-북북서가 되었다. 평면은 삼랑식 라틴십자가형이다. 장중함을 표현하는 석조 고딕 양식의 본류를 따르지 못한 것은 열악한 재정 여건 때문이었는데, 이를 만회하기 위해 벽돌로 세세하게 고딕 건축을 추구한 흔적이 역력하다. 20여 종에 달하는 적색과 회색 벽돌을 성당 내외 각 부분에 알맞게 적용한 전통적 고딕 공법을 따른 것이 그 예다. 재정 여건에 맞게 구조도 벽돌로만 구성했다. 일반 벽체만이 아니라 주현관 입구의 천장과 지하 성당의 궁륭도 모두 벽돌로 시공했다. 나무는 지붕 트러스와 내부 궁륭, 종탑 종지기와 뾰족탑에 사용했다.

입면에서는 단연 종탑이 핵심이다. 이 탑이 성당을 상징한다고 봐도 무방하다. 탑은 하부 주현관 부분과 그 위의 파이프오르간실 및 시계실로 이뤄진 탑신부, 종을 지지하는 종루부 그리고 최상부 뾰족탑으로 되어 있다. 네 모서리는 단형으로 들여쌓은 직각부벽으로 지지했으며, 뾰족탑은 박공과 아치, 작은 첨탑 등 고딕 요소로 풍부하게 장식되어 있다.

내부 평면은 중앙부와 측면부 복도로 구성되어 있으며, 입면은 뼈대 궁륭 천장이다. 네이브와 아일 사이 입면은 한 개의 횡단아치로 지지하는 1층 아케이드, 네 개의 뾰족아치가 연속된 2층의 어두운 공중회랑 그리고 두 개 아치창과 하나의 둥근 창으로 된 3층의 스테인드글라스로 되어 있다. 이런 내부 입면이 웅장함을 느끼게 한다. 스테인드글라스를 통해 들어오는 빛이 내부를 훤히 밝히면서 아래를 내리쬐는 듯한 효과를 주어 장엄한 분위기를 자아낸다. 스테인드글라스의 빛과 무늬는 성당의 권위를 한껏 돋보이게 한다. 13미터 높이의 언덕에 지어진 성당의 뾰족탑은 완공 당시 한성 어디서든 볼 수 있었다.

의료사업을 통해 뿌리를 내린 개신교

개신교의 선교 방식은 가톨릭과는 달랐다. 개신교는 계몽과 근대화를 앞세워 합법성을 획득해나가는 합리를 추구했다. 조선은 미국을 통해 개신교를 받아들였다. 1882년 '조미수호통상조약朝美

修好通商條約'이 계기였다. 고종은 외교사절인 '보빙 사절단'을 꾸려 미국에 파견하는데, 민영익을 단장으로 홍영식, 서광범, 유길준 같은 젊은 관료들로 구성했다. 미국 대통령에게 국서를 전달하고, 미국과 유럽을 돌아보면서 도입할 수 있는 서구 문물과 제도를 살피고 오라는 임무였다.

1883년 9월 샌프란시스코에 도착한 사절단은 워싱턴으로 가던 열차 안에서 볼티모어에서 교육과 선교사업에 열중하던 감리회 소속 가우처John F. Goucher를 만난다. 민영익은 가우처에게 교육과 의료사업에 대한 도움을 요청한다. 그리고 가우처는 그해 11월, 자신이 속한 미국 감리교 해외선교부에 개인 선교비 2000달러를 보내면서 조선 선교에 착수할 것을 정식으로 요청한다.[17] 미국 감리교 해외선교위원회는 가우처가 보낸 2000달러에 3000달러를 더해 일본 주재 선교부 책임자 맥클레이Robert S. Maclay에게 전달하면서 조선을 방문해 선교 가능성을 타진해달라고 이야기한다. 맥클레이의 부인이 일본에 수신사로 와 머물던 김옥균에게 영어를 가르치고 있을 때였다.

맥클레이 부부가 1884년 6월 24일 한성에 도착했을 때 사절단도 이미 돌아와 있었다. 맥클레이의 목적은 명확했다. 왕으로부터 선교의 자유를 얻는 것이었다. 조선은 임오군란 뒤 보수 광풍이 휩쓸고 간 상처가 컸고, 민영익도 급격히 보수화되어 있었다. 다행히 김옥균이 통리교섭아문 우승지였기에 맥클레이는 김옥균을 협상 창구로 활용해 6월 30일 고종에게 서신을 전달할 수 있었다. '병원과 학교 사업부터 시작하겠다'는 요청을 담은 서한이었는데,

고종은 이 요구를 7월 3일 승인한다. 이 날이 조선 정부가 기독교에 문을 연 날이다. 비록 '교육'과 '의료' 사업으로 한정되긴 했지만 기독교 선교사의 입국을 허락했다는 사실만으로도 한국 기독교 역사에 중요한 의미를 가진 날이라 할 수 있다.[18]

맥클레이는 미국 감리교의 선교 비용 5000달러를 미국 공사 푸트Lucius H. Foote에게 맡기면서 공사관 주변에 선교사들이 거처하며 활동할 공간을 마련해달라 부탁한다.

한편, 유럽을 거쳐온 사절단이 1883년 10월 상해에 당도했을 때 청나라 선교를 자청한 미국 북장로회 소속 의사 알렌Horace N. Allen도 그곳에 머물고 있었다. 그는 민영익이 탄 배의 선장에게 서신을 주면서 주조선 미국 공사 푸트에게 '조선에서 근무하는 외국인을 치료할 의사가 필요한지 여부를 타진'한다. 동시에 미국 선교본부에 조선으로 선교지를 바꿔달라 요청한다. 1884년 7월 북장로회가 그의 뜻을 수용하자 알렌은 미국공사관의 전속 의사 자격으로 9월 20일 한성에 도착한다. 공사관 근처에 거처를 마련하고 두 달에 걸쳐 집을 수리한 뒤 입주하는데, 입주 보름 만에 갑신정변이 터진다. 알렌에게는 호기였다. 정변에서 상처를 입은 민영익이 혼수상태였는데, 위급한 그를 정성으로 치료해 회복시킨다. 조선 관료들은 모두 놀랐고, 이후 고종과 왕비도 알렌의 치료를 받게 된다. 알렌은 민첩하게 서양식 병원을 건립하겠다는 허가 신청서를 정부에 제출하고, 1885년 4월 이 신청이 받아들여지면서 갑신정변 때 화를 당한 홍영식의 집을 병원으로 사용한다. 고종은 병원을 '광혜원廣惠院'이라 이름 짓는다. '제중원濟衆院'이 탄생하는 순간이다.

배재학당과 이화학당의 설립

1885년 샌프란시스코에서 조선을 향해 배 한 척이 출항한다. 배에는 아펜젤러 부부, 스크랜턴 부부와 그 어머니가 타고 있었다. 스크랜턴William B. Scranton은 의사였다. 그들은 2월 말 요코하마에 도착하지만, 조선으로 가는 배가 뜸한 탓에 한 달을 더 머문다. 그동안 일본에 있던 박영효와 김옥균, 이수정을 만나는데, 우선 아펜젤러 부부가 선발대로 조선에 가기로 한다. 3월 말 제물포로 향하는 배에는 미국 북장로회 소속의 또다른 선교사 언더우드Horace Grant Underwood와 갑신정변 사절단 서상우를 수행하는 묄렌도르프Paul Georg von Möllendorff가 동승했다. 배는 4월 5일 부활절에 제물포에 당도하는데, 당시 조선 분위기는 갑신정변으로 개화에 대한 험악한 반감이 만연해 있었다. 미국공사관도 그들의 입국을 꺼렸다. 이에 아펜젤러Henry Gerhart Appenzeller는 일본으로 발길을 돌리지만, 언더우드는 그대로 한성으로 향한다.

5월이 되자 스크랜턴이 홀로 조선에 온다. 그는 종파를 떠나 알렌과 함께 제중원에서 진료를 시작한다. 북장로회에서 의사 헤론John W. Heron이 올 때까지다. 6월에 한성에 온 아펜젤러 부부와 합류한 스크랜턴은 일 년 전 맥클레이가 맡긴 돈으로 공사관 주변 한옥 두 채를 매입하고, 9월까지 수리를 마친 뒤 진료를 시작한다. 또 미국에서 의료기기를 들여와 1886년 6월 '시施병원'으로 문을 연다. 병원은 이듬해 여름 콜레라가 대유행하자 큰 몫을 해낸다.

초기 개신교는 교회를 설립하는 데 있어 종파를 가리지 않았다. 서울의 첫 개신교회는 선교사와 외국인들로 구성된 서울 유니언교회였다. 알렌의 정동 사택에서 장로회와 감리회 선교사들이 함께 1885년 6월 21일 예배를 드리기 시작했고, 10월부터는 성찬식도 거행했다.[19] 이들은 종파를 초월해 선교라는 공통 목표를 지향했다. 한글과 영어, 의술을 가르치는 일을 앞세웠는데, 조선인 중에는 영어와 서양 의술을 배워 출세하려는 사람들이 생겨났다. 스크랜턴은 그중 두 학생을 선발한다. 조선 최초의 근대식 교육이 출발하는 순간이다.

자신감을 얻은 아펜젤러는 미국공사관을 통해 조선 정부에 학교설립 허가를 신청한다. 고종이 이를 허락하자 이듬해 4월 학교 용도로 쓸 한옥을 추가로 매입하고, 1886년 6월 3일 일곱 명의 학생을 받아들여 학교를 연다. 하지만 서양 종교를 가르치는 학교에 다니는 일로 박해를 받을까 두려운 나머지 학생들은 한 학기를 버텨내지 못했다. 정부의 박해 위협을 제거할 필요성을 절감한 선교사들은 이벤트를 준비한다. 1887년 1월 16일 경운궁 연못에서 스케이트 대회를 개최한 것이다. 이 행사를 고종과 왕비가 참관했는데, 선교사들이 스케이트를 타며 묘기를 부리자 고종이 음식을 내리기도 했다.

한 달 뒤 고종은 아펜젤러에게 '배재학당'이라는 이름을 하사한다. 조선 최초의 고등교육아카데미였다. 그리고 학교에서 공부를 마친 네 명이 전신국電信局에 벼슬(종6품)을 얻자 곧 소문이 퍼져 전국에서 학생들이 몰려들었다. 이에 새로운 건물이 필요해졌고, 가로 28미터, 세로 15.8미터의 1층짜리 르네상스풍 벽돌 건물

조선 최초의 고등교육아카데미였던 배재학당 동관.
건물은 일제강점기인 1916년에 건립되었다.

을 짓는다. 건물은 1887년 8월 5일 정초식을 거행하고 그해 11월 입주한다. 한편, 스크랜턴 부인이 한 여학생을 가르치면서 1886년 문을 연 여학교에는 이듬해 고종이 '이화학당'이라는 이름을 내린다. 이화학당은 배재학당과 이웃한 정동 언덕에 있었다.

아펜젤러의 고민과 실험
그리고 정동교회의 탄생

개신교의 선교 목적은 둘로 나눌 수 있다. 개화하지 못한 선교지에 문명을 보급함으로써 사회를 개혁하는 것이 하나고, 궁극은 복음화다. 아펜젤러의 생각도 다르지 않았다. 아펜젤러는 기독교 교육과 영어, 중고등 교육을 통해 조선의 복음화만이 아니라 조선의 기독교화를 선도할 지도자를 양성하고자 했다. 유용한 인재를 키우는 학교인 배재학당에서 쓰임 받는 인재란 조선 정부에게는 문명 개화를 위해 교육받은 인재였고, 선교회에게는 하나님 나라를 위해 봉사하는 인재였다.[20] 이 둘을 염두에 둔다면, 아펜젤러에게는 선교가 시급한 책무였다. 개교 첫해 7월에는 박중상이, 10월에는 한용경이 세례를 받았다. 이들을 중심으로 종교 집회가 시작되었는데, 아펜젤러는 이를 지원하기 위해 상동에 초가집을 별도 공간으로 마련한다. 순전히 조선인 신자만을 위한 공간이었다. 이를 '벧엘 예배처소'라 불렀다. 10월 9일 이곳에서 조선인 네 명이 참석한 최초의 예배가 거행된다. 같은 달 조선 여인에게도 첫 세례가 이뤄진다.

11월 추수감사절 때는 신자가 더 늘어난다. 여성 신도를 비롯한 몇몇이 세례를 받은 것이다. 성탄 예배 때 아펜젤러는 한글로 쓴 설교문을 읽어내렸다. 명실상부 조선 '벧엘 감리교회'가 성립되는 순간이었다. 예배당 중심의 이 신앙공동체는 명동성당 건립 문제로 1888년 5월 발생한 '금교령'으로 잠시 주춤하는데, 이에 예배당을 이화학당과 아펜젤러 사택으로 옮겨 남녀를 구분해 예배를 드린다. 그리고 이 공동체가 이후 '정동제일(감리)교회'의 모체가 된다.

한편 장로회는 언더우드에 의해 1887년 9월 27일 정동 31번지 한옥에서 교회를 설립한다. 위치가 돈의문 안쪽, 곧 '새로운 문' 안쪽에 있어 '새문안교회'라 불렀다. 정동교회보다 12일 정도 빨랐다. 고아원 겸 남자 기술학교인 경신학교도 이때 같이 출발한다. 새문안교회는 교인의 노력과 헌금으로 1895년 1차 예배당을 건립하지만, 공간이 협소해지자 다시 1896년 2차로 예배당 건축을 계획한다. 그리고 지금의 위치인 신문로에서 1907년 기공식을 치르고 1910년 5월 22일 새 교회당을 건립한다. 이 자리에 최근 거대한 규모의 새 교회가 들어섰다.

다가온 교회 건축 시기

개신교 교회 건축은 세 가지 통로로 한반도에 유입된다. 첫째는 중국 산동 지푸나 상해에서 서해를 건너 제물포로 동진하는 서해 횡단 통로고, 둘째는 만주 오장과 심양에서 압록강을 건너 평양~서울로 남진하는 압록강 횡단 통로다. 그리고 일본 요코하마~

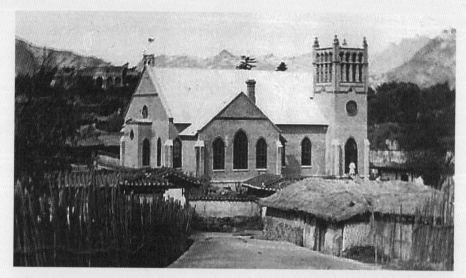

본격적인 교회 건축의 시작을 알린 초창기 정동제일감리교회(위)와 현재 모습(아래).
낮게 올린 종탑이 인상적이다.

나가사키에서 대한해협과 남해를 건너 서해 제물포와 동해 원산을 향해 북진하는 대한해협 횡단 통로가 셋째다. 대개 개항장들을 연결하는 통로였다.[21]

주로 대한해협을 통과하는 루트로 유입된 감리교와 장로교가 조선에서는 개신교의 주류를 형성한다. 따라서 서울에 지어진 정동교회는 당시 미국에서 유행하던 교회 건축양식을 그대로 받아들였다. 이때 미국에서 주류를 이룬 교회 건축은 적절한 부속시설을 지닌 반형식주의 로마네스크 복고양식이었다.

청일전쟁 후 조선 민중은 서양 종교와 교회를 점차 안전한 장소로 인식하기 시작한다. 당시 삼남은 동학혁명이 한창이었고, 나라는 바람 앞 등불이었다. 그 사이 신자는 200명을 넘어섰다. 감리교 지도자들은 정동 예배당 건축을 결의하고, 1894년 12월 28일 헌금을 약정한다. 그리고 이듬해 8월 7일 지금의 정동교회 자리에서 공사를 시작해 9월 9일 정초식을 거행한다. 1896년 지붕을 얹고, 1897년 10월 3일 입당식을 연 뒤 마무리 공사를 마치고 1897년 12월 26일 봉헌식을 가지면서 예배당 건축은 마무리된다. 총 건축비 8048.29엔 중 한국인이 연보한 돈은 693엔이었는데, 외국인 헌금과 기부금이 90퍼센트에 달했다.[22]

예배당은 삼각형 박공지붕에 네모난 종탑이 선 모습이다. 내부는 삼랑식으로 주랑 쪽에 설교단을 배치했다. 위화감을 주지 않도록 50자 높이로 종탑을 낮게 올렸고, 회당 좌우에는 방을 두었다. 벽 사방에는 고딕식 큰 유리창을 내어 자연광으로 안을 환하게 비추게 했다. 예배실은 붉은 벽돌을 사용했고, 예배당을 둘러싼 흰

벽은 순결과 거룩함을 상징케 했다. 1898년에는 일본에서 가구를 들여와 설교단을 꾸미고, 성만찬을 위한 탁자를 설교단 앞에 배치했다. 남녀가 유별한 당시, 공경하는 마음으로 양쪽에서 음식과 포도즙을 먹을 수 있게 하려는 조치였다. 초기에는 본당 중앙에 휘장이나 병풍을 쳐 남녀 좌석을 분리했는데, 이는 1910년대까지 유지되었다.

교회는 본래 십자형이었지만 1926년 증축 때 양쪽 날개 부분을 넓히면서 네모난 모양으로 바뀌었다. 원형을 최대한 살리면서 양쪽 날개 부분만 늘려 지은 것이다. 벽돌쌓기를 하면서 곳곳에 아치형 창문을 내 단순화된 고딕 양식의 교회당 모습을 잘 보여주고 있다. 돌을 다듬어 반듯하게 쌓은 기단은 조선시대 목조건축 솜씨가 배어 있어 주목할 만하다. 교회당 종은 장식 없는 내부 기둥과 함께 소박한 분위기를 지니고 있어 무척 정갈해 보인다.

3장

근대화를 향한 몸부림,
경운궁 중건과
서양관

동학혁명과 청일전쟁이라는 격랑에 휘말린 조선은 마치 어미 잃은 어린 새와 같았다. 이면에는 뱀 같은 일본의 흉계가 똬리를 틀고 있었다. 1894년 7월 경복궁을 점령하고 내정을 간섭하기 시작한 일본은 1894년 8월 강압적으로 '조일잠정합동조관朝日暫定合同條款'을 체결한다. 청일전쟁 뒤 조선 침략전쟁에서 러시아에 주도권을 빼앗길 위기에 놓인 일본은 1895년 10월 조선 왕비를 시해하는 사변을 일으킨다. 사변 뒤 경복궁에 감금되어 있던 고종이 1896년 2월 필사적으로 탈출하는 일이 발생하는데, 이 사건이 바로 아관파천俄館播遷이다. 일본은 삼국간섭과 아관파천을 전후한 일련의 대립을 기화로 러시아를 주적으로 삼는 전쟁의 씨앗을 뿌리기 시작한다.

고종은 러시아공사관으로 이어한 직후부터 경운궁을 중심

에 두면서 나라를 근대국가로 다시 세우겠다는 구상을 실행에 옮긴다. 가장 먼저 경운궁 수리에 착수하고 이와 더불어 가로街路 정비와 근대적 도시공원 건립을 시작한다. 곧 도시재정비 사업이다. 이는 온건개화파로 알려진 박정양*과 이채연**의 노력이라는 시각이 일반적이다. 고종은 이를 통해 부강한 영세 중립국가 수립을 꿈꾼 것이다. 새로운 가로망으로 도시 축을 형성하고 토지이용과 관련한 중심 기능을 수행한 곳이 바로 경운궁인데, 대한제국은 이곳을 중심으로 주체적 근대화의 길로 나아가려는 부단한 노력을 기울인다.

경운궁 수리와 함께 진행된 가로 정비

조미조약 체결 5년 뒤인 1888년 1월 박정양은 주미 전권공사로 임명되어 외교관 자격으로 미국에 가지만, 청나라가 부린 억지로 11개월 만에 반강제로 귀국하고 만다. 번역관이던 이채연은 대리공사 임무를 마치고 1893년 10월 조선으로 돌아온다.

아관파천으로 친러·친미 내각이 들어서자 박정양은 권력의 핵심이 되었고, 이채연은 한성부판윤을 맡는다. 고종은 파천 5일째인 1896년 2월 16일, 270여 년간 방치된 경운궁 수리를 명한다. 경운궁을 정궁 삼아 정치 중심 공간으로 활용할 의도였다. 오랜 시간

*1842~1905. 조선 후기 문신으로 외교관과 내각총리대신을 역임했다. 온건개화파로 첫 주미대사를 맡기도 했다.
**1861~1900. 조선 후기 문신으로 한성부판윤과 농상공무협판을 지냈다.

버려진 궁은 상징성이나 규모, 건축 격식에서 한참 뒤떨어져 있었다. 수리가 필요했지만 그리 거창하지는 않았다. 경복궁은 일본이 장악하고 있어 손을 쓸 수 없었지만, 경운궁이 있는 정동은 외국 공관이 즐비한데다 이들 공관을 수비하는 외국 군대가 상주하고 있어 일본의 간섭으로부터 상대적으로 자유로운 곳이었다. 하루라도 빨리 국가의 위상을 다시 세우고자 한 고종은 1896년 9월 4일 경복궁에서 죽은 왕비의 진전眞殿과 빈전殯殿을 옮겨오고, 곧이어 1차 수리를 완료한다. 수리된 경운궁은 조촐했다. 즉조당과 석어당 등 전각 몇에 불과하던 곳에 침전인 함녕전과 준명당, 정문인 인화문을 지어 기본 틀은 갖춘 모양새였다. 고종은 1896년 10월 31일 경운궁 이어移御를 처음 언급한다.

경운궁 1차 수리가 완료된 다음 날인 1896년 9월 29일 내부령 제9호°인 '한성 내 도로의 폭을 규정하는 건'이 공포된다. 운종가와 남대문로 폭을 55척(16.7미터)으로 정하고, 임시로 지은 불법 건축인 가가假家를 정비한다는 내용이었다. 이는 박정양과 이채연의 미국 생활이 영향을 미쳤을 것이라는 추정이 가능하다. 18세기 후반 계획도시로 만들어진 워싱턴 DC는 이들에게 신세계이자 별천지였을 것이다.

도시의 핵심 요소는 '축軸과 토지이용'이다. 도시의 활동과

°《고종실록》 해당일 기사는 "황토현 홍인문까지와 대광통교에서 숭례문까지는 한 나라의 큰 도로인 만큼 집들이 도로를 침범하는 것과 내를 건너는 것은 법에 의하여 금해야 한다. 두 도로의 원래 너비가 혹 50여 척尺도 되고 70~80척이 되는 곳도 많으니 현재의 상무商務에 비하면 필요한 도로의 너비보다 지나치다. 규정을 세우고 고쳐야 한다"라고 기록했다.

1904년경 성곽에서 바라본 남대문 거리 풍경.
가로가 정비되면서 옹색해 보이던 환경이 활기를 띠기 시작했다.

흐름을 결정짓는 가로망이나 휴식·휴게 기능을 담당하는 공원과 녹지는 모두 축과 토지이용 개념에 녹아들어 있다. 이때 한성 가로망은 동서축으로는 운종가가 중심이었고, 남북축으로는 광교에서 숭례문을 잇는 남대문로와 광화문 앞 육조거리가 중심이었다. 분주해진 이채연은 경무청 소속 순검들과 가가 정비를 단속하고 독려했다. 큰길은 정부가 정비하고, 작은 골목은 백성 자율로 정비하게 했다. 오늘날에 비춰봐도 실로 모범적인 도시재생 모델이다. 동시에 낡은 도로는 자갈로 포장했으며, 내부령 시행 이전에 지어진 가가는 보상한 뒤 철거했다. 불법 건축이지만 물권인 '지상권'을 인정해준 셈이다. 그러나 내부령 시행 이후 들어선 가가는 강제로 철거하는 강력한 단속을 시행했다.

가로가 정비되자 한성은 몰라보게 바뀌었다. 불결함이 급격히 줄어들고 옹색해 보이던 생활 환경은 활기를 띠었다. 아울러 상업도 보다 활발해졌는데, 모두 가로 정비에 따른 부수 효과였다. 넓은 도로는 산책하기에 맞춤이었고, 가게는 많은 물건을 진열해 장사에 열중할 수 있었다. 그리고 넓혀진 도로에는 가로등이 밤을 밝혔다. 가로 정비는 단순히 도로 폭을 넓히고 깨끗하게 정돈하는 수준에서 멈추지 않았다. 새로운 도로망이 사방으로 뻗어 나갔는데, 이는 정궁으로 삼고자 한 경운궁을 중심에 둔 도시 공간구조 개편의 일환이었다. 고종은 개선문을 중심으로 한 파리의 가로망처럼, 경운궁을 중심에 두어 권위를 드러내려는 방사형 가로망을 꿈꾼 것이다. 이는 한 지점에서 각 가로의 움직임을 신속하게 파악할 수 있는 이점을 갖춘 체계다. 방사형을 선택한 이유는 정세상 일본을 경계하려는 포석으로 읽힌다.

도시 개조는 이채연이 손발이 되어 이듬해에도 계속된다. 경운궁을 중심으로 북쪽으로는 황토현을 깎고 개천에 다리를 놓아 육조거리에 맞닿는 지금의 태평로를 개설하고, 동쪽으로는 구리개 길(을지로)을, 동남쪽으로는 소공로를, 남쪽으로는 숭례문에 잇닿는 길을 새로 냈다. 지금의 서울시청 광장을 중심에 둔 가로망 체계가 이때 기본 틀을 잡는다.

한성은 성리학 이념에 충실한 계획도시였다. 고종은 이런 도시에 어떤 방법으로든 근대적 상징성을 끌어들이고 싶어 했다. 그 시도 가운데 하나가 도시공원 조성이었다. 실무자 이채연은 워싱턴의 격자형 가로망과 상징적인 광장, 드넓은 도시공원을 직접 체험한 행정가였다. 가로가 도시의 핏줄이라면 공원은 허파였다. 한성의 녹지공간은 내사산內四山°인 남산-인왕산-북악산-낙산에 둘러싸인 분지형 공간에 궁궐이 도시 허파 기능을 수행하는 체계였다. 또 당시는 공해가 없어 정주定住 여건이 크게 훼손당할 염려도 적었다. 그런데도 가로망을 정비해 도시를 개조하고, 도심에 공원을 놓으려 한 것이다. 그렇게 들어선 공원이 바로 탑골공원이다. 원래 그곳은 터는 컸지만 수많은 가가假家가 점령한 상태였고, 아름다운 원각사 10층 석탑°°과 대원각사비大圓覺寺碑가 있던 곳이었다.

°더 넓은 개념의 외사산外四山은 북쪽의 북한산, 서쪽의 덕양산, 남쪽의 관악산, 동쪽의 용마산이다.

°°상층부 세 개 층이 임진왜란 때 무너졌지만 훼손되지 않은 채 탑 옆에 놓여 있다가 해방 뒤인 1946년 2월 미군 공병대가 기중기로 올려 세웠다.

근대적 상징물로서 고종이 만든 탑골공원.
공원 울타리 안에는 대원각사비(위)와 원각사 10층 석탑 그리고 팔각정(아래)이 자리했다.

그곳의 작은 집들을 철거한 뒤 빈 땅에 나무를 심고 간단하게 울타리를 둘렀다. 세무사이자 탁지부 고문이었던 영국인 맥리비 브라운John McLeavy Brown이 탑골공원 건립을 건의했다는 이야기가 있지만 정황상 신뢰도는 낮아 보인다.

공원은 '민의民意를 수렴하는 공론의 장'이었다. 공원의 고유 기능보다는 근대국가의 상징적 가치에 방점을 찍은 것이다. 크기는 1만 5721제곱미터(약 4756평)로 다소 협소했지만, 민심을 읽으려는 왕이 시민에게 베푼 시설이었던 셈이다. 독립협회가 근간이자 시민단체의 맹아라 할 수 있는 만민공동회°가 1898년 제일 먼저 취지에 맞게 공원을 활용함으로써 시민사회의 출현을 알렸다. 공원을 만든 목적에 가장 부합하는 집회가 열린 것이다.

황제를 상징하는 팔각정은 1902년 고종 즉위 40주년 기념 행사를 준비하는 과정에서 계획되었는데, 경복궁 중건과 창덕궁 수리에 참여한 도편수 최백현°°이 공사를 맡았다. 팔각정은 다름 아닌 '황제가 인정한 민권'의 상징이었다. 그 후 황실관현악단의 연주 장소로 사용되면서 장안의 이목을 집중시킨다.

°대한제국 당시 민중대회이자 단체. 시민, 소상인, 천민 등 전 계급이 두루 참여했다. 열강의 이권 개입 반대와 제국주의 침탈 반대운동을 펼쳤다. 이듬해인 1899년 4월부터 독립협회의 영향력에서 벗어나 10월부터는 독자적으로 활동했다. 황국협회와 보부상의 독립협회 습격사건 이후 정부의 탄압으로 무력화되었다. 민중대회에서 결의한 '헌의 6조'를 정부에 건의하기도 했다.

°°경복궁 중창과 창덕궁 수리에 참여한 궁궐 목수. 도편수 계보는 최백현 - 최원식-배희한으로 이어진다.

근대가 세운 건축, 건축이 만든 역사

〈독립신문〉과 독립협회의 창설

미국인 필립 제이슨이자 조선인 서재필은 계약 기간 10년의 중추원 고문 자격으로 갑신정변 후 11년 만인 1895년 12월 귀국해 신문 창간을 서두른다. 김홍집 내각에서 4400원의 재정 지원을 약속받지만 이뤄지지는 못했다. 일본의 방해와 암살 위협이 만만치 않은 상황이었기에 신변에 위협을 느낀 서재필은 다시 미국으로 돌아가려 한다. 그때 아관파천이 일어난다.

서재필은 아관파천 이후 정부를 장악한 친러파의 4400원 지원으로 1896년 4월 7일 〈독립신문〉을 창간하고, 정동에 있는 정부 건물을 신문사로 사용한다. 순 한글로 된 첫 신문이 '삼문출판사'를 통해 발행되는데, 신문은 구독료 부담이 적어 각계각층으로부터 뜨거운 호응을 얻었다. 창간 배경에는 정부의 의도가 내포되어 있었다. 나라에 큰 사건이 터져도 이를 알리는 일이 어려웠고, 열강의 내정 간섭으로 여론을 형성하는 것 또한 쉽지 않았다. 한편으로는 일본 신문인 〈한성신보漢城新報〉에 대항해야 했다. 또 서재필과의 약속은 곧 미국과의 약속이기도 했다. 신문은 제호題號를 가로로 쓰는 혁신적 시도와 함께 한글 띄어쓰기도 선보였다. 신문 보급에는 정부도 적극 나섰다. 각 학교와 지방관청에 신문 구독을 지시했고, 발행 허가도 내주어 우송郵送 편의˚까지 배려한 것이다. 또 기

˚우정총국(1884년)과 조선전보총국(1888년), 조선전우총국(1893년)을 거쳐 갑오개혁 때 공무아문 '전신국과 역체국'으로 부활했다. 을미개혁(1895년) 때 농상공부 '통신국'으로 우편과 전신 업무가 통합되어 운영되었다.

자의 자유로운 취재를 위해 관청 출입도 보장해주었다.

　서재필은 신문 창간을 발판으로 1896년 7월 '독립협회'를 창립한다. 〈독립신문〉과 독립협회는 왕의 환궁을 요청하면서 외국에 이권을 넘겨주려는 움직임에 강력히 반대했다. 그러자 여론이 한곳으로 모였다. 환궁 요청이 빗발쳐도 왕은 섣불리 결정을 내리지 않았는데, 신변 안전이 보장되어야 했기 때문이다. 이에 러시아가 화답한다. 1896년 6월 니콜라이 2세의 황제 즉위식에 참석한 특명전권공사 민영환이 군사 교관 파견을 요청하자 러시아는 1896년 10월 24일 군사 교관 13명과 재정 고문을 조선에 보내 병력 1600명을 선발하고 2개 대대로 편제를 구성케 해 훈련을 시작한다. 조선에 왕을 보호해줄 외국 교관과 자국 군대가 생긴 것이다.

　전·현직 고위 관료가 다수 포진해 있었던 독립협회는 모화관을 사무실로 사용하는 혜택도 누렸다. 그러나 당시의 독립은 농후한 한계를 안고 있었다. 청일전쟁의 전후 처리 문제를 담고 있는 시모노세키조약에 근거한 '청나라로부터 독립'에 불과했다. 이는 곧 조선이 일본이나 러시아로 예속될 수 있다는 또다른 의미였다. 유람차 조선에 온 이토 히로부미를 '독립 유공자'라 칭송한 1898년 8월 20일자 〈독립신문〉 기사가 대표적 징표다. 이들이 말하는 독립의 의미가 이 글에 여실히 드러나 있다. 독립협회 간부 세 명이 8월 25일 용산에서 이토 히로부미를 영접한 것과 그가 경성학당에서 행한 연설 내용을 8월 30일자 신문에 싣기도 했다. 물론 서재필은 1896년 6월 20일자 사설에서 독립문의 상징이 '중국은 물론 일본, 러시아를 비롯해 유럽 열강으로부터의 독립'이라는 사실을 역설하기도 했다.

그즈음 배재학당 학생들이 협성회協成會˚를 구성해 진행한 독립과 민권, 개혁에 관한 토론회는 이후 널리 확산되면서 만민공동회로 이어졌다. 힘을 얻은 서재필은 신문을 통해 '입헌군주제'를 주장하는데, 이는 1896년 7월 내정개혁 의지로 표출되기도 했지만 반발도 만만치 않았다. 고종이 러시아공사관에 있었기에 명분이 미약했고, 친러 수구파들이 전제정치로 회귀하려는 움직임을 보인 탓이다. 또 배후에는 입헌군주제를 달가워하지 않는 고종이 있었다.

이에 개화파들이 고종의 승인을 얻어 찾아낸 소재가 바로 '독립문과 독립공원, 독립관' 건립이었다. 하지만 이는 여러 정치집단의 이해관계와 복선이 깔린 타협의 산물에 불과했다. 외세에 의존한다는 인식에서 벗어나려는 고종, 권력을 유지하려는 친러 수구파, 대중의 의식을 고양시켜 의회를 구성함으로써 권력을 잡아보려는 독립협회 등 이질적 집단들이 '독립'에 대한 제각기 다른 입장과 해석을 내세워 빚어낸 어정쩡한 결과물이었던 것이다.

〈독립신문〉과 독립협회는 목표액을 2만 원으로 잡고 모금을 시작한다. 왕세자가 1000원을 희사하자 각계각층에서도 호응이 뜨거웠다. 관료와 학생, 하급 군관은 물론이고 친러 수구파와 천인 취급을 받던 기생까지 모금에 참여했다. 독립협회 발기인들은 이완용이 낸 100원을 포함해 총 510원을 모은다. 1896년 말까지 4700여 원을 모금한 독립협회는 1896년 11월 21일 영은문 터에서 수천

˚1896년 배재학당 학생 13명이 중심이 되어 대중 계몽을 목적으로 조직한 단체.

왕세자가 한글 편액을 하사한 독립관의 1910년 모습.
독립협회는 1897년 5월 개수작업을 마무리하고 왕세자가 하사한 '독립관' 편액을 내걸었다.

명이 참석한 가운데 성대한 정초식을 연다. 이 자리에서 이완용은 미국을 본받아야 한다는 장황한 내용의 연설을 하기도 했다. 왕세자가 모화관 이름을 바꿔 올릴 한글 편액 '독립관'을 하사하자, 독립협회는 1897년 5월 개수작업을 완료하고 그 편액을 내건다.

고종은 경운궁 수리가 마무리되었기에 경운궁으로 이어移御할 명분이 필요했다. 국제정세도 고려해야 했고, 러시아공사관에 머물면서 러시아에게 너무 많은 이권을 내준 부담도 작용했다. 파천한 지 일 년이 다 되어 더 끌기는 어려웠다. 1897년 1월부터 신하들의 환궁 상소가 빗발치자 고종은 2월 18일 환궁을 결정하고 2월 20일 경운궁으로 이어하며 아관파천 시대를 마감한다. 왕이 환궁하자 성금 모금은 지지부진해졌다. 권력을 지키고자 한 고종은 전제정치를 추구하는 수구파에게 힘을 실어준다. 그럼에도 러시아의 영향력은 여전했다. 복잡한 정세 속에서 〈독립신문〉과 독립협회는 강력한 반러시아 정책을 노골적으로 표방한다.

대한제국 선포와
환구단·황궁우의 건립

고종이 환궁한 뒤부터 친미파와 친러파 사이에 첨예한 갈등이 생겨났다. 참정권과 왕정복고의 대립이었다. 〈독립신문〉은 친러 수구파를 맹렬히 공격했는데, 신문 창간을 주도했던 친러 수구파는 이제 역으로 신문을 탄압하고 나섰다. 러시아의 압력이 거세지자 고종은 서재필을 불신임하기에 이르렀는데, 러시아는 독립협회

를 미국의 당으로, 〈독립신문〉을 미국의 신문으로 규정하고, 신문
정간과 서재필의 추방을 기획한다.

　이런 와중에 조야朝野에서는 진정한 독립의 의미로 칭제건원
稱帝建元°하라는 상소가 비등한다. 이에 고종은 1897년 8월 14일 심
순택이 올린 상소로 연호를 먼저 정한다. 9월부터는 유생들의 상소
가 빗발쳤고, 10월 1일부터 3일까지 심순택과 조병세가 백관을 이
끌고 궁 뒤뜰에서 하루 네 시간씩 무릎 꿇고 간청하면서 상소를 아
홉 번 올린다. 고종은 아홉 번째 상소를 받아들여 10월 12일 마침
내 황제 자리에 오른다. 국호는 대한제국으로 삼고, 연호는 광무光
武°°로 정한다.

　칭제건원이 유일한 길이었을까? 대한제국 선포는 마치 '집에
강도가 들었는데 문패만 바꿔 단 꼴'이었고, 칭제는 왕정국가의 연
장선이자 청나라로부터의 독립을 의미할 뿐이었다. 곧 칭제건원은
지존 자리를 지키려는 일신의 안위를 위한 결단에 불과했다. 입헌
군주제는 생각조차 없었던 것이다. 제국 선포는 곧 고종이 끝까지
지켜내려 한 '권력'에 다름 아니었다. 황제에 오르고 단행한 첫 일
이 고작 죽은 왕비의 장례식이었던 걸 보면 이를 잘 알 수 있다. 그
것도 당시 재정 능력에 비추어 엄청난 비용을 들여서 말이다. 고종
은 즉위 이틀 뒤 새벽 두 시에 환구단에 나아가 황제의 위位를 하늘
에 고한다.

°스스로 황제라 선포하고 나라의 연호年號를 정하는 것.
°°'대한'은 후삼국시대 삼한을 아우르는 뜻을, '광무'는 외세 간섭에서 벗어나 힘을 기르
고 나라를 빛내자는 뜻을 담았다.

환구단은 천자天子가 하늘에 제사를 지내는 둥근 제단이다. 제국 선포 이전인 9월 25일 제단 건립이 결정되어 영선사 이근명이 지관을 데리고 터를 잡았다. 지관이 옛 남별궁南別宮 터가 천기天氣가 쏟아지는 곳이라고 칭송하자, 그곳에 길지의 좌향坐向을 정해 제단을 쌓았다. 환구단은 당시 최고 도편수 심의석°의 설계로 10월 2일 착공했는데, 1000여 명 인력을 동원해 10일 만에 완공한다. 칭제건원을 기리는 제단 건립이 번갯불에 콩 볶듯 이뤄진 것이다. 황제라는 자리도 그만큼 의미 없는 위였다는 간접 방증이었다. 둥근 원뿔 모양의 지붕 상부를 번쩍이는 금색으로 칠했는데, 원圓은 황제의 상징으로 아무나 쓸 수 있는 도형이 아니었다. 그래서 환구단을 원구단圓丘壇이라고도 불렀다. 일제는 1913년 환구단을 헐고 그 자리에 총독부 철도호텔(조선호텔)을 짓는다.

1899년에는 환구단 북쪽에 황궁우를 건립하는데, 지관들은 황궁우 터를 지기地氣가 솟구쳐 오르는 곳이라며 치켜세웠다. 황궁우는 화강암 기단에 돌난간을 둘러 세운 3층짜리 팔각집인데, 통층 건물로 3층에는 각 면에 세 개씩 창을 냈고, 천장에는 칠조룡七爪龍을 조각해 넣었다. 팔각과 칠조룡도 황제의 상징이다. 건물 층 구성과 창문, 검은 벽돌로 지은 아치형 삼문三門의 지붕과 벽돌쌓기가 전형적인 청나라풍이었다. 청나라로부터 독립한다면서 청나라풍

°1854~1924. 구한말 도시건설자·건축가이자 일제강점기 관료. 배재학당(1885년), 미국 감리회 시병원(1886년), 독립문(1897년), 이화학당 본관(1897년), 상동교회(1901년), 환구단(1897년)과 황궁우(1899년), 석고단(1902년), 원형극장인 협률사(1902년), 고종즉위40년칭경기념비 비각(1902년), 석조전(1910년) 건축에 관여했다.

1907년으로 추정되는 환구단과 황궁우.
지금은 황궁우만 남아 있고, 환구단은 1913년 일제에 의해 헐렸다.

건물을 칭제의 상징으로 삼은 것이다. 황궁우 앞에는 고종 즉위 40주년을 기념해 돌로 만든 세 개의 북石鼓도 세웠다. 제천을 위한 악기를 상징하며, 몸통에는 화려한 용문龍文을 새겼다.

엉거주춤하게 들어선 독립문

독립문 건립을 전후해 민중은 각종 집회와 토론회를 열었고, 건립을 위한 모금운동을 통해 혁명적 의지를 분출해냈다. 민중이 자주와 독립, 민주를 간절히 원하고 있다는 걸 실천으로 보여준 셈이다. 하지만 왕과 위정자들은 이런 변화를 읽어낼 의지가 없었다. 오로지 자기들 권력 안위를 어떻게 지켜내야 할지에만 몰두하며 그릇된 판단만 하고 있었다.

문은 다른 시공간으로 나아가는 통로이자 다름을 가르는 경계다. 문을 세워 경계를 넘나드는 행위는 이전에 누리던 가치관과 세계관을 전혀 다른 시공간에서 새롭게 펼쳐 보이겠다는 의지이자 선언이다. 더구나 나아갈 이상이나 거대 담론을 상징하는 문은 더욱 그렇다. 파리나 로마의 '개선문'이 바로 그런 상징이다. '독립문'은 어떤가. 문이 내세운 이상에도 불구하고 그 이면에는 권력욕과 급진적 어설픔만 짙게 묻어 있다. 그래서 엉거주춤하다. 갑신정변의 연장선에 갇힌 조급한 미몽과 공허한 외침이 투영되어 보인다. 당시 '독립'은 그들에게 '어떤 의미였을까? 누구로부터 독립이었을까? 단순히 예속과 의존을 벗어나는 것을 의미했을까? 시대적 이상이나 지향점에 합당한 '자주'가 더 어울리는 목표 아니었을까?

피동적 어휘에 스스로 가둬버린 한계가 그 문에 그대로 드러나 보인다.

독립협회는 독립공원을 세 구역으로 나누어 대규모로 조성할 계획이었다. 하지만 알량한 모금액으로는 문 하나 완공하는 것도 장담할 수준이 아니었다. 〈독립신문〉은 연일 모금에 참여해달라고 읍소했고, 열악한 재정에도 건립은 이어졌다. 러시아 건축가 사바틴이 설계하고 심의석이 공사를 담당했다. 시공에는 중국인 노무자들이 참여한다. 높이 14.28미터, 너비 11.48미터, 두께 6.25미터의 거대한 문은 그렇게 탄생했다. 문은 정초식 일 년 뒤인 1897년 11월 20일 가까스로 완공되지만, 그해 12월 서재필의 추방이 확정되고 독립협회도 고종의 명으로 해산되면서 1898년 12월 30일 〈독립신문〉은 폐간의 길을 걷는다.

독립문 설계는 서재필의 의도로 파리 개선문을 모방했다고는 하지만 비례나 미적 감각 등 건축 수준에서는 한참 뒤떨어진다. 뛰어난 건축가인 사바틴의 작품으로 읽히지 않는다. 설계에 서재필의 아집이 개입하고, 열악한 재정 여건이 만들다 만 형상으로 결과물을 내놓게 한 건 아닐까. 독립문의 석재 축조기법은 성벽 쌓기와 유사하다. 육중한 기단석 위에 화강석을 쌓아 올리고, 홍예 양측에 돌기둥을 세워 멋을 부렸다. 천장은 붉은 벽돌로 마감했다. 문 안쪽으로 꼭대기로 오르는 계단을 두었고, 꼭대기에는 돌난간을 둘렀다. 홍예문 아치이맛돌에는 오얏꽃 문양을, 앞뒤 현판석에는 '독립문'과 '獨立門'이라는 글자를 각각 새기고 좌우로 태극기 문양을 넣었다. 이 글을 이완용이 썼다는 설이 있는데, 김가진의 글이라

1910년대 독립문과 영은문 주초. 멀리 독립관도 보인다.
독립문은 그 이상을 끝내 실현하지 못한 채 엉거주춤하게 들어섰다.

지금의 독립문은 1979년 도로를 개설하면서
서대문독립공원 쪽으로 70여 미터를 이동시킨 위치다.

는 주장이 더 우세하다. 독립문 앞에는 영은문 주초가 그대로 남아 있다. 지금의 독립문은 1979년 도로를 개설하면서 원래 자리에서 서대문독립공원 쪽으로 70여 미터를 이동시킨 위치다.

아이러니하게도 일제는 독립문을 부수지 않았다. 오히려 더 잘 관리하고 보존하려 애썼다. 문을 세운 취지를 잘 알고 있었기 때문이다. 1917년에 수리공사를 진행하고, 1928년에는 받침 부분이 내려앉을 위험이 있다 해서 4000원이라는 거금을 들여 보수하기까지 한다.

경운궁에 들어선 양관 수옥헌

집을 '돌과 벽돌로 짓는다는 것'은 조선인에게 혁명적 변화를 의미했다. 가장 먼저 온돌 위주의 생활 습관을 버려야 했는데, 이는 전혀 다른 양태로 생활이 바뀐다는 것을 의미했다. 이른바 '입식 생활'로 잠자리에는 침대가 놓였고, 난방은 온돌이 아닌 배관을 타고 들어온 열기가 담당하는 시스템이었다. 이는 뜨거운 물이나 증기를 생산하는 시설, 곧 보일러 설비가 도입되었다는 것을 의미하며, 이 설비에서 생산된 전기를 조명 등 생활시설에 이용하게 되었다는 뜻이다. 그다음은 식생활이 바뀌었다. 음식을 익히고 조리하는 연료의 변화는 곧 서구식 주방 설비가 사용되기 시작했다는 의미이고, 상하수도의 도입은 건물 내 별도의 공간에 목욕실과 위생시설 설치가 가능했다는 뜻이다.

궁궐에 '돌과 벽돌로 지은 집'이 구상된 것은 고종이 러시아

초기 모습과는 완연하게 달라진 1954년경의 중명전(위)과
2010년경 원형에 충실하게 복원해 일반에 공개된 중명전(아래).

공사관에 머물던 때로 보인다. 러시아공사관은 당대의 최첨단 빌딩이었다. 서구 생활양식에 충실하게 지어진 집에서 생활한 경험이 이런 구상을 가능케 한 요인이 아니었을까.

수교 직후 미국과 영국은 경운궁 주변의 토지와 집을 사들여 공사관으로 사용했다. 그리고 여분의 토지와 집은 공사관 직원이나 선교사 사택으로 공여했다. 고종도 근처 땅을 사들여 1896년 경운궁 확장을 꾀한다. 경운궁 영건營建은 아관파천 시기는 물론 환궁 뒤에도 계속되었는데, 이런 경향은 경운궁 주변의 외국인과 민간 소유 토지에 대한 지속적인 매입으로 이어졌다. 수옥헌漱玉軒 터는 1896~1898년 사이 궁궐에 속한 것으로 추정된다.

이 집은 처음에는 황실도서관으로 계획되었는데, 미국인 토목기사 존 헨리 다이John Henry Dye가 1897년 10월 설계한 것으로 〈독립신문〉 영문판 10월 23일자는 보도하고 있다. 분명한 것은 베란다를 갖춘 우진각 지붕의 수옥헌이 1899년 3월 이전에 지어져 황실 소유가 되었다는 점이다. '옥玉을 씻는다'는 뜻의 수옥헌은 그러나 1901년 11월 16일 원인을 알 수 없는 화재로 전소된다. 일제의 소행이라는 확고한 심증은 있었지만 뚜렷한 증거사료는 찾지 못했다. 고종은 이듬해 5월 수옥헌 재건에 착수한다. 의문을 제시하는 연구도 있지만, 러시아 건축가 사바틴의 설계로 오늘의 모습으로 다시 태어난다. 지하 1층, 지상 2층 규모의 건물은 세 면에 회랑을 두고, 1층과 2층 바깥에 회색 난간을 두른 말굽 모양 아치로 장식했다. 내부 평면은 기능에 충실한 공간 분리로 황실도서관으로서 품격을 한껏 높였다. 수옥헌에서 1906년 이후 '중명전重明殿'

으로 이름을 바꾼 붉은색 집은 110여 년 동안 화재로 형상이 변하는 등 갖은 풍상을 겪고 2010년 다시 제자리로 돌아왔다. 제 모습을 찾기까지 무려 107년이란 시간이 필요했다.

한양韓洋 건축의 절묘한 조화로 탄생한 정관헌

정관헌은 도성에 세워진 여러 양관을 설계하는 데 힘을 쏟은 러시아 건축가 사바틴°이 설계한 집이다. 이 집을 볼수록 그가 "발전과 변화는 서로 다른 문명이 하나의 형태로 조화롭게 융합하는 데서 시작한다"라는 이상을 구현하려 노력한 건축가로 읽힌다. 그의 말은 단순히 형태와 기능을 짜깁기하는 게 아니라 서로 다른 문명의 장단점을 극복하고 조화시키는 게 핵심이라는 의미다. 덧붙여 그런 융·복합만이 융성하는 문명국가로 나아가는 첩경이라는 뜻이다. 이 건축가는 왕후가 일본 낭인들 칼에 쓰러지는 모습을 목격한 사람이다. 일본의 만행을 세계에 알려 곤궁에 처한 왕에게 큰 도움을 주기도 했다. 약현과 종현에 지어진 가톨릭 성당 공사가 난관에 부딪혔을 때도 조언을 아끼지 않았다. 조선 건축에도 상당한 조예가 있었다. 그만큼 개방적이었으며 나라와 종교를 떠나 조화와 화합을 추구한 인물이었다.

사바틴은 황제에게서 작은 실험을 요구받는다. 서로 다른 문명이 형태는 물론 기능에서도 조화를 이루는 건축물을 설계해보라

°정관헌 설계자 역시 '존 헨리 다이'라는 주장도 있다.

는 주문이다. 일본이 어쭙잖게 떠벌이는 '탈아론脫亞論'° 같은 모양
새가 되어서는 안 되었다. 또 청나라풍 벽돌조에 어설픈 한옥 기와
를 이고 있는 모습이어도 안 되었다. 이런 건축물로는 융합이나 새
로운 꿈을 추구했다 말할 수 없기 때문이다. 서구 건축이 추구하는
기능적 공간 분리와 조선 건축이 추구하는 개방과 폐쇄를 조화시
키자는 게 황제의 주문이자 사바틴의 구상이었다. 그렇게 탄생한
건물이 바로 정관헌이다.

　　사바틴은 경사진 언덕에 두 개 층으로 분리된 낮고 넓은 기
단基壇을 쌓아올렸다. 밝은 화강석을 다듬어 기단 가장자리를 튼실
하게 보강하고, 영국공사관과 즉조당 쪽으로는 담을 둘렀다. 또 준
명당과 즉조당으로 통하는 곳에 협문夾門을 내고, 훤히 열린 기단
동측과 남측에는 화강석으로 계단을 놓았다. 여느 궁궐 전각의 기
초를 이루는 형태와 전통을 고스란히 지켜낸 모양새다. 집이 들어
설 자리에는 다시 기단을 쌓았는데, 잘 다듬은 허리 높이의 3벌대
화강석 장대석이다. 장대석을 엇갈려 쌓아 지하층을 두고, 이곳에
공기를 불어 넣을 환기구를 설치했다. 집으로 오르는 동·서·남 삼
면에는 계단을 내었다.

　　1층 평면은 무척 단출하면서도 기능적이다. 한옥이 갖는 개
방과 폐쇄를 서구 건축의 기능적 공간 분리와 어울리도록 구성했

°일본 계몽사상가 후쿠자와 유키치가 1885년 3월 16일자 〈시사신보時事新報〉 사설에서
"일본은 조선이나 청나라 개화에 연연하지 말고 먼저 아시아를 벗어나脫亞 서양과 어깨
를 나란히 할 수 있는 서구화를 이룩하는 것만이 유일한 문명화 길이다"라고 주장한 내
용에서 유래했다.

새로운 시도 속에 탄생한 정관헌.
서양 건축과 조선 건축이 추구하는 지향점을 조화시키려는 노력이 엿보인다.

다. 중심 공간 북측에 벽돌을 쌓아 구획한 네 개의 방을 두고 그 전면에 큰 홀을 배치했는데, 제일 왼쪽 방이 서비스 공간이었다. 나머지 세 방은 창고 등 다양한 용도로 쓰인 것으로 추정한다. 전면 홀은 외부인을 접견하거나 작은 연회를 베풀기에 적당한 크기로, 나무 마루에 카펫을 깔았다. 홀 바깥 평면은 동·서·남 삼면으로 넓은 베란다를 두었다. 정관헌은 삼면에서 끌어온 바깥 풍광이 베란다와 홀로 이어지면서 '고요히靜 세상을 바라보기觀에 맞춤한 공간軒'이었다.

융·복합의 실체는 입면 구성에서 극명하게 드러났다. 개방된 홀과 바깥 베란다를 구분하는 경계에 로마네스크 양식의 굵은 돌기둥을 놓았는데, 이것이 서구식 건축임을 여실히 보여준다. 굵은 돌 보가 떠받치고 있는 천장은 간명한 단청으로 장식한 한옥 우물천장으로 꾸몄다. 서양 건축에서는 찾을 수 없는 팔작집 모양의 지붕은 짙은 녹색의 아스팔트슁글Asphalt Shingle이다. 지붕 선을 곡선이 아닌 직선으로 처리하고, 지붕 끝을 과감하게 잘라내 처마가 드러나지 않게 한 것이 인상적이다. 한옥의 지붕 형태를 따르면서도 전형적인 서양 방식으로 마무리한 것이다.

주변 공간을 이루는 베란다 지붕은 한옥 겹처마에 길게 내어 매다는 부연婦椽을 응용한 흔적이 뚜렷하다. 잘려나간 팔작지붕 끝에 벽돌로 단을 쌓아 공간을 띄우고, 그 밑으로 길게 내민 동판 지붕을 달았는데, 역시 끝단은 처마 없이 잘린 모양새다. 이 지붕을 지지하는 바깥 기둥이 특이하다. 통상 철제인 서양식 기둥을 오로지 나무로만 구현해냈다. 기단에 네모난 나무를 세운 뒤 그 위에

8줄의 긴 홈Fluting이 파인 민흘림 나무 기둥을 올렸는데, 기둥머리에는 이오니아식 문양을 넣은 받침(주두)을 앉혔다. 받침과 지붕을 연결하는 부위에는 네모난 나무에 화려한 꽃병을 조각해 넣었다. 이렇게 각기 형태가 다른 나무를 짜 맞춰 하나의 기둥을 세운 것이다. 기둥 사이는 화려한 낙양˚ 장식으로 꾸몄다. 상부에는 직각 사각의 꽃문양 나무틀을 끼워 넣고, 기둥 맨 위 양측으로는 삼각의 구름 문양을 넣어 멀리서 보면 말굽 아치가 연상된다. 거기에 복福을 상징하는 박쥐 문양도 간간이 장식되어 있다. 기둥 사이 하부는 금속 난간으로 채웠는데, 황금색으로 칠한 소나무와 사슴 문양으로 화려하게 꾸며놓았다. 베란다 천장도 녹색으로 단청한 우물천장이다.

정관헌은 차를 마시는 정자처럼 개방적인 파빌리온Pavilion 모습이다. 조선과 서양 건축의 특장점이 조화를 이루어 이국적인 풍모를 자아내면서도 지극히 한국적인 건축물이다. 이런 융·복합적이고 개방적인 건축물을 고종은 경운궁 작은 언덕에 구현시킨 것이다. 하지만 고종의 이런 자신감이 오히려 집에 상처가 되기도 했다. 규모가 아담해 선대왕의 영정을 모신 적도 있지만, 대체로 왕이 휴식을 취하거나 외부 빈객을 가볍게 만나거나 연회를 베푸는 용도로만 사용되었다. 따라서 소홀하게 관리되었다.

정관헌의 최초 모습은 알려진 게 없다. 1930년대 초 일제가 평면 구성을 변형시키고 지붕 일부와 재료를 바꾼 것으로 추정할

˚기둥 상부 측면과 상인방 또는 창방 하부에 ㄱ자 모양으로 댄 목조 장식.

뿌이다. 팔작지붕 합각의 일본식 철물懸魚°과 둥근 창이 이를 증명한다. 이때 홀을 개방시키고 돌기둥을 세운 것으로 보이지만 명확하진 않다. 그럼에도 동·서양 건축을 융합시킨 처음 형태와 온전한 정신까지는 없애지 못했다. 새로운 세기를 맞이하며 웅대한 꿈으로 지었던 집은 지금도 색채가 선명하다. 근대국가 건설이라는 꿈을 동·서양 건축 문명의 조화에서 찾으려 한 그 지혜가 밝아 보인다.

황제의 궁궐로 설계된 석조전

건축물은 종종 집주인의 운명과 같은 길을 걷곤 한다. 경운궁 서쪽에 정남향으로 서 있는 돌집은 특히 더 그렇다. 여느 전각을 능가하는 규모의 집은 편전과 침전 겸용으로 황제의 위상에 걸맞게 구상된, 오로지 '돌石로만 지어진造 집殿'이다.

도시가 삶을 담아내는 그릇이라면 개개 삶의 행태를 규정짓는 것은 단연 건축이다. 따라서 삶의 양식이 바뀌면 건축과 의식, 행위 양태도 같이 변화하기 마련이다. 그 반대도 마찬가지다. 이런 삶의 변화는 능동적이고 주체적인 각성을 통해 더욱 풍부해진다. 그런 측면에서 경운궁(덕수궁)에 수옥헌(중명전)을 시작으로 정관헌, 구성헌, 석조전, 돈덕전 등 각종 양관洋館을 짓기 시작한 고종의 의도는 명확했다. 비록 한참 늦었지만 '자주적 근대화와 영세 중립국의 길'을 모색하려던 그 노력이 한편으로는 눈물겹기까지 하다.

°현어. 맞배지붕이나 팔작지붕 합각 부분에 물고기나 화초 형태로 조각해 달아놓는 장식.

고종은 대한제국 선포와 함께 '석조전'을 염두에 두고 환궁하자마자 곧바로 건립에 착수한다. 설계는 영국인 하딩John Reginald Harding이 맡는다. 서구식 궁궐의 위용을 갖춘 건축물로 독립국이자 영세 중립국이며 부강한 근대국가를 지향하겠다는 분명한 의사 표현이었다. 설계에만 꼬박 2년이 소요되는데, 집은 그리스·로마의 예술과 건축의 부활 계승이라는 이른바 '신고전주의'° 양식으로 지어진다. 그리스 신전 건축의 두드러진 특색인 페디먼트Pediment를 바탕으로 구성한 입면이다. 단단한 기단 위에 세운 육중한 건물의 전면과 양 측면은 그리스 신전의 박공지붕을 응용해 배치했다. 비례와 대칭, 현시적인 장식을 앞세운 엄격한 형식의 통일성을 강조한 모습이다. 권위를 앞세워야 하는 궁궐 건축에 꼭 맞는 양식이다. 건물은 전면 좌우에 네모난 돌기둥 7개씩을 놓았고, 가운데 돌출된 현관에는 박공지붕을 떠받치는 둥근 기둥을 6개 배치했다. 기둥 맨 위 주두(받침)는 이오니아식°°으로 런던 대영박물관 출입구를 연상케 한다. 측면도 기둥 개수만 다를 뿐 전면과 유사하다. 특이하게 1층과 2층에 콜로니얼 양식 요소의 하나인 발코니를 두었는데, 이는 출입구 상부에만 적용된 페디먼트와 함께 건축 양식이 절충·혼용된 흔적으로 보인다.

°18세기 후반 계몽사상과 프랑스대혁명을 배경으로 일어난 건축 양식. 로코코 양식의 과도한 장식성과 경박함에 대한 반발로 단순화된 장엄함과 숭고함, 균형과 비례의 아름다움을 갖춘 건축을 모색했다.

°°고대 그리스 건축의 장식 양식. 여성적인 경쾌함과 우아함이 특징이다. 기둥 맨 위 대접받침 장식에 아담한 소용돌이 모양을 새겼다. 그리스신전의 3대 기둥 양식인 이오니아식, 도리아식, 코린트식 가운데 하나다.

석조전은 지층과 지상 두 개 층으로 되어 있다. 지층에는 주방과 보일러실, 위생처리시설이 놓였고, 1층에는 2층까지 트인 커다란 홀과 귀빈 대기실, 널따란 접견실, 소·대 식당이 배치되었다. 2층은 오로지 황제와 황후의 사적 공간이다. 황제와 황후의 침전과 거실, 서재 등인데, 전체적으로 편전과 침전 기능을 수행했다. 1900년 착공에 들어간 석조전의 기단은 창의문 근방에서 채석한 하얀 화강석을 사용했다. 공사는 심의석이 주도해 1901년 기초공사를 마무리하지만 불행히도 석조전은 탄생 과정에서부터 대한제국이 걸었던 길을 똑같이 걷는다.

대한제국 위상에 맞게 변화하는 경운궁

개개 혹은 군群을 이룬 건축물은 토지이용의 성격을 규정짓곤 한다. 보통 한 덩어리의 공간을 구성하는 권위적이고 상징적인 건축군은 축軸으로 배치되는 경향을 띤다. 궁궐이나 사찰에 직선 축으로 들어선 건축군이 대표적이다. 궁궐 조영은 임금이 남쪽을 바라봄으로써 권위와 권력을 확보한다는 개념에서 출발한다. 경복궁 배치가 그렇다. 남면南面의 원점 근정전을 중심으로 남쪽으로는 문(근정문, 홍례문, 광화문)을 북쪽으로는 전각(사정전, 강녕전, 교태전)을 세웠다. 이른바 전조후침前朝後寢이다. 물론 지형이나 공간의 제약에 따라 예외는 늘 존재하기 마련이다. 경운궁°이 여기에 해당한다.

°경운궁에서 덕수궁으로 이름이 바뀐 것은 1907년 헤이그 특사로 고종이 강제 퇴위당한 이후의 일이다.

경운궁은 순전히 일본 때문에 만들어진 궁궐이다. 임진왜란으로 법궁이었던 경복궁이 폐허가 되자 선조가 당시 월산대군 소유이던 석어당을 임시 거처時御所로 사용하면서 정릉동 행궁으로 탈바꿈한다. 이 집이 단청 없는 모습으로 유지되었던 것은 고난을 겪어낸 당시를 잊지 않기 위해 본래 모습을 바꾸지 않았기 때문이다. 이때 즉조당도 함께 지어진 것으로 추정된다. 러시아공사관으로 파천한 고종은 이 궁을 정궁으로 삼는다. 이후 몇 차례 중창을 거치면서 궁역宮域을 넓히긴 했지만, 지금은 중화전 일곽만 남아 있는 상태다. 갖은 수난을 당하다 사라진 선원전 일곽이 조만간 복원될 예정이고, 돈덕전°은 2022년 현재 복원 중이다.

덕수궁 축선의 기준은 즉조당에서 비롯된다. 남남서 축의 즉조당이 덕수궁을 배태시킨 핵심 건축물이다. 남북축으로는 중화전과 중화문을, 동서축으로는 나머지 전각의 축과 좌향을 결정지은 기준점이다. 중명전과 석조전, 정관헌은 이 축선에서 벗어나 있다.

덕수궁은 배산임수를 따르지 못했다. 이는 도시화가 진행된 곳에서 뒤늦게 궁역을 넓혔기 때문이다. 또 각국 공사관에 의해 터가 잘려나가 비정형이 되었고, 정전正殿이 설 곳도 상징성을 확보하기에는 공간적 한계가 농후했다. 이런 제약 요소들이 궁궐 전각 배치와 토지이용에 어려움으로 작용했다. 1896년 개수하기 이전 경운궁에는 즉조당과 석어당 등 몇몇 전각만 있었다. 따라서 남향의 인화문과 편전인 준명당, 침전인 함녕전만 건설된 상태에서 왕이

°덕수궁 내 서양식 건물로 이곳에서 외국 사신을 접대했다. 1901년 준공 뒤 1921년 이후 철거되었다.

환궁한다. 그러나 대한제국을 선포한 고종은 그 위상에 걸맞게 경운궁 영건에 온 힘을 쏟는다.

경운궁은 1900년을 전후해 대대적인 중창에 들어가는데, 대한제국은 1901년 11월 훈령으로 경운궁 주변 500미터 이내의 토지와 건축물을 규제하는 강력한 정책을 시행한다. 토지와 건물의 매매는 물론 신축까지 불허한 것이다. 규제는 후속 조치로 1902년 5월 이후 효력을 발휘한다. 이것이 미국공사관을 중심으로 정동에서 영역을 넓히려던 선교사들이 서대문 등지로 옮겨 간 직접적 이유다. 이는 자연스럽게 대한제국이 궁궐 주변 토지를 매입하거나 수용할 수 있는 배경이 되었다.

경운궁은 영국공사관과 미국공사관이 허리 부분을 차지해 잘록한 모양새가 되기는 했지만, 당시의 러시아공사관 터에서부터 시청광장까지 아우르는 넓은 영역을 차지했었다. 터는 비정형이었지만 선원전 일곽과 돈덕전, 중명전 일곽이 1900~1902년 사이 제모습을 갖추면서 명실상부 '황제의 궁'으로서 위용을 드러낸다. 궁궐 위상에 맞는 영건 작업은 1902~1903년 사이 마무리된다.

중화전과 대한문 그리고 그 외 전각들

각 궁궐 법전法殿에는 일정한 규칙이 있다. 명칭 가운데에 政(정) 자를 넣어 경복궁 – 근정전, 창덕궁 – 인정전, 창경궁 – 명정전, 경희궁 – 숭정전이라는 규칙을 따랐다. 하지만 경운궁 법전은 중화전中和殿이다. 政이 아닌 和를 정전의 이름으로 삼은 것이다. 中和(중화)는 '한쪽으로 치우치지 않은 바른 상태'를 의미한다. 이는 독

덕수궁의 중화전과 중화문.
'중화'라는 말에서 독립국이자 영세 중립국으로 일어서려는 대한제국의 의지가 읽힌다.

립국이자 영세 중립국으로서 대한제국 위상과 염원을 담아내려는 의지의 표현으로 읽힌다.

정문도 그렇다. 궁궐 정문은 이름 가운데에 化(화)를 넣는다. 경복궁 – 광화문, 창덕궁 – 돈화문, 창경궁 – 홍화문, 경희궁 – 흥화문처럼 말이다. 물론 경운궁도 고종 환궁 당시에는 인화문이라는 정문을 가지고 있었다. 지금의 중화문 부근에 자리했지만 중창 과정에서 사라진다. 이를 동문인 대안문大安門이 대신한 것이다. 1904년 대화재 이후 중건하면서는 대한문大漢門으로 고쳐 부른다. 大漢(대한), 곧 '큰 하늘'이라는 말에는 '나라가 창대해진다'는 염원이 담겨 있다. 동문을 정문으로 삼은 것은 대한제국을 선포하며 지은 환구단과 접근성 및 연계성을 고려한 것으로 보인다. 또 도시 가로를 경운궁을 중심으로 한 방사형으로 정비하면서 대한문을 그 기준으로 삼으려 의도한 것으로 읽힌다.

궁궐 구성은 삼문삼조三門三朝가 원칙이다. 경복궁의 삼문은 광화문 – 흥례문 – 근정문으로 이어지는 축이다. 이 축을 따라 삼조는 육조거리(외조外朝) – 근정전(치조治朝) – 사정전·강녕전·교태전(연조燕朝)으로 구성된다. 경운궁의 삼문은 대한문 – (사라진)조원문 – 중화문이었다. 그리고 삼조에서 외조는 대한문과 조원문 사이에 관료들이 근무하는 궐내 각사, 의정부, 원수부 등이었다. 주요 정치 행사와 조회가 열린 치조는 중화전이, 왕이 일상생활을 영위하는 연조는 즉조당을 비롯한 나머지 전각들이 이루는 공간이었다. 다만, 고종 환궁 당시 경운궁에는 치조의 역할을 할 만한 건물이 마련되어 있지 않아 즉조당을 중화전이라 부르며 정전으로 사용했다.

1902년의 대안문(위)과 1968년의 대한문(아래).
지금의 대한문은 태평로를 확장하는 과정에서 뒤로 이동시킨 것이다.

황제국에 걸맞는 삼문삼조 체계를 갖추기 위해서는 제대로 된 법전 건립이 필수였다. 이를 위해 고종은 궁장宮牆을 지금의 중화문 남쪽으로 더 넓힌 뒤 1902년 1월 중화전 건립에 들어간다. 그리고 그해 8월 장엄한 중층 법전을 완공함으로써 삼문삼조를 완성한다.

조원문은 중화문 동쪽 행각 끝에 동향으로 서 있었고, 이곳에서부터 대한문까지 거리는 지금보다 훨씬 길었다. 대한문은 지금의 시청 앞 광장에 서 있었다. 곧 지금의 대한문은 뒤로 수십 미터 물러나 앉아 있는 것이다. 일제강점기 때인 1912년 태평로를 넓히고 직선화하면서 궁장을 서쪽으로 밀었는데, 불도저라는 별명을 가진 서울시장이 1968년 다시 태평로를 확장하면서 궁장을 서쪽으로 더 밀어내 대한문을 섬으로 만들어버린다. 섬처럼 떨어져 있던 대한문을 1970년 지금의 자리로 옮긴 것이다. 궁궐로 드는 곳에 놓인 금천교는 묻혀 있다가 1986년 뒤늦게 발굴되었는데, 그 바람에 대한문과 관계에서 옹색한 모습으로 변질되고 말았다. 최근 복원된 대한문 앞 월대도 이 과정에서 훼손당해 묻히고 말았다. 처음에 3도三道였던 월대는 일제강점기를 거치면서 1도一道로 변하고 종국에는 밋밋한 경사로가 되어버렸다.

금천교를 수십 미터 지나 북쪽에는 최근 이전한 광명문이 서 있다. 이 문을 지나면 주로 침전 기능을 수행한 함녕전 일곽에 닿는다. 함녕전 서쪽 덕홍전은 왕후 민씨의 혼전으로 지었는데, 이후 황제가 고위 관료와 외교사절을 접견하는 곳으로 주로 쓰였다. 용안문은 덕홍전으로 드는 문이다. 중화전 후면으로는 중층 석어당이, 그 서쪽으로는 즉조당이 있다. 즉조당은 이곳에서 광해군과 인조 등이 왕으로 즉위했다 해서 붙은 이름이다. 즉조당 서쪽으로는 준명당이 있다. 역시 고종 환궁 때 지어진 전각으로 관료와 외교사절을 접견하는 편전 기능을 담당하다가 나중에는 덕혜옹주를 위한 유치원으로 활용되었다.

을사늑약을 온전히 지켜본 수옥헌

1904년 2월 러일전쟁이 발발하면서 한성을 침범한 일제는 한반도를 병참기지로 활용할 목적으로 '한일의정서韓日議政書' 체결을 밀어붙인다. 연이어 황제의 침전인 함녕전에서 원인 모를 화재가 발생하는데, 일본이 고종을 해하려고 의도적으로 방화한 것으로 추정한다. 이 화재로 정전인 중화전을 비롯해 경운궁의 주요 전각이 모두 소실된다. 궁궐 뼈대를 이루는 정전(중화전)과 편전(즉조당), 침전(함녕전)을 모두 잃었기에 고종은 부득이 수옥헌으로 거처를 옮길 수밖에 없었다. 수옥헌이 편전과 침전 기능을 겸하게 된 것이다. 이런 까닭으로 정부 행사와 접견, 회의, 연회가 수옥헌과 화재에서 살아남은 돈덕전, 구성헌에서 주로 이뤄진다.

전쟁이 막바지로 치달으면서 승리가 확실해진 일본은 '가쓰라태프트밀약'°으로 미국을 포섭하고, '제2차 영일동맹'°°을 맺

°러일전쟁 직후 미국의 필리핀 지배와 일본의 조선 지배를 용인한다는 상호 의사를 두고 미국 육군장관 윌리엄 하워드 태프트와 일본 내각총리대신 가쓰라 다로가 1905년 7월 29일 도쿄에서 회담한 내용을 담은 각서.

°°러일전쟁에서 승리한 일본이 만주에서 러시아를 축출하고 한반도 침략의 권리를 외교적으로 인정받기 위해 1905년 8월 12일 영국과 맺은 조약. 1902년 맺은 1차 영일동맹의 후속 조치다.

어 영국을 달래는 데 성공한다. 한반도에서 일본을 방해하는 세력이 모두 사라진 셈이다. 그러자 일본은 가감 없이 본색을 드러낸다. 이토 히로부미는 손탁호텔°을 거점으로 대한제국의 외교권을 일본에 넘기라며 여러 차례 조약 체결을 강압하고, 군대를 동원해 경운궁과 정동 일대를 포위한다. 일본 헌병들은 수옥헌을 겹겹이 둘러싼다. 1905년 11월 17일 오후 4시, 여덟 명의 대신이 참석한 어전회의는 8시에 무산되고, 황제가 막 지어진 침전 함녕전으로 돌아가자 이토 히로부미는 어전 회의장에 난입해 대신들에게 '을사늑약' 체결을 강요한다. 공포 분위기를 조성한 이토 히로부미는 여덟 대신에게 각각 찬반 의사를 묻는다. 민영기와 이하영은 반대 의사를 표명했고, 늑약에 강력히 항의하던 한규설은 감금되어버린다. 하지만 나머지 다섯 대신이 적극 찬동해 늦은 밤 수옥헌에서 '을사늑약'이 날인되고 만다.

황제는 이를 끝까지 거부하면서 '늑약'의 부당함을 국제사회에 알리고자 1907년 4월 헤이그에 특사를 파견하지만, 일제는 이를 빌미로 그해 7월 고종을 강제 퇴위시킨다. 강제 퇴위 과정도 늑약 체결과 비슷해 참담하기 이를 데 없었다. 고종에 이어 황제로 즉위한 순종은 창덕궁으로 이어할 때까지 수옥헌(중명전)을 집무실로 사용한다.

°독일 여성 손탁이 1902년 건립한 서양식 호텔. 1895년 고종으로부터 정동 가옥을 하사받은 자리에 러시아풍으로 지었다. 정동교회 사거리에서 〈경향신문〉사 쪽으로 올라가는 언덕길에 있었다.

탑골공원과 중명전의 시련

을사늑약이 체결된 뒤 탑골공원은 일본 관료의 연회장 및 한성을 방문한 외국인의 놀이터로 변모한다. 강제병합 후에는 나무를 심고 연못을 조성하는 등 공원으로서 면모를 갖추지만, 일제는 공원의 격을 낮추는 작업도 같이 병행한다. 공원을 찻집은 물론 요정이 차지했다. 공원이 요정 앞마당이 된 것이다. 또 공원 출입은 일요일에만 가능했는데, 그날은 공원에서 관현악이 연주되었다. 음악을 듣기 위해 많은 시민이 모여들자 1913년 7월부터는 평일에도 일반에 공개하기에 이른다. 몇 년 뒤에는 야간에도 개장해 시민들의 휴식처라는 그럴싸한 선전도구로 활용한다.

1919년 정월 고종이 승하하자 공원 내 팔각정에서는 고종의 뜻대로 최대의 민의가 발휘된다. 1919년 3월 1일 '독립선언서'가 낭독되어 전국적으로 만세운동을 확산시킨 역사적 장소가 된 것이다.

강제병합 후 일제는 황실을 '이왕가李王家'로 격하하고 중명전은 내외국인의 사교모임인 서울클럽°이 임대해 사용케 한다. 고종이 덕수궁에 기거하던 1915년에는 일제가 덕수궁 궁역을 축소하면서 중명전을 궁궐에서 제외시킨다. 이후 서울클럽이 사용 중이던 1925년 원인 모를 화재로 외벽만 남은 채 전부 소실되고 만다. 원형이 변형되어 황제가 거주하던 품격은 찾아볼 수조차 없게 된 것이다.

°한국 최초의 사교 클럽으로 1904년 고종이 내국인과 외국인의 문화교류 목적으로 설립했다. 지금까지 운영되고 있으며 1985년 장충동에 자리 잡았다.

근대가 세운 건축, 건축이 만든 역사

해방 후 왕실 재산이 국유로 편입되는 과정에서 중명전도 포함되는데, 이를 정부가 1963년 영구 귀국한 영친왕 부부에게 소유권을 넘겨준다. 그러나 영친왕의 아들 이구가 사업에 실패하면서 중명전은 1977년 민간에 매각되는 운명에 처한다. 그 뒤 관리 소홀과 개조, 잦은 화재로 원형을 짐작할 수 없을 정도로 훼손된다. 1983년에는 서울시가 유형문화재로 지정하면서 소유주와 갈등을 빚기도 했다. 그러던 중 2003년 국립정동극장이 매입해 문화재청 관리로 전환되고, 사적 제124호로 지정되어 2007년 비로소 다시 덕수궁에 편입된다. 2009년 12월에는 옛 모습으로 복원되어 지금은 전시관으로 일반에 공개되고 있다.

'중명전'이라는 이름은 '일월日月이 함께해 광명이 그치지 않고 거듭된다'는 뜻이다. 편액 明(명) 자를 日(일)이 아닌 目(목)으로 쓴 것이 특이하다. 해日를 거듭해 강조하려는 의도다. 하지만 중명전이 살아온 날들은 결코 이름에 부합하는 삶이 아니었다.

대한제국과 운명을 같이한 석조전

구본신참舊本新參이라 했던가. 1902년 경운궁이 대대적으로 중창에 들어가자 석조전 공사는 잠시 뒤로 미뤄진다. 1903년 중화전 등 여러 전각이 완성되어 경운궁이 '황제의 궁'으로 위용을 드러낸 그해 9월에서야 석조전 공사는 재개된다. 1904년 봄 경운궁이 화재로 전소되자 불탄 궁궐을 다시 짓는 일로 모든 공력이 쏠리면서 석조전 건립은 또다시 더뎌질 수밖에 없었다. 이런 난관에도 골조공사는 1905년 초에 진행된 것으로 보인다. 소실된 경운궁 재건이 1906년 완료되는데, 석조전도 외관을 비롯한 주요 공사가 이때 마무리된 듯하다.

나라의 입법·사법·행정권이 일본 손아귀로 떨어지고 황제가 강제 퇴위당한 1907년, 일제는 조선의 군대마저 해산시킨다. 껍데기만 남은 나라에서는 의병이 일어난다. 실내 장식과 난방설비, 위생처리시설 설치를 남겨놓은 집의 공사가 이런 와중에 순탄했을 리 없다. 그해 말 가까스로 실내 공사에 착수한 것으로 보이는데, 결국 집은 나라가 강점되기 직전인 1910년 6월에서야 완공된다. 실내 장식은 영국 건축기사 로벨Richard Goulburn Lovell이, 난방과 위생처리시설은 영국 회사 크리톨Critall & Co.이, 내부 장치와 가구 비품은 메이플Messers Maple & Co.이라는 업체가 담당했다. 집 앞에 조성한 연못 딸린 유럽식 정원 침강원沈降園은 공사 감독 데이비슨 Henry William Davidson의 작품으로 알려져 있다.

석조전이 완성되자마자 대한제국은 역사에서 사라진다. 따라서 집도 황궁 전각으로서 온전한 기능을 수행해내지 못했다. 1907년 12월 일본에 인질로 끌려간 영친왕이 귀국 때마다 임시 숙소로 사용했다는 기록은 있지만 신빙성은 낮아 보인다. 태황제로 물러난 고종도 1919년 정월 승하할 때까지 집무와 귀빈 접대, 만찬을 개최하는 용도로만 종종 사용했을 뿐이다. 일제강점기 들어 덕수궁 곳곳은 변형되거나 주요 영역이 헐려 사라진다. 여타 왕궁이 그랬듯 덕수궁도 1933년 공원으로 개방된다.

1938년에는 석조전 서쪽으로 정동향의 새 건물이 들어선다.

석조전 앞 거북이가 물을 뿜고 있는 유럽식 정원(위)이
1938년 생경한 연못으로 바뀐다(아래).

일제가 지은 석조전 별관(서관)이다. 신고전주의 양식을 따랐다고
는 하지만 석조전과는 다른 모습이다. 해방 때까지 두 건물은 '이
왕가미술관'으로 사용되었다. 석조전 앞의 편평하던 유럽식 정원
도 이때 사라지고, 더 깊이 파낸 자리에 물개가 물을 내뿜는 정체
불명의 생경한 분수대(연못)가 생겨난다. 우리 정원에 있는 연못이
아니다. 역적의 집을 헐고 연못을 만드는 전통이 조선에는 있었는
데, 궁궐 전각 앞을 깊이 파내 물을 뿜는 분수대를 만든 의도는 무
엇이었을까.

　　미술관으로 전용된 석조전은 기능을 완전히 상실한다. 해
방 직후에는 미소공동위원회 회의장으로 쓰이기도 했고, 한국전쟁
을 겪고 난 뒤에는 1955년부터 국립중앙박물관이 되었다가 1973
년에는 다시 국립현대미술관으로 용도가 바뀐다. 그러다 1987년에
는 궁중유물전시관으로 변모한다. 이런 변화는 내부 장식과 구조
가 훼손되는 원인이 되었다. 2009년 10월부터 원형을 되찾기 위한
복원에 착수해 지금은 대한제국역사관으로서 우리 앞에 다시 서게
되었다.

　　혹자는 이 집을 위압적이라고 말한다. 다른 전각을 찍어 누
르는 형상이라는 것이다. 또다른 이는 근대화를 굳이 이런 곳에서
찾았어야 했느냐며 반문한다. 정치체제와 신분제 철폐는 물론 경
제와 국방, 의식과 사상의 변화나 수용에 더 힘을 쏟아야 했던 것
아니냐는 지적이다. 모두 그럴 듯한 말이다. 하지만 개혁과 변화는
혁명적인 것이 가장 효과적이다. 황제는 생활을 과감하게 바꾸고
선진문물을 급진적으로 수용하는 길을 석조전에서 찾고자 했다.

생활의 변화는 모든 변화를 추동하는 촉매제이기 때문이다. 석조전은 이런 혁명적 변화와 급진적 수용을 꾀한 상징물이다. 당시로서는 가장 현명하고 시급한 길 중 하나였을 수 있다는 것이다.

우리가 발 딛고 선 땅은 어느 곳이건 장소성을 가지고 있다. 장소성은 우리가 걸어온 역사 자체이고, 그 역사가 내리누르는 현재성의 무게와 같다. 그런 측면에서 덕수궁은 아직도 '경계'에 서 있다. 경계는 물러가는 시대와 다가오는 시대의 첨예한 대척점이다. 경계에 선 그때 우리는 덕수궁에서 나라를 잃었다. 주권과 국체를 빼앗겼다. 또 문화와 역사는 물론 어쩌면 면면히 이어오던 정신과 가치관, 전통마저 앗겨버렸는지 모른다. 그렇게 앗긴 것이 여전히 현재에 잇닿아 퍼덕이고 있다. 청산하지 못한 친일이 그렇고, 독버섯처럼 자라나 그때 나라를 팔아먹은 집단을 닮아가는 세력이 또한 그렇다. 지금도 우리는 이런 불의와 반동을 앞세우는 세력과 싸우는 중이다. 덕수궁이 여전히 경계에 서 있는 이유다. 덕수궁은 더욱 날카로운 칼을 벼려내야 하는 현재진행형이다.

4장

—

침략의 첨병으로서
우리를 옥죈
기구들

일제의 식민 통치 방식은 종국에는 '인종 말살'이라는 유례 없이 잔혹하고 악랄한 형태로 귀착했다. 초기 10년은 동화주의와 우민화를 뿌리내리는 시기였다. 조선인의 정치, 경제, 산업, 문화, 언론, 전통과 사상까지 총칼을 앞세워 철저히 통제하고 탄압했다. 독립투쟁 말고는 할 수 있는 게 아무것도 없었다. 3·1운동 이후의 문화통치는 철저히 기만적인 유화 제스처에 불과했다. 근본을 바꾼 게 아니었다. 문화를 전면에 세웠을 뿐 통치 방식은 더 간악하고 교활해졌기 때문이다. 한글 신문이 창간되고 교육이 바뀌었지만 이는 어디까지나 민족 분열을 조장하려는 고도의 술책이었다. 이때부터 친일파가 대량으로 양산되었다.

일제는 표변한 지식인들을 앞세워 민족을 이간·분열시키는 선봉으로 삼았다. 민족의식과 근대의식을 함양한 이들의 성장을 뿌리부터 차단하고 왜곡시켰다. 초급 수준의 학문과 기술 교육을 통해 순종형 식민지 백성을 양성하려고 획책했다. 1930년대 초반 만주 침략과 뒤이은 중일전쟁 이후부터는 내선일체를 노골적으로 강요하기 시작했다. 전시 동원으로 바닥까지 물자를 긁어가는 약탈을 자행했고, 창씨개명으로 민족의 뿌리를 도려내려 했으며, 언어를 말살하고 황국신민화를 주입했다. 일왕과 군국주의에 충성하는 충량한 사무라이형 인간을 육성하는 데 박차를 가한 것이다. 이런 정책의 근간이 되어준 시설이 바로 군사기지와 처벌과 감시를 자행한 기구들이다.

완만한 구릉이던 용산의 운명

까마득한 기억이지만 윤정모의 소설《고삐》°에서 받았던 충격이 아직도 생생하다. 땅에도 운명이 있다면 소설 같은 슬픔을 간직한 땅은 얼마만큼일까. 생각 이상으로 곳곳에 그런 땅이 존재한다. 아니 한반도 자체가 슬픈 운명으로 배태된 땅인지도 모른다. 그 가운데 우리 영토지만 우리 것이 아닌, 외국 군대가 100년도 더 넘게 지배하고 있는 땅이 있다. 바로 용산°°이다. 그곳은 남산 기슭이

°기지촌 소설. 성씨가 다른 자매가 겪는 차별과 멸시라는 이중적 고통은 결코 개인의 질곡이 아닌 정치, 사회, 역사적 폭력이며, 이런 자매의 삶이 곧 우리 삶이라고 이야기한다. 나아가 한반도에 주둔 중인 미군의 위상을 폭로한다. 1988년에 1권이, 1993년에 2권이 출간되었다.

°°용산은 원래 둔지산屯芝山을 중심으로 1000여 호의 마을과 110만 기 이상의 공동묘지가 있던 땅이었다. 또 배 밭이 지천인 이태원이 자리한 곳이었다.

근대가 세운 건축, 건축이 만든 역사

낮은 줄기를 펼치며 완만한 구릉을 만들어 한강을 향해 팔을 벌리는, 수려한 풍광이 길게 이어진 아름다운 곳이었다. 근대적 도로와 철도가 들어서기 전 이 땅은 도성으로 드는 교통 요충지로 기능했다. 경강수운京江水運 중심지인 마포와 양화진이 인접했고, 나루에서 숭례문에 이르는 큰길에 면해 있었기 때문이다. 이런 이유로 땅은 오래전부터 군사 용지로 최적이었다.

임진왜란 때는 왜군 보급부대와 조명연합군에 밀려 후퇴하던 고니시 유키나가와 가토 기요마사 부대가 머물렀으며, 병자호란 때는 청나라 군대의 주둔지로 사용되었다. 조선의 모순이 터져버린 임오군란 때는 하급 군인과 도시빈민을 진압하기 위해 또다시 청나라 군대가 들어와 자리를 잡았던 곳이다.

용산은 이런 입지적 이점으로 1884년 외국인이 거주하며 자유롭게 상행위를 할 수 있는 개시장開市場으로 지정되기도 했다. 그런데 청일전쟁 때 만리창萬里倉˚에 상륙한 일본군이 이곳을 근거지 삼아 전쟁을 수행하며 이 땅을 제멋대로 차지해버린다. 1894년 7월 경복궁을 무력으로 점령하고 조선 정부를 장악해나가는 과정에서는 정치·군사적 근거지는 물론 전쟁물자를 수탈하는 배후기지로 사용된다.

한편 대한제국은 1900년 전후로 이곳에 화폐를 발행하는 전환국과 우편물·전신 취급소, 발전소 등을 설치했다. 또 궤도를 부설해 전차가 다닐 수 있게 만들기도 했다. 그러나 결국은 100여

˚선혜청 별창고別倉庫로 효창동 부근에 있던 마을 이름.

1894년 만리창에 상륙한 일본군.
지금의 효창동 부근으로 일제는 이 땅을 근거지 삼아 전쟁을 수행했다.

년 이상 일반인이 자유롭게 들나들 수 없는 땅이 되어버렸다.

구한말 일제가 두 차례에 걸쳐 조성한 용산 땅의 병영兵營은 무려 907만 4000제곱미터(약 274만 평) 규모였다. 삼각지역에서 녹사평역에 이르는 길은 조성 당시부터 있었고, 1차 공사(1906~1913년) 중에 용산고등학교에서 국립중앙박물관을 잇는 남북축 내부 도로가 개설(1908년)되었다. 이 두 도로가 구획하는 네 구역이 기지의 공간구조를 형성한다. 미군이 사용했던 구역은 2021년 기준으로 250만 제곱미터(약 75만 6000평)[*] 규모였는데, 한국전쟁 때 파괴된 기지를 미군이 복구하면서 축소되었다. 기지 경계는 동쪽으로는 반포대교~녹사평역~남산 2·3호 터널에 이르는 길(녹사평대로)이고, 서쪽으로는 한강철교~용산역~서울역(한강대로)으로 이어지는 길, 남쪽으로는 경원선(경의·중앙선), 북쪽은 용산고등학교를 아우르는 공간까지다.

일제의 무력 침략과
용산역·용산기지의 활용

일제가 조선을 침략할 수 있었던 배경이 군사력의 우위였다는 점은 불문가지다. 침략 과정에서 체결된 조약은 힘으로 겁박한 뒤 치러진 요식 행위에 불과했다. 역사적 사건마다 일제는 조선의 틈을 노려 군대를 상륙시켰고, 그때마다 조선은 무언가를 일본에

---

[*] 전쟁기념관과 국립중앙박물관, 용산공원 등 반환된 면적은 제외한 규모다.

내주어야 하는 처지로 내몰렸다.

그 시작은 강화도조약이 체결된 뒤 첫 공사관을 개설하기 위해 여섯 명의 일본군이 한성에 도착하면서부터다. 그리고 본격적으로 일본군이 한반도에 들어온 것은 임오군란 이후다. 곧 '공사관 수비'를 명목으로 한성에 두 개 중대로 구성된 한 개 대대 규모의 일본군을 주둔시킨 것이다.° 이는 제물포조약 체결을 강요하려고 하나부사 요시모토花房義質가 이끌고 온 일본군으로, 조선은 주둔에 필요한 시설과 비용까지 부담해야 했다. 하지만 이는 어디까지나 화급을 벗어나려는 임시 주둔군이었다. 갑신정변 직후인 1885년 1월 체결된 한성조약으로 한 개 대대가 상시 주둔했지만, 1885년 4월 청나라와 일본이 천진조약을 체결함으로써 두 나라의 군대는 모두 철수한다. 물론 이는 일시적 휴면 상태로, 조선을 노리는 청일전쟁을 예비하는 것이기도 했다.

여흥민씨 일파는 1894년 일어난 동학혁명을 맞아 개혁 대신 다시 청군을 불러들이는 어리석음을 저지른다. 청군이 조선에 들어오자 10여 년간 군사력을 키우며 기회를 노리던 일제가 청과 전쟁을 벌일 계산으로 '부산지구경비대, 인천병참경비대, 용산병참경비대, 임진진臨津鎭독립지대'를 한반도에 상륙시킨다. 청나라가 천진조약을 위반했다는 게 명분이었다. 결국 일제는 한반도를 쑥대밭으로 만들면서 청일전쟁에서 승리한다.

°조약 제6조의 "일본 공사관에 병사 약간 명을 두어 경비하게 하며, 병영의 설치·수선은 조선국이 책임을 지고, 만약 조선국의 병·민이 법률을 지킨 지 일 년 뒤에 일본 공사가 경비가 필요하지 않다고 인정할 때 철병해도 무방함"이라는 내용이다.

을미사변과 아관파천 이후 일제는 새로운 경쟁자 러시아와 1896년 5월 '고무라베베르협정'을 체결하고, 1896년 이를 근거로 보병 네 개 중대와 헌병 200명을 상시 주둔시키는 '한국주차대'를 편성하기에 이른다. 부산과 원산에는 각각 보병 한 개 중대 병력(136명)이, 서울에는 헌병과 보병 두 개 중대 병력(300명)이 주둔하는 체제였다. 한국주차대는 남산 일본공사관 동쪽 필동(지금의 남산 골공원)에 터를 잡는데, 러일전쟁이 임박한 1903년 12월에는 '한국 주차대사령부'로 확대 개편한다.

1904년 2월 5일, 러일전쟁이 발발하자 일제는 2월 8일 인천 항에서 러시아 함대를 격침시키고, 2200명의 여단 병력으로 18일 한성을 점령한다. 다음 날 일본군 12사단(9199명)이 추가로 한성으로 진군하면서 무력시위를 벌인다. 이 병력을 바탕으로 실질적 침략·수탈조약인 '한일의정서'가 2월 23일 체결된다. 한일의정서 3조에 따라 일제는 1904년 4월 3일 '한국주차대사령부'를 '한국주차군사령부'로 확대 개편하고 한성에 사령부를 둔다. 그리고 러일전쟁에서 승리한 일본은 용산 땅 300만 평을 헐값에 차지한 뒤 본격적으로 군사기지 건설에 나선다. 용산기지 1차 조성이 완료되자 남산에 있던 한국주차군사령부는 1908년 용산으로 이전하고 일본군 무력체제의 근간을 형성한다. 이들이 정미칠조약 후 1907년 군대 해산과 1909년 남한대토벌작전, 1910년 강제병합의 무력 기반이 되는 것이다. 이때 비어 있던 남산기지는 '헌병대사령부'가 사용한다.

강제병합 후 한국주차군사령부는 '조선주차군'으로 명칭을 바꾼다. 일제는 한반도에 두 개 사단을 주둔시킬 수 있게 되자 함경도(19사단)와 용산(20사단)에 각기 한 개 사단씩 분산 배치하면서 1918년 '조선군'으로 다시 명칭을 변경한다. 이 체제는 중일전쟁 때에도 전황에 따라 임시 편제로 바뀌었을 뿐 크게 달라지지 않았다. 일제가 무모하게 도발한 태평양전쟁 말기, 위기의식을 느끼고 본토 결사 항전을 내세우며 '제17방면군'으로 바뀔 때에야 비로소 해체된다. 이런 과정이 일제가 한반도를 무력으로 침략한 일련의 변천사다.

철도 거점 역으로 떠오른 용산역과 용산기지 1차 조성

노량진과 인천을 연결하는 경인선 철도가 1899년 9월 18일 개통하면서 조선에도 철도 시대가 열린다. 이듬해 '쇠로 만든 공룡'이라는 한강철교가 완공되자 경인선은 온전히 제 모습을 갖춘다. 1899년 만들어진 용산역은 한강철교 완공 이후 본격적으로 철도역 기능을 수행하는데, 이때까지만 해도 용산역은 그리 중요한 취급을 받지 못했다.

앞서 1896년 경인선 철도부설권을 미국인 모스에게 빼앗긴 일제는 갖은 흉계를 꾸며 1898년 5월 이를 끝내 거머쥐더니 1898년 9월에는 경부선 철도부설권까지 차지해버린다. 거기에 더해 1903년 9월에는 경의·경원선 부설권마저 손에 쥔다. 한반도 기간 철도 이권을 모두 장악한 일본은 이후 남만주철도와 연결하는 문제를 놓고 러시아와 대립한다. 그렇게 일촉즉발이던 동북아 정세는 경부선이 부설 중이던 1904년 마침내 러일전쟁으로 폭발한다.

일제는 '한일의정서' 제4조에 의거해 1904~1906년 기간에

옛 용산역사. 일제는 침략전쟁에 대비해
용산역과 그 일대를 대대적으로 개발했다.

용산 땅 992만 제곱미터(약 300만 평)°을 평당 30전°°에 강제로 징발한다. 한반도 지배와 대륙 침략을 위한 군사기지 및 철도 용지로 사용하기 위해서다. 이때 용산역과 남대문정거장(서울역) 사이 토지 165만 제곱미터(약 50만 평)[23]도 철도 용지로 함께 가져간다. 전쟁이 터지자 일제는 경부선 건설을 서두르는 한편, 경의선 건설을 위해 곳곳에서 조선 백성의 노동력과 물자, 토지를 착취하거나 징발한다.

서울에서 부산과 인천을 연결하는 철도 거점 역은 1905년 1월 1일 경부선을 운행하기 시작할 때부터 용산역이었다. 일제는 일련의 침략전쟁에 대비해 용산기지 근처 용산역을 대대적으로 개발해야 할 필요성에 직면한다. 이에 1906년 11월 경부·경의선 부설과 동시에 대규모 역사驛舍를 짓고 차량 수리와 물류 등 허브 기능을 수행할 조차장°°° 건설에 나선다. 이때 역 주변 여분의 땅을 일본인들에게 나눠주었는데, 이에 일본인들이 대거 몰려들면서 '신용산'이라는 거주 공간이 생겨난다.

용산역이 제 모습을 갖추자 일제는 병영 공사를 서두른다.

°1904년 8월 15일 일제는 용산 땅 300만 평, 평양 땅 393만 평, 의주 땅 280만 평 등 총 973만 평의 땅을 군사 용지로 수용하라며 일방적으로 통보했다. 러시아와 대한해협 해전이 끝난 이듬해 5월, 일제는 조선 정부에 20만 원을 지급하면서 973만 평 땅의 수용을 7월 26일까지 완료하라고 독촉하고, 이에 항의하는 백성을 진압해 땅을 강제로 빼앗았다.

°°반면 한성부 보고서는 구체적으로 분묘 111만 7308기, 사유 전답 3118일경日耕(한 마리 소로 하루에 갈 수 있는 면적), 가옥 1176호가 있으며, 보상액은 89만 7534원으로 추산되었다고 한다.

°°°목적지가 같은 화물 열차를 연결하는 일련의 선로로 화물 열차를 개편한 뒤 출발역 기능을 함.

1906년 시작된 제1차 공사 때는 순차적으로 군사령부, 사단사령부, 보병연대본부, 기병·야전포병 중대, 병원, 창고, 병기지창, 연병장, 군악대, 군인 가족이 살 수 있는 사택이 들어선다. 심지어 아방궁처럼 사용한 휘황찬란한 총독관저도 이때 건설된다. 필동에 있던 '한국주차군사령부'가 1908년 이전해 오고, 위수 감옥을 비롯해 사격장과 부속시설을 1913년 건설하는 것으로 1차 공사는 마무리된다. 총면적은 390만 제곱미터(약 118만 평)였다.

점점 확대되는 용산기지 규모

일제는 러일전쟁에서 승리한 뒤에도 러시아와의 전쟁 가능성을 늘 염두에 두고 있었다. 1916년 시베리아횡단철도가 최종 완성되자 긴장은 더욱 고조된다. 이에 전쟁 준비 차원에서 두 개 사단이 한반도에 상시 주둔하는 군대 편제에 신경을 곤두세운다. 일본 육군은 한반도 주둔 군대를 본토와 1~2년마다 교대해야 하는 조선주차군체제를 늘 탐탁지 않게 여겼다.

1차 세계대전이 발발하자 전 세계는 재정과 원료 위기에 맞닥뜨렸는데, 일본도 예외는 아니었다. 당시 연합국 일원으로 참전한 일본은 독일에 선전포고하고, 중국 산동반도에 있던 독일 군사시설을 공격한다. 그 대가로 1915년 5월 중국에 '21개조 특혜'를 요구해 남만주와 산동반도, 내몽골 일부를 조차해 일본의 이권을 반영구화하는 성과를 얻는다. 하지만 세계대전에서 일본 역시 불가피한 경제적 타격을 입는다. 독점자본주의가 고도화되어가는 시점에서 일어난 세계대전은 모든 식민제국에 위기를 불러왔다. 따

용산기지 내 일본군 군영.
한반도에 주둔하는 일본 육군의 규모는 괄목할 만했다.

라서 각 식민제국은 긴축재정에 혈안일 수밖에 없었다.

　　이런 상황에서 한반도에 일본군을 '상시 주둔'시키는 체계는 엄청난 재정이 소요되기에 일본 정부(내각)는 상시 주둔을 반대하며 탐탁지 않아 했다. 그러나 육군은 내각 조각에 불참하는 등 갖은 방법으로 정부에 저항했다. 결국 일본 의회는 한반도에 두 개 사단을 상시 주둔시키는 방침을 1915년 승인한다. 1916년 4월 상시 주둔군 편성이 시작되는데, 일제는 이를 '조선군'이라 부르면서 사령부를 용산에 두고 진해, 영흥만(원산), 나진의 해군 요새까지 관장하는 체계를 구축한다. 조선군 편제를 구축하던 도중 3·1운동이 일어나자 일제는 조선군은 물론 섬나라 병력까지 지원받아 무력으로 진압한다.

　　19사단 편제는 1916년 용산기지에서 계획되어 3년 뒤인 1919년 2월 완성된다. 그리고 1919년 4월 함경도 나남에 사단 본부를 설치한다. 여기에 보병 73, 74, 75, 76연대를 예하로 둔다. 앞서 말했듯 러시아를 염두에 둔 전진 배치였다. 두만강을 따라 동만주와 러시아에 인접한 국경 지역에서 호시탐탐 대륙 침략의 기회를 노린 것이다. 19사단의 배치로 한반도와 만주 지역을 발판으로 활동하던 수많은 독립군은 큰 타격을 입는다. 당시 일본군은 너무나 악랄하고 사나워 '호병단虎兵團'이라는 칭호가 붙기도 했다.

　　40여단을 발판으로 1916년 4월 용산기지에서 창설에 들어간 20사단은 3년 뒤인 1919년 4월 사단사령부 업무를 개시하고, 1921년 4월 편성을 완료한다. 20사단은 용산에 상시 주둔하는 부대로, 예하에 보병 39여단(평양) 산하 78연대, 40여단 산하 79연대와 공병 20대대, 기병 28연대, 야포병 26연대를 두었다.

1908년과 비교해 용산기지는 군인 수는 물론이고 각종 중화기와 야포가 늘었고, 공병대대까지 주둔하면서 확장이 불가피했다. 그만큼 한반도에 주둔하는 일본 육군의 규모는 괄목할 만했다. 연병장, 사격장, 숙소, 공급처리시설 등 대규모 시설에 대한 소요가 생겨나면서 기지는 1916년 12월 2차 확장공사에 들어간다. 사단장 숙소를 시작으로 연병장, 사격장, 사병 숙소, 공급처리시설은 물론 매장지와 화장장까지 설치하는데, 확장이 완료된 때는 1922년 3월이다. 면적은 907만 제곱미터(약 274만 5000여 평)였다. 이때의 용산기지 공간구조는 해방 때까지 큰 변화 없이 이어진다. 기지 북서쪽에는 보병부대와 야포부대가, 남동쪽에는 기병부대가 자리했는데, 이 과정에서 둔지산 자락 둔지미 마을 주민들이 보광동 쪽으로 강제로 이주당한다. 농토와 분묘가 또다시 훼손되면서 삶의 터전을 송두리째 앗긴 것이다.

실질적인 전쟁 지휘소가 된 용산기지

1929년의 세계대공황은 섬나라 일본도 빗겨 가지 않았다. 심화된 경제불황은 그나마 유지되던 상징적 천황제-내각제 구조에 균열을 일으킨다. 군부 극우세력은 경제불황에 대한 타개책으로 식민지 확장을 꾀하는데, 그 첫 먹잇감이 만주였다.

만주에 주둔 중인 관동군이 1928년 열차 폭파사건을 조작해 장작림張作霖을 암살하자 아들 장학량張學良이 국민당에 흡수되어 적으로 돌아서버린다. 이때 소련은 안정된 경제발전을 이뤄가고 있었다. 이에 자극받은 관동군은 1931년 봉천(심양) 외곽 유조호柳條湖에서 일본이 관리하던 만주철도를 파괴해버린다. 일제는 이를 중국 소행이라 트집을 잡으면서 자국 철도를 보호한다는 구실로 군사행동에 나선다. 이때 한반도에 주둔하던 조선군 19사단도 압록강을 넘는다.

관동군은 전격적인 군사작전으로 만주를 점령하고 1932년 3월 만주국을 세운다. 곧이어 실패한 쿠데타인 5·15사건이 일어난다. 만주 침략을 반대하는 총리 이누카이 쓰요시犬養毅를 일본 극우파 해군 청년 장교와 사관생도들이 수상 관저에 난입해 살해하고, 의회를 전복시켜 정부를 장악한 것이다. 이 때문에 일본 정당정치는 쇠퇴하기 시작하고, 군국주의가 본격화한다.

1923년 로잔조약°으로 식민지 일부를 포기해야 할 처지에 놓인 식민제국들은 일본의 만주 진출을 극도로 경계했다. 이에 국제연맹을 통해 만주에서 일본군의 철군을 결의하고 일본을 압박하자 일본은 1933년 국제연맹을 탈퇴해버린다. 군부가 내각을 서서히 장악해가던 1936년에는 젊은 장교집단이 내각 원로대신을 살해하는 2·26사건°°이 일어난다. 그리고 그해 11월 일본 군부는 나

°1923년 7월 24일, 스위스 로잔에서 제1차 세계대전에 참전한 연합국과 터키공화국 사이에 체결된 조약. 그리스—터키 전쟁에서 승리한 터키가 1894년 당시 영토를 회복하고 주권국가로서 국제적으로 인정받게 된다.

°°일본 극우파 청년 장교와 농민 결사대가 천황 친정親政을 명분으로 내각 원로중신들을 죽인 사건. 그러나 천황의 원대복귀 명령으로 쿠데타는 실패했다. 부정부패 해소와 농촌 곤궁을 해결할 목적으로 발생한 쿠데타로, 당시 군국주의 일본의 실체와 군수산업의 영향으로 곤궁에 처한 농촌의 실상이 낱낱이 드러났다.

치와 손잡는 방공협정˚을 맺고 본격적인 파시즘 체제로 전환해 중일전쟁을 본격화한다.

　이런 일련의 사건을 통해 군부는 상징적 존재로 천황을 전면에 내세워 신격화하는 한편, 전쟁을 수행하는 최고기관인 '대본영大本營'˚˚을 부활시킴으로써 전권을 장악한다. 그리고 군부는 전쟁에 모든 힘을 쏟을 목적으로 인적·물적 자원을 마음대로 동원·통제하기 위한 '국가총동원법'을 만들어 1938년 4월 공포한다. 국민당과 공산당이 긴 내전을 벌이던 중국은 이때부터 '제2차 국공합작'˚˚˚을 통해 일본에 대항한다. 이후 일본 군부는 하와이 진주만을 선전포고 없이 기습함으로써 미국과 맞서는 '태평양전쟁'을 일으킨다.

　용산에 주둔하던 조선군사령부는 이때 무엇을 하고 있었을까. 군부가 전쟁을 치르는 동안 인력과 물자를 갈취해 보급하는 실질적 지휘소 역할을 맡는다. 한반도에도 적용된 국가총동원법을 근거로 노동력과 물자, 자금과 물가, 시설과 사업, 출판과 언론을 통제하고 식량을 공출해가는 전시통제체제를 시행한 것이다. 여기

˚독일과 일본이 코민테른과 소련에 대항하기 위해 1936년 10월 25일 맺은 협정. 이듬해 11월 이탈리아가 이 협정에 서명함으로써 추축국(제2차 세계대전에서 연합국에 대항해 싸운 군사 연합국)이 결성된다.

˚˚전시戰時나 사변事變 중에 수시로 설치하는 일본 육군과 해군의 최고 통수기관. 천황의 명령을 대본영 육군부 명령, 대본영 해군부 명령으로 내리는 기능을 수행한 사령부다.

˚˚˚중국에 대한 일본의 침략이 본격화되자 상해와 북경을 중심으로 강력한 항일운동이 일어났다. 항일투쟁이 우선이라는 국민적 요구와 서안사건(국민당 장학량이 장개석에게 내전 중지와 항일투쟁을 주장)의 영향으로 내전을 멈추고 국민당과 공산당이 합작해 항일투쟁에 나선다.

에 청년들을 징병해 전장으로 내몰았고, 남녀노소 가리지 않는 징용으로 노동력을 착취했다. 또 젊은 여성들을 강제로 끌어다 위안소를 차리기까지 한다.

이때 용산기지에도 작은 변화가 생긴다. 1940년대 초에 조선군사령부 2청사를 신축한 것이다. 총동원령 체제 아래에서 폭주하는 업무를 감당하려는 의도였다. 용산에 주둔 중인 20사단이 뉴기니 방면으로 전진 배치되면서 허울만 남은 조선군사령부는 후방 지원 임무에 더욱 박차를 가한다.

일본에 이어 미국이 차지한 땅

파시즘을 앞세운 일제가 일으킨 전쟁에서 연합군은 시간이 흐를수록 승기를 잡아나간다. 일본 대본영은 마지막 보루로 '본토결전'을 선언하면서 일본~한반도~만주에 이르는 방어선을 구축하는 한편, 후속 조치로 부대 편제를 대대적으로 바꾸는데, 조선군을 '작전부대로서 17방면군(미군의 한반도 상륙 방어)과 군정부대로서 조선군 관구(병참 및 전투부대 지원)'로 개편한다. 기존의 주적 소련은 만주의 관동군과 함경도의 조선군이 맡고, 새로운 주적인 연합군은 용산의 조선군이 담당하는 것으로 바뀐 것이다. 조선군의 최우선 임무는 미군의 한반도 상륙을 저지하는 것으로, 전투부대는 제주도와 서남해안에 집중적으로 배치된다. 작전지휘부는 용산에 그대로 두었다.

1945년 8월 결국 두 도시에 투하된 원자폭탄으로 일본은 무조건 항복을 선언한다. 이에 조선에서는 38선 이남 일본군의 무장

1948년 미군이 촬영한 용산기지 항공사진.
미군은 이곳을 점령한 뒤 '캠프 서빙고'로 명명한다.

해제를 미군이 맡는데, 맥아더의 위압적인 제1호 포고문 '조선 인민에게 고함To the People of Korea'을 통해 미군은 점령군으로서 정체성을 드러낸다. 이틀 후 경복궁 조선총독부 청사에는 성조기가 게양된다. 미군은 사령부와 지원부대만 남은 일본군에게 용산기지에서 9월 10일까지 무조건 철수할 것을 명령한다. 이후 기지를 점령한 미군은 이곳을 '캠프 서빙고Camp Seobinggo'로 명명하고, 조선군 사령부 청사를 미 7사단 사령부 청사로 삼는다. 일제가 구축한 용산기지 병영시설물을 그대로 사용하는 기조를 유지한 것이다.

아직도 미군 부대는 한국 땅 곳곳에 자리를 잡고 있다. 그동안 한국은 철조망을 둘러친 배타적 공간인 미군 부대로부터 많은 영향을 받았다. 군부대에서 흘러나온 음식으로 꿀꿀이죽을 만들어 주린 배를 채웠고, 보세상품을 시장에 유통해 생계를 유지했으며, 미8군 클럽을 무대 삼아 성장한 연예인들이 대중문화를 주도하기도 했다. 그러나 무엇보다 가슴 아픈 현실은 '양공주'로 살아야 했던 이들이 미군이 주둔한 도시마다 범람했다는 사실이다.

오랫동안 '남의 땅'이었던 용산기지의 반환은 1990년 미국과 기본합의서를 체결하면서 시작되었다. 이후 긴 협의를 거쳐 2004년 12월 '미군이전평택지원법'을 제정하고 2015년 반환을 완료하기로 합의했지만, 현재 일부만 반환된 상태다. 머지않아 완전히 반환될 예정이다. 땅이 품어야 했던 슬픔을 극복하고, 그 아픔을 기억하는 일은 우리가 짊어져야 할 숙제로 남았다.

두려움을 자아내며 하나둘
들어선 경찰관서들

정부수립 후 제헌의회는 '반민족행위처벌법'°을 제정했다. 그러나 이승만 세력의 농간으로 '반민족행위특별조사위원회'는 와해당하는 비극을 맛본다.[24] 당시 위원회가 파악한 친일파 7000여 명의 분야별 분포를 구체적으로 확인할 수는 없지만 관료와 군인, 경찰과 헌병보조원이 압도적 수를 차지했을 것이라 짐작할 수 있다.

19세기 말까지 포도청이 맡아오던 경찰 역할은 갑오개혁으로 군국기무처 산하 내무아문 예하에 '경무청'이 설치되면서 대체된다. 이는 일반인의 제반 활동을 규제하고, 그들의 반정부 활동을 탄압·제어할 수 있는 제도적 장치였다. 주로 치안 유지를 담당했

°이 법에서 규정한 반민족행위자는 "일본 정부와 통모通謀하여 합병에 적극 협력 한 자, 주권 침해 조약 또는 문서에 조인한 자와 모의한 자, 일본 정부로부터 작위를 받은 자 또는 제국의회 의원, 독립운동자나 그 가족을 악의로 살상·박해한 자 또는 이를 지휘한 자, 작위를 세습한 자, 중추원 의장·고문 또는 참의·칙임관 이상의 관리, 밀정행위로 독립운동을 방해한 자, 독립을 방해할 목적으로 단체를 조직했거나 그 단체의 수뇌 간부로 활동했던 자, 군·경찰의 관리로서 악질적인 행위로 민족에게 해를 가한 자, 비행기·병기 또는 탄약 등 군수공업을 책임 경영한 자, 도·부의 자문 또는 결의기관의 의원이 되었던 자로서 일정에 아부하여 그 반민족적 죄적이 현저한 자, 관공리 되었던 자로서 그 직위를 악용하여 민족에게 해를 가한 악질적 죄적이 현저한 자, 일본 국책을 추진시킬 목적으로 설립된 각 단체본부의 수뇌 간부로서 악질적인 지도적 행동을 한 자, 종교·사회·문화·경제 기타 각 부문에 있어서 민족적인 정신과 신념을 배반하고 일본 침략주의와 그 시책을 실행하는 데 협력하기 위하여 악질적인 반민족적 언론, 저작과 기타 방법으로써 지도한 자, 개인으로서 악질적인 행위로 일제에 아부하여 민족에게 해를 가한 자, 일본 치하에 고등 관 3등급 이상, 훈 5등 이상을 받은 관공리 또는 헌병·헌병보·고등경찰의 직에 있던 자" 를 말한다.

는데, 전형적인 일본 경찰제를 모방한 기구였다. 이마저도 을사늑약과 정미칠조약 이후 통감부 체제에서 '경시청'으로 바뀌어 일제 손아귀에 좌지우지되는 운명을 맞는다. 그리고 1907년 10월 '한국주차헌병에관한건'으로 한반도에 주둔한 일본 헌병은 치안 유지와 경찰 업무까지 장악한다. 강제병합 직전인 1910년 6월에는 '통감부경찰관서관제'로 헌병과 경찰을 통합해 헌병사령관이 경무총감을 겸임함으로써 '헌병경찰제'가 본격적으로 확립된다. 1910년 7900명이던 헌병과 경찰은 1918년 1만 4340명으로 늘어난다.

강제병합 뒤에 시작된 '무단통치'의 기반은 무소불위한 조선 총독의 권한에 있었다. 총독은 일왕 직속 군인으로 내각이나 의회의 간섭을 받지 않았고, 한반도의 입법, 사법, 행정권과 군대 통솔권을 가지고 있었다. 휘하 정무총감은 행정과 교육, 문화를, 경무총감은 치안을 담당했다. 이 가운데 경무총감은 헌병과 경찰을 한반도 전역에 배치하고 조선인을 헌병보조원으로 채용해 업무를 돕게 한다. 특히 헌병은 일반 행정에서부터 악법 중 악법인 신문지법, 출판법, 보안법을 통해 언론, 집회, 출판, 결사의 자유를 감시·처벌하고 '범죄즉결례'에 따른 즉결처분권까지 갖고 있었다. 즉결처분권은 주로 독립운동가나 의병을 색출하고 처벌하는 데 악용되었다.

3·1운동 후 총독을 교체하고 이른바 '문화통치'로 전환한 일본은 이때 경찰제도도 손본다. 1919년 8월 19일 칙령 제387호를 반포해 무단통치의 상징이었던 헌병경찰제를 '보통경찰제'로 바꾼 것이다. 보통경찰제는 지방 관제를 개편하면서 행정기구 산하에 경찰서를 설치하도록 규정했다. 이로써 경무총감부와 각 도의 경

무부가 폐지되고, 경찰권을 도지사가 대행하는 지휘체계가 마련된다. 하지만 이런 조치는 오히려 경찰력이 강화되는 결과로 이어졌다. 1919년 736개소였던 경찰관서는 1920년 6387개소로 증가했고, 헌병과 경찰의 수는 1만 4501명(1919년 이전)에서 보통경찰제 직후 1만 6897명까지 불어났다. 더불어 1920년 1월 이후 경무기관 확장으로 4250명이 증원되었다. 이렇게 약 2만 명 이상의 경찰력이 중일전쟁 때까지 유지되다가 전쟁이 한창이던 1939년 이후 2만 3000명으로 조금 더 확대된다. 일제강점기 관료 약 10만여 명 중 23퍼센트가 경찰이었던 셈이다. 친일파가 경찰 집단에 가장 많았을 것이라고 추정하는 이유다. 문화통치를 표방하면서 보통경찰제를 도입했지만 실제로는 물리력에 의존한 무력통치였다는 방증이다.

악명 높았던 종로경찰서

강제병합 직전 한성부 내 경찰서는 경무총감 직할이었다. 남부와 북부경찰서, 용산과 동현경찰서 및 4개 분서로 본정, 동대문, 수문동, 서대문을 비롯해 76개 파출소·주재소가 1910년 6월 20일 설치되어 경성부의 경찰서 체계를 형성했다. 이 체계가 1915년 변경되는데, 북부경찰서 동대문분서를 동대문경찰서로, 북부경찰서 수문동분서를 종로경찰서로 승격한다. 또 남부와 북부경찰서 관할구역을 본정·종로경찰서로 각각 이관하고 용산경찰서를 폐지했다.

한성에 전차선을 설치하고 운영한 한성전기의 후신 일한와사전기(주)는 경성전기(주)로 사명을 변경하는데, 이즈음 파고다공원 옆에 있던 북부경찰서가 종로 2가 YMCA 회관 옆 경성전기 사옥에 입주하면서 종로경찰서 간판을 달게 된다. 무소불위 권한을 손에 쥔 헌병과 경찰들의 '종로 시대'가 개막되는 순간이다. 일제 주구走狗였던 경찰들의 조선인 탄압은 전국적 현상이었으나 종로에서는 그 강도가 특히 심했다. 일본인 상권인 충무로와 명동에 대항하는 조선인 중심상권이라는 종로의 위상과 물리적 환경이 더욱 가혹한 탄압을 가져온 객관적 여건이었다.

종로경찰서는 곧장 일제 경찰의 중심으로 떠오른다. 수많은 독립투사와 애국지사가 체포되어 그곳에서 모진 고문을 당했다. 경찰서는 곧 두려움의 장소이자 증오할 수밖에 없는 시설로 입지를 굳힌다. 이처럼 악명 높아진 종로경찰서는 자연스럽게 조선인에게는 타도해야 할 대상이 되었다. 의열단원 김상옥 의사가 1923년 1월 12일 종로경찰서에 폭탄을 던진 사건이 대표적이다. 이 사건으로 많은 일본 경찰이 사상을 입는다. 이후 김 의사는 치열한 총격전 끝에 순국하고 만다.

1928년 덕수궁 남측 서소문 38번지에 경성재판소가 새로 개소하자, 종로 1가 옛 의금부 터(지금의 SC제일은행 본점 자리)를 깔고 앉아 있던 경성 복심·지방법원이 이전해 간다. 그러자 비어 있던 그곳을 1929년 9월 4일 종로경찰서가 차지한다. 악행은 여전했다. 특히 만주사변과 중일전쟁, 태평양전쟁을 수행하는 과정에서 일어난 만행은 일상화, 일반화되어갔다. 종로경찰서는 이 자리에서 해방 때까지 그 지위를 유지한다.

일본인이 아닌 조선인이 경찰 보조원이 되는 경우는 결국

종로경찰서는 종로 2가 YMCA회관(오른쪽 건물) 옆 경성전기 사옥(왼쪽 건물)으로 입주한다.

일본인에게 길들여진 주구가 된다는 의미였다. 일본인보다 더 악랄한 행위로 독립투사와 애국지사를 닦달하고 탄압해 성과를 올려야만 살아남을 수 있었기 때문이다. 보통경찰제 이후 이들은 주로 일제가 각 지방에서 운영한 '순사교습소'를 통해 말단 보조원으로 경찰에 몸을 담았다.

3·1운동 이후부터는 조선인도 보조원이 아닌 순사, 헌병, 훈도 공개채용 시험에 응시할 수 있었는데, 1930년대 초반에는 경쟁률이 20대 1에 이르기도 했다. 일제가 구축해놓은 악랄한 사회체계가 피식민지 청년들에게 어떤 선택을 강요했는지 살필 수 있는 대목이다. 그들에게는 조선인을 탄압하고 일제의 정책을 총칼을 든 채 맨 앞에서 시행해야 하는 역할이 주어졌다. 때로는 밀정으로, 때로는 독립군을 때려잡는 주구로 말이다. 친일파 경찰로 악질 중 악질이었던 '노덕술'이 대표 인물이다. 불행하게도 이들은 일제강점기를 지나 해방된 이후에도 건재를 과시했다. 그리고 그 결과는 친일파가 걸어온 대표적 단면이자 왜곡된 우리 역사가 걸어온 부끄러운 이면이 되고 말았다.

일제 통치의 적나라한 단면, 서대문형무소

죄를 조사하고 그에 따라 형벌을 가하는 일을 담당했던 기관이 사용한 건축물은 대개 매우 위압적인 얼굴인 경우가 다반사다. 검찰·경찰청, 법원을 비롯해 교도소, 구치소 같은 교정시설이 바로 그런 곳이다. 사람들은 대체로 이런 시설에 들어서면 자기도 모르게 위축되면서 두려움을 느낀다. 경험이나 사전지식으로 체득한 막연한 '공포심'이 투영되기 때문이다.

　　사형死刑을 제외한 전근대 형벌이 태형이나 유배형처럼 주로 신체에 고통을 가하는 것이었다면, 근대 형벌은 '자유형' 형태로 나타난다. 이는 감금이라는 구속을 통해 감시체계 안에 가두어두고 일정 기간 또는 영영 사회로부터 격리하는 것을 의미한다. 감옥에서 노역을 부담하는 '징역'이라는 집행체제다. 전근대 형벌이 미결수 위주의 임시 감금체계였다면, 사법제도를 수반한 근대 형벌은 기결수를 분리하고 구속한다는 점에서 차이가 있다. 미셸 푸코 Michel Foucault는 이런 자유형을 그의 저서 《감시와 처벌》에서 사회 재적응을 목표로 법원이 투옥을 결정하는 행위는 '지배자가 행사하는 권력의 경제학'이라고 일갈한다. 이는 사법 집행자가 양심의 가책을 느끼거나 휴머니즘에 따라 판정을 내리는 게 결코 아니라는 의미다. 곧 권력을 효율적으로 유지하고 운영하는 도구로 마련된 제도가 곧 근대 형벌인 자유형이다.

일제 손아귀로 넘어간 감옥 관제

　　갑오개혁 때 생겨난 경찰기구인 경무청의 탄생은 우리 감옥 체계에도 변화를 가져왔다. 이때 형조 산하 전옥서典獄署는 물론 각 기구에 산재해 있던 부설 감옥이 모두 신설된 경무청 산하 감옥서 監獄署로 일원화된다. 그러나 일본의 운영세칙을 그대로 배꼈는데도 실질적인 운영에서는 옛 체제에서 쉽게 벗어나지 못했다. 1900년 6월 경무청이 내무아문에서 경부警部로 이관되면서 감옥서도 같이 따라가는데, 을사늑약 뒤에는 통감부를 통해 근대화라는 이름으로 포장되어 식민체제를 유지하고 확장하는 장치로 변모한다.

1907년 고종이 퇴위당하고, 정미칠조약과 군대 해산으로 전국에서 의병이 봉기하자, 일제는 그해 10월 '통감부감옥관제'를 제정하고 급증하는 수감 인원을 수용하기 위한 제도를 모색한다. 후속 조치로 '경성감옥서'를 설치해 감옥 운영에 관한 기초 틀을 마련하는데, 이렇게 만들어진 경성감옥서는 식민화에 저항하는 조선인을 처벌하는 첨단기구로 기능한다. 이때를 전후해 경성에 설치된 근대식 감옥인 본감옥本監獄체제가 전국으로 확산된다. 권역으로 나뉜 각 지방의 사법권마저 동시에 장악하려는 의도였다.

일제는 1908년 이를 다시 법부法部로 이관해 검사장이 감옥서 장을 직접 지휘·감독하게 함으로써 일본인이 주도권을 행사하도록 조치한다. 이때 경성감옥서는 '경성감옥'으로 명칭과 기능이 바뀐다. 이는 법부의 한 부서가 아닌 '감시와 처벌을 주도하는 독립 집행기관으로서 감옥'이 운영된다는 것을 의미했다. 이때부터 일본인이 전면에 나선다.

감옥은 식민화 과정에서 즉자적인 폭력을 상징하는 수단으로, 조선인을 처벌하는 영역을 확대·강화하고 식민권력의 절대화를 위한 도구로 사용되었다. 일제에 저항해 무장투쟁을 벌이는 의병을 처벌하는 장치로서 효율적인 통치를 수행하기 위한 기재로 작동한 것이다. 이는 사상 통제는 물론 학습화된 극도의 공포심을 사람들에게 확산시켜 항일과 독립 의지를 꺾으려는 우민화 전략의 한 축이었다.

일제 권력의 경제성과 절대성을 상징했던 경성감옥

한반도에서 근대식 감옥은 1906년 기획된다. 통감부 경무 고문이 한반도의 감옥 수용 능력이 부족하다고 지적하자 곧장 감옥 설계로 이어진 것이다. 1907년 초에 설계한 것으로 추정되는 '독립문 외 경무청감옥서 부지평면도'가 이를 증명한다. 일제는 곧바로 5만 원의 비용을 들여 감옥 신축에 들어간다. 설계자는 일본인 시우텐 가즈마四王天數馬였고, 감옥의 공식 명칭은 '경성감옥'이었다. 1907년 순종 즉위식 즈음해 감옥은 완공되지만 의병 봉기와 황권 교체 등 급변하는 정세 때문에 바로 개소하지 못하다가 일 년 뒤인 1908년 중반에야 사용을 시작한다.

이때 경성감옥은 목재로 지어졌다. 담장 일부만 벽돌이었고, 나머지는 아연판을 덧댄 나무판자였다. 따라서 환경이 무척 열악했고, 파옥破獄을 도모하자면 충분히 가능할 만큼 엉성했다. 한 자리에서 감시와 순찰에 유리한 구조로 설계된 T자 평면의 옥사(부속시설 포함 1587제곱미터)와 청사(부속시설 포함 265제곱미터)로 구성되어 있었는데, 부지 전체 면적은 1만 3000제곱미터(약 3932평)였고, 수용 인원은 500명으로 공장과 목욕장, 기타 시설들이 들어서 있었다. T자 평면의 옥사는 1908년 당시 전국에 산재한 옛 감옥 8개의 수용 면적인 985제곱미터(약 298평)의 1.6배에 해당하는 규모였다. 1908년 10월에는 경성 내 감옥의 제반 행정기능을 통째로 가져온다. 이는 '서대문감옥' 80년 역사의 시작을 알리는 조치였다. 감옥 입지는 한성 서북쪽의 주요 길목이었고 독립문, 독립관과 인접해 있는 인왕산, 안산이 이루는 분지였다. 경성감옥의 통제와 감

1908년 당시 경성감옥(서대문감옥).
1만 3000제곱미터 부지에 약 500명을 수용할 수 있는 규모였다.

아연판을 덧댄 나무판자로 만든 경성감옥(서대문감옥) 벽은
파옥을 도모하자면 충분히 가능할 만큼 엉성했다.

시 기능은 일제의 지배 도구로서 그 역할을 충실히 수행하며 맹렬히 성장해 나간다.

감옥 담장 안쪽은 누구도 개입할 수 없는 공간이다. 그랬기에 그 안에서 형성된 '공포심'은 높게 올라간 담 안팎을 동시에 통제할 수 있었다. 밖에 있는 사람에게 언제든 담 안 사람이 될 수 있다는 두려움을 끊임없이 각인시킨 까닭이다. 이는 감금과 고문, 폭력과 죽음이 암시하는 효과로, 일제에 복종하게끔 스스로를 길들이는 무형의 심리로 작용했다. 이를 통해 조선인의 저항 의식을 차츰 지워내고, 자주독립에 대한 의지를 포기하게 만들었다. 경성감옥은 '일제 권력의 경제성과 절대성'을 상징하는 곳이었다.

파놉티콘 감시체계의 감옥을 구상하다

경성감옥 수감자는 1908년 835명이었다가 1909년 1968명으로 늘었다. 시작부터 정원을 초과한 셈인데, 이는 1907년 이후 의병의 활약이 그만큼 대단했다는 방증이다. 수감자 대부분이 의병이었다. '서울 진공 작전'을 주도한 이인영을 비롯해 허위, 이강년이 대표 인물로 이들은 대부분 이곳에서 사형당한다. 1908~1911년 사이 경성감옥에 수감된 115명의 의병 중 58명이 죽임을 당했다. 1909년 남한대토벌작전을 수행한 일제는 의병과 장차 자라날 항일독립군의 씨를 말릴 기세였다. 이는 식민 지배로 나아가는 마지막 길을 닦는 과정이기도 했다. 이때 전국적으로 수감자가 급증한다. 강제병합 즈음 경성감옥 수감자는 2053명으로 수용 인원의 4.2배에 이른 것이 이런 추세를 잘 보여준다.

1911년에는 조선 총독 데라우치 암살 모의 조작사건인 '신민회 사건'으로 600여 명이 체포되는데, 이들까지 경성지방법원에 배정되면서 수감 인원은 정원의 5.1배에 이르렀다. 옥에 갇힌 독립군의 생활이 얼마나 열악했는지는 이때 투옥된 김구 선생이 《백범일지》에서 자세히 전하기도 했다.[*] 1912년 일제는 마포 공덕동(지금의 서부지방법원과 검찰청 자리)에 새로운 감옥을 개설하고, 이를 '경성감옥'으로 칭한다. 따라서 기존의 현저동 감옥은 '서대문감옥'으로 이름이 바뀐다. 감옥을 하나 더 개설하긴 했지만 수감 인원이 크게 줄지는 않았다. 이에 일제는 일왕 다이쇼大正 즉위에 즈음해 은사恩赦라는 명분으로 사면과 감형 조치를 시행한다. 그럼에도 수감자는 여전히 증가하는 추세였다. 그만큼 일제의 탄압이 거셌고, 반대로 조선의 항일 투쟁이 치열했음을 볼 수 있는 대목이다.

영국의 공리주의자 제러미 벤담Jeremy Bentham이 제안한 원형 감옥으로, 효율적인 죄수 감시가 가능한 구조가 파놉티콘Panopticon이다. 파놉티콘은 단지 감옥에만 국한되지도, 단순히 건축물만 말하는 것도 아니다. 미셸 푸코는 《감시와 처벌》에서 파놉티콘이 내

---

[*] 많은 죄수가 앉아 있을 땐 마치 콩나물 대가리 나오듯이 되었다가, 잘 때에는 한 사람씩 머리를 동쪽과 서쪽으로 번갈아 가면서 모로 눕는다. 그러고도 더 누울 자리가 없으면 나머지 사람들은 일어서고, 좌우에 한 사람씩 힘센 사람이 판자벽에 등을 붙이고 두 발로 먼저 누운 사람의 가슴을 힘껏 민다. 그러면 누운 사람들이 "아이고, 가슴뼈 부러진다"라며 야단이다. 하지만 미는 쪽에서는 또 누울 자리가 생기니, 서 있던 자가 그사이에 드러눕고 몇 명이든지 그 방에 있는 자가 다 누운 후에야 밀어주던 자까지 다 눕는다. 모말(네모반듯한 곡식 따위를 되는 말의 하나)과 같이 네 귀퉁이를 물려 짜서 지은 방이 아니면 방이 파괴될 터였다. 힘써 밀 때는 사람의 뼈가 상하는 소리인지 벽 판이 부러지는 것인지 우두둑 소리에 소름이 돋는다(서대문형무소 역사관 현장 전시물을 각색).

근대가 세운 건축, 건축이 만든 역사

포하는 권력 행사 행태를 분석한다. 그는 근대 부르주아지 사회의 규율 훈련과 일반적인 권력 운용 모델을 여기서 발견하는데, 고도화된 하나의 통치 형태로서 파놉티콘은 감시체제를 구축한 지배자가 보이지 않는 곳에서 행사하는 권력의 운용방식이라고 통찰한다. 파놉티콘은 중앙 감시탑 주위를 수많은 감방이 원형으로 둘러싼 모양새다. 감시탑은 어둡지만 감방들은 무척 밝다. 감시탑의 시선을 감방에서는 알 수 없기에 소수 감시자가 수많은 죄수를 효율적으로 감시할 수 있다. 따라서 죄수들은 감시탑 권력에 대한 종속 관계를 무의식적으로 내면화한다. 자신은 물론 다른 죄수를 서로 감시하는 '죄수이자 주체'가 된다는 강요된 메커니즘이 이 공간에서 작동하는 것이다.

수용자가 계속 증가하자 다급해진 일제는 새로운 형태의 감옥, 곧 파놉티콘 형태의 감옥을 구상한다. 파놉티콘의 포괄적 감시 체계는 점차 사회 전반으로 퍼져나가 식민 지배체제와 그 궤를 같이하며 촘촘한 감시와 처벌의 메커니즘을 구성하기에 이른다.

끊임없이 확장하는 서대문감옥

강제병합 초기 일제는 수탈은 토지조사로, 억압은 헌병경찰제로 수행했다. 이에 무장투쟁을 전개하던 독립군은 만주로 옮겨가야 했고, 국내에서는 활발한 애국계몽운동이 펼쳐졌다. 그러나 일제가 이마저 극악하게 탄압하면서 수많은 운동가와 애국지사가 무고하게 투옥되고 만다.

이에 일제는 1913년 감옥 확장안을 입안하고, 1915년 감옥의 증·개축 기조를 수감 인원을 크게 늘릴 수 있는 장기 계획으로 전환한다. 조선인의 저항이 끊이지 않을 것이라고 생각한 것이다. 그리고 그 시작이 서대문감옥이었다. 일제는 부지 남측에 세 동짜리 방사형 옥사를 신축한다. 방사형 꼭짓점이 간수의 근무 장소로, 이곳에서 세 동을 모두 감시할 수 있는 파놉티콘 구조였다. 감옥 공사를 하던 와중에 3·1운동이 일어나는데, 이때 수형자가 3075명으로 급증한다. 민족대표 33인은 물론 유관순 열사 등이 이때 붙잡혀 투옥된다. 수형생활은 지옥이나 마찬가지였다. 3·1운동 후인 1919년 12월 완공된 방사형 옥사에 덧대어 1921년에는 미결수 전용감방까지 증축한다.

　일제는 아울러 근본적인 처방을 모색하는데, 1922년 들어 1908년에 지은 옥사 일부를 부수고 북측에 남측 옥사와 똑같은 세 동의 옥사를 더 짓는다. 2층짜리 이 옥사가 지금까지 남아 '서대문형무소 역사관'으로 활용되고 있다. 옥사는 길이 43.76미터, 폭 10.9미터였고, 감방 수는 층마다 28개씩 총 56개였다.

　옥사를 설계하고 완공하기까지는 일 년 남짓의 시간이 소요되었다. 1923년에는 중앙 간수소와 기타 건물들이 신축되는데, 이때 1908년에 지은 건물이 모두 사라진다. 아울러 감옥을 효율적으로 관리하고 운영할 총괄본부 격인 청사도 건립된다. 청사는 지하 1층, 지상 2층 규모로, 지하층은 문초와 고문실로 사용되던 공포의 공간이었다. 이 밖에 부대시설로 취사장, 교회당, 간수실, 의무실, 병감病監이 들어선다. 아울러 여성을 수감할 옥사도 별도로 마련하는데, 두 동짜리 여성 옥사에도 간수소와 공장, 교회당을 별도로 설

1920년대 후반 파놉티콘 구조의 서대문형무소.
수감자가 늘면서 끊임없이 옥사를 증축해야 했다.

치한다. 대한제국 말기 의병전쟁과 1919년 만세운동을 겪으면서 서대문감옥은 목조에서 붉은 조적조로 완전하게 탈바꿈한다. 그러다가 1923년 5월 '서대문형무소'로 이름을 바꾼다.

사상범을 수용할 별도의 옥사를 짓다

3·1운동은 독립투쟁과 민족사에 획기적 전환점이었다. 왕정복고 움직임은 새로운 민주공화정 수립 쪽으로 전환된다. 임시정부가 세워지고 곳곳에서 사상을 앞세운 독립운동이 활발하게 전개된다. 무장투쟁과 함께 민족주의는 물론 공산주의, 사회주의, 무정부주의자들의 활동이 일제에 커다란 위협 요인으로 대두된다. 이른바 사상범이 대량으로 양산되기 시작한 때다. 사상범은 일반 범법자와는 차원이 달랐다. 사상이라는 체계적 의식으로 무장한 이들은 궁극적으로 제국주의체제를 전복하려는 세력이었다. 따라서 일제는 사상범 격리에 특히 몰두할 수밖에 없었다.

1925년 제정한 '치안유지법'은 전적으로 사상범을 겨냥한 것이었는데, 이는 대규모 '구치감' 신축으로 이어진다. 단순 범죄자와 사상범을 분리해 수용하려는 의도다. 1928년 기준으로 분리 수감이 필요한 사상범은 1500여 명에 이르렀다. 이에 사상범 전용 옥사 신축이 제안되고, 1931년 서대문형무소 남측 4400제곱미터(약 1331평) 부지에 2층짜리 구치감이 기공되어, 42만 원의 비용을 들여 1935년 완공된다. 이 구치감은 옥사 10동과 부속 건물로 이뤄졌는데, 조적조가 아닌 철근콘크리트로 만들었다. 283개 수용실 중 242실이 독방이었다. 특히 72개의 독방을 갖춘 4동은 '개전의 빛

근대가 세운 건축, 건축이 만든 역사

이 전혀 없는' 중대 사상범 전용 옥사였다. 한 방에 많은 수의 사상범을 수감하기 어려운 일제의 고민이 오롯이 엿보이는 건물이다.

서대문형무소는 1908년에는 1만 3000제곱미터(약 3932평) 땅에 500명을 수용할 수 있는 규모였지만, 1935년에는 5만 5000제곱미터(약 1만 6638평) 땅에 2500명을 수용할 수 있는 대규모 시설로 변모한다. 청사 2동, 기결수 옥사 8동, 미결수 옥사 7동, 한센병자를 위한 옥사 1동, 공장 14동, 취사장 2개, 창고 6개, 병사와 망루 각각 6개, 격벽장(운동시설) 2개, 사형장과 시구문을 갖춘 완결형 감옥이 된 것이다.

서대문형무소 체계는 일제가 의도한 통치의 주요 단면이었다. 주로 사상범을 사회로부터 영구 격리하려는 의도가 짙게 배어 있는 곳이었다. 또 전국 최대 수감자를 보유한 감옥으로 빈번한 사형집행이 일반화된 곳이기도 했다. 해방 뒤에도 일제가 심어놓은 악랄한 기능들은 별반 바뀌지 않은 채 감옥은 재사용되었다. 지금은 길고 긴 길을 돌고 돌아 일부 시설이 '서대문형무소 역사관'으로 남아 끝내 잊지 말아야 할 기억의 공간으로 살아 있다.

나쁜 권력의 하수인 노릇을 한 집, 경성재판소

이 집이 미술관으로 바뀌고 난 뒤 딸아이 손을 잡고 여러 번 간 적이 있다. 성인이 된 딸은 이 집을 어떤 모습으로 기억할까?

북쪽을 바라보고 있는 집은 무척이나 차가운 인상이다. 하지만 그런 얼굴을 가진 집에는 죄가 없다. 이용하려는 이들이 숨겨

놓은 추레한 욕망을 집의 얼굴에 그렇게 투영했을 뿐이다. 일제는 저항하는 조선인들을 가두고 죽이는 도구로 사용하기 위해 이 집을 지었다. 수많은 독립투사와 애국지사가 이곳에서 억울한 판결을 받아 투옥되거나 불귀의 객이 되어야 했다. 이후 분단된 남쪽의 나쁜 권력은 이 집을 정권을 유지하는 보조 수단으로 써먹었다. 이 집에서 수많은 민주화운동가와 선량한 시민을 또 그렇게 만들었다. 진보당 사건이 그렇고 인혁당 사건이 그렇다. 1970~1980년대 학생운동을 하던 많은 이도 이 집에서 비슷한 판결을 받아야 했다.

일제 권력의 하수인 노릇을 하던 집의 기능은 67년 만에 강 건너로 이사했지만, 이 집에서 거리낌 없이 나무망치를 두드렸던 그들에 대한 기억까지 사라진 건 아니다. 아름다운 그림을 전시한다고 해서 부끄러운 역사가 잊히는 것도 아니다. 핍박과 저항은 어떤 관계를 통해서도 변치 않는 '상수'라는 사실을 차가운 얼굴을 가진 이 집조차 또렷이 기억하고 있을 것이다.

여러 용도로 쓰인 언덕

서울시청 서소문별관과 서울시립미술관 서소문본관 인근에는 나라에서 세운 최초 근대식 학교인 육영공원이 있었다. 갑신정변 후 1886년 세워진 육영공원은 영어교육에 지나치게 몰두하고 양반 자제만을 위한다는 비판과 재정난에 허덕이다가 1894년 결국 폐교되고 만다.

독일과 영국은 1883년 11월 26일 같은 날 조선과 수교를 맺는다. 다른 제국과 달리 조선에 소극적이던 독일은 공사관 대신 영사관을 두는 것으로 만족한다. 독일영사관은 수교 후 여러 곳을 전전하다가 지금의 서울시립미술관 서소문본관 부지에 자리를 잡는다(1891년 11월로 추정).

아관파천 후 환궁한 고종은 경운궁을 정궁 삼아 제국을 선포하고, 황제국의 위엄에 걸맞는 궁궐을 만들고자 확장을 꾀한다. 앞서 언급했듯 이를 위해 경운궁 주변에 강력한 토지규제 정책을 시행하는데, 이 정책으로 많은 선교단체가 정동을 떠나 다른 곳으로 이전해야 했다. 1900년 3월, 독일영사관 부지도 조선 정부의 소유로 넘어온다. 조선 정부는 회현동에 영사관 대체 부지를 마련해주지만 독일은 1902년에서야 공관을 지어 이전한다.

조선 정부는 한발 더 나아가 덕수궁 돌담길마저 폐쇄해 경운궁에 포함시키려고 했다. 이 사실이 알려지자 외교가에 파문이 일면서 반대 여론이 비등한다. 이에 고종은 한발 물러나 계획을 취소하는 대신, 경운궁과 경희궁을 잇던 무지개다리처럼 정동길 양쪽을 돌다리로 잇는 방안을 제시한다. 덕수궁 돌담길을 이 다리로 건너도록 했는데, 언제 사라졌는지는 불분명하다. 대한문에서 정동교회를 향해 덕수궁 돌담길을 걷다 보면 길이 휘는 언저리에 7단 높이 석축이 궁궐 담장 일부를 이루고 있는데, 이는 덕수궁과 길 건너 언덕을 잇던 무지개다리 흔적이다.

최고 사법기관 평리원의 운명

대한제국 최고 사법기관 지위를 지닌 평리원平理院이 이 터에 들어선 때는 1902년 이후로 보는 게 타당하다. 건축물의 실체는 알려지지 않았다. 조선 최고 사법기관은 의금부였는데, 갑오개혁 때 법무아문 소속 의금사義禁司로 개칭해 관원의 비리나 죄를 수사하고 처벌하는 기능을 수행했다. 요즘의 공수처 기능이다. 이를 그해 말 법무아문권설재판소로 개칭해 재판을 담당케 했다. 조선은 '재판소구성법'을 일제의 간섭과 압박으로 1895년 3월 25일 제정하고, 이 법을 근거로 지방재판소, 개항장재판소, 순회재판소, 고등재판소, 특별법원을 둔다. 그리고 대한제국 선포 후인 1899년 5월 법 개정을 통해 고등재판소를 평리원으로 바꾸어 최고 사법기관 지위를 부여한다.

평리원은 이전에 없던 상급심제도를 도입하고 지방재판소, 한성부재판소, 개항장재판소, 평양재판소를 총괄했다. 또 황제의 특별 지시로 하달된 사건과 황제가 직접 임명하는 최고위 공무원 집단인 칙임관 및 주임관의 구금·심판을 관장했다. 판결 효력은 법부대신의 결재로 발생했는데, 민감한 국사범은 법부대신의 지령으로 재판케 했다. 평리원 구성원은 재판장, 판사, 검사, 주사, 정리廷吏 등이다.

을사늑약이 맺어지면서 법부와 사법행정, 재판에 일본의 간섭이 본격화하는데, 실질적으로 조선통감부 고등법원에서 평리원의 재판 기능을 빼앗아간 셈이다. 아울러 통감부 휘하 정보기관이 정보 수집과 경찰 기능을 담당하면서 의병 탄압을 주 임무로 삼는다. 일제는 감시 기능을 강화하기 위해 1907년 1월 일본인 법무 보좌관을 평리원에 배치한다. 재판소 왕복서류나 작성서류 일체를 일본인 보좌관의 검인을 받도록 조치한 것이다. 또 검사 기소장이나 판사 판결문에도 그의 동의 도장을 받도록 강제했다. 이는 재판을 좌지우지하는 실질적 사법 장악으로, 한국인 판검사는 일본인 보좌관의 동의가 없는 한 어떤 일도 할 수 없었다. 1907년 7월 정미칠조약을 체결하기 이전에 벌어진 일이다.

폐단은 곳곳에서 드러났다. 조선인에 대한 형량 차별은 예사였고, 특히 의병 사건 같은 민감한 사안에서 일본인과 마찰이 극심해졌다. 일본인 법무 보좌관이 선고한 형량을 황제가 감형한 사례마저 있었다. 그러다 1907년 12월 23일, 그나마 껍데기로 남아 있던 평리원 기능은 결국 폐지되고 만다. 평리원은 대심원大審院으로 개편되어 일제 손아귀로 넘어간다.

강제병합 후에는 평리원 자리에 조선총독부 임시토지조사국이 들어서 그곳 언덕을 깔고 앉기도 했다.

일제가 형성한 사법타운

조선총독부는 1912년 재판제도를 지방법원, 복심법원, 고등법원을 둔 3계급 3심제도로 재편한다. 이중 고등법원이 육영공원 터에 1914년 즈음 자리를 잡는다. 친일파 양성소이자 일제 어용 자문기관으로 전락한 중추원中樞院과 함께였다. 지금의 서울시청 서소문별관 일원이다. 복심법원과 지방법원은 지금의 종로 SC제일은행 본점 자리에 있다가 경성재판소가 신축되면서 이전해온다.

1919년 경성시구개수 이후 일제는 사법기관 집적화를 도모한다. 서소문동 38번지 언덕에 대규모 법원을 신축하는데, 당시 총독 사이토 마코토의 글씨로 확인되는 "정초 소화이년(1927년) 십일

옛 경성재판소(위) 건물은 해방 뒤 대한민국 대법원으로 쓰이다가
지금은 서울시립미술관(아래)으로 사용하고 있다.

월 조선총독자작재등 실定礎 昭和二年十一月 朝鮮總督子爵齋藤 實"이라 기록된 정초석이 남아 있는 것으로 미루어 1927년 즈음 착공한 것으로 추정된다. 1927년 지도에는 동쪽에 고등법원과 중추원이 자리하고, 서쪽에는 '법원 신축장'이라 쓰여 있다. 1933년 지도에 '고등·복심·지방법원'이라 쓰인 걸로 봐서 1928년 법원 완공 뒤 총독부 재판소 3계급 3심제도 완성형이 이 언덕을 차지했음을 확인할 수 있다.

집은 온전한 정북향이다. 예전 도면으로 확인되는 평면 구성은 중정을 가진, 동서로 길게 누운 '日' 자 모양이다. 언덕을 차지한 집은 덕수궁과 주변 일대를 한눈에 내려다보는 위치였다. 수직으로 늘어뜨린 높다란 창을 낸 3층 건물의 입면은 고압적인 자세를 연출한다. 겉을 황갈색 타일로 치장했는데, 1층 전면에는 3개 아치가 있는 화강석 포치Porch를 두고, 전면 3층에는 네 개의 아치창을 냈다. 권위를 강조하려는 의도로 중앙부 파사드Facade를 앞으로 조금 내밀고 3층 위를 약간 높이는 수법을 사용했다. 무척 무미건조한 표정으로 차가운 뱀의 얼굴이 연상되는 건물이다.

해방 뒤에 이 건물은 대한민국의 대법원으로 사용된다. 독재 권력으로 점철된 어두운 현대사의 이면을 따라 일제강점기와 별반 다르지 않은 판결들이 이곳에서 행해지곤 했다. 수많은 사법 살인이 자행되었고, 나쁜 권력이 정적을 제거할 목적으로 남용한 사법권도 부지기수였다. 1995년 대법원이 강 건너로 이전하면서 당시 사법부는 "이 건물만은 꼭 보존해달라"고 말했다고 한다. 어떤 근거에서 그런 말을 했는지는 알 수 없지만, 자랑스러울 게 별로 없어 보이는 집의 흔적을 간직하고 싶어 한 그들의 속내를 보는 듯해 씁쓸하다. 국가등록문화재인 건물은 전면 파사드와 포치만 남기고 알맹이는 전부 갈아치웠다. 그리고 2005년부터 서울시립미술관으로 사용하고 있다.

냉혈한의 얼굴을 가졌던 집에서 이제는 문화의 향기가 풍긴다. 아픈 기억은 부디 고이 간직하고, 맑고 밝은 향기를 오래도록 뿜어내는 집으로 거듭나길 빌어본다.

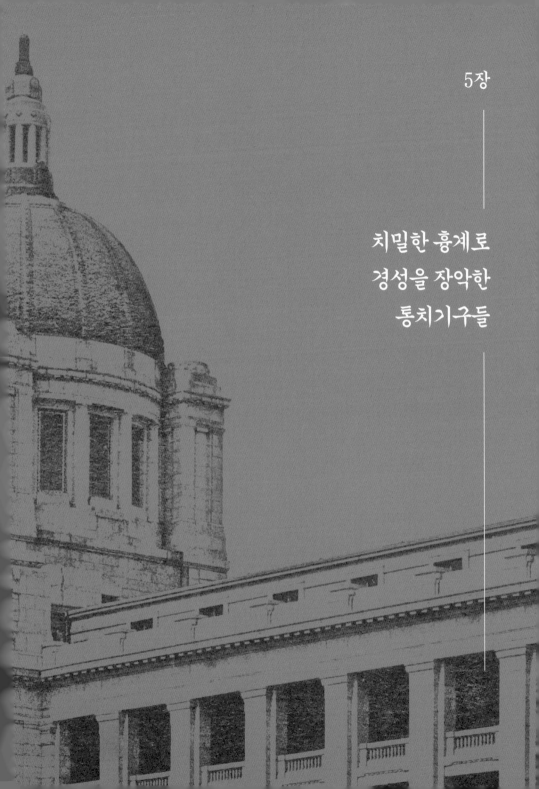

5장

치밀한 흉계로
경성을 장악한
통치기구들

남산은 우리에게 어떤 장소일까? 명백히 '우리 얼이 서린 산'이라 비견해도 무방할 것이다. 백두산과 더불어 오랜 관념으로 혹은 DNA로 우리 뇌리에 그렇게 새겨져 있다. 수많은 사람이 오랜 시간 불러 굳어진 노랫말인 애국가 2절은 "남산 위에 저 소나무"로 시작하며 우리 기상을 드러내는 존재로 이 산을 묘사한다. 이는 예부터 남산이 우리를 '표방'하는 산으로 자리매김하고 있었다는 방증이다.

산에 오르면 도성이 한눈에 들어오고, 시시각각 뒤바뀌는 장안 길흉화복이 손바닥 보듯 드러났다. 또 남쪽으로 눈을 돌리면 굳세게 흐르는 한강이 지척이었다. 남산은 산세가 순하고 부드러워 도성에 사는 이들에게는 친근감과 편안함을 주었다. 산은 나라의 안녕을 지켜주는 수호신 같은 존재였다.

동양판 환경결정론環境決定論*이라 할 수 있는 '풍수지리설'
에 바탕을 두고 세워진 계획도시가 한양이다. 이때 남산은 계획의
중심을 이루는 산으로, 내사산 중 남쪽 방위를 지키는 신령 주작
朱雀에 해당하는 역할이었다. 이성계는 새로운 나라와 도읍을 지켜
줄 수호신으로 목멱대왕木覓大王을 모시면서 남산 정상에 국사당國
祀堂**을 두었다. 이곳에서 조선 중기까지 매해 봄과 가을에 하늘에
지내는 제사인 초제醮祭를 드리며 나라의 안녕을 빌었다.

또 남산은 나라를 지키는 국방통신인 봉수제의 원점이기도
했다. 산은 여러 이름을 가졌지만 이런 이유로 주로 목멱산이라 불
렸다. 아울러 경복궁과 관계에서도 매우 중요했다. 경복궁은 외사
산 중 삼각산을 조산祖山***삼고 백악산을 주산主山****삼아 앉힌
새 나라의 법궁法宮이었는데, 남산은 도성과 경복궁의 안산案山*****
역할이었다. 따라서 조선 창업 이래 경복궁과 남산은 계획도시 조
영과 중심 통치공간을 상징하는 핵심적 '장소성'을 갖는 곳이라 할
수 있다.

---

*자연이 부여한 조건에 생활양식이 결정된다고 보는 학설. 환경요소가 인간 생활에 미치
는 영향을 생물학적 인과관계로 분석한다. 자연환경이 문화를 형성하는 결정요인으로 본
것이다. 특히 지리적 환경이 생활양식과 나아가 역사에까지 영향을 미친다는 점을 강조
한다.

**태조가 한양에 도읍을 정한 뒤 백악 신사와 함께 남산 꼭대기에 세운 수호 신사神祠.

***혈穴에서 가장 멀리 있는 용龍의 봉우리.

****도읍, 집터, 무덤의 뒤쪽에 있는 산으로 이들의 운수 기운이 매었다는 산.

*****마을과 집터, 묏자리 등의 맞은편에 있는 산.

남산 주변에 들어서기
시작한 일본인 시설

남산골샌님은 '가난하지만 자존심 강한 선비를 이르는 말'로 오래된 속담처럼 굳어 있다. 이 속담에서 유추할 수 있듯 남산골은 번화한 곳이 아니었다. 남산골은 목멱산과 숭례문을 잇는 성벽 안쪽에서부터 청계천 남쪽 종고개와 진고개로 이어지는 드넓은 분지다. 먹고살 만한 북촌 사람들은 잔치가 많아 떡 빚을 일이 잦았지만, 벼슬은 없으나 글줄이나 읽던 남산골샌님은 돈을 잘 벌지 못했다. 가난했으니 여인들이 삯바느질을 하거나 맑은 목멱산 물로 술을 빚어 생계를 이어가는 수밖에는 도리가 없었다. 이른바 '남주북병南酒北餠'이라는 말의 유래다. 구한말 어름까지도 이곳은 가난한 동네로 남아 있었다.

일본공사관이 처음 자리 잡은 곳은 돈의문 밖 천연정 부근 청수관이었다. 일본의 강압에 터를 내주면서도 도성 안으로 일본인을 들이지 않으려는 소극적 행정의 결과였다. 그런데 임오군란이 일어나 일본공사관이 불타버리면서 그 여파로 조선은 일본과 제물포조약을 체결한다. 그리고 일제는 교동에 갑신정변 주역이었던 박영효의 작은형 박영호의 집으로 추정되는 곳을 공사관 부지로 사들인다. 공사관을 완공하기까지는 임오군란 때 가재도구가 파괴된 금위대장 이종승의 남산 아래 이동泥洞 집을 임시로 사용한다. 이때 인부로 온 일본인 70여 명이 성안에 거주한다. 하지만 채 한 달 만에 일어난 갑신정변으로 교동 공사관은 다시 전소되고 만다. 이에 일제는 한성조약을 체결하면서 소실된 공사관에 대한 배상금 2만 원°을 갈취하듯 빼앗아간다.

갑신정변으로 조선에서 청나라와 대등한 지위를 확보한 일제는 갈취한 돈으로 남산자락에 서양식 공사관을 짓는다. 그리고 그 이듬해부터 한성에 일본인 거류지가 생겨나는데, 조선 정부는 이들을 가급적 궁궐에서 떨어진 자리, 곧 청계천 남측에 정착하도록 유도한다. 지금의 예장동°° 일원이다. 일본공사관은 1893년 완공된다.

청일전쟁이 끝나자 한성에 거주하는 일본인이 급격히 늘어난다. 이들은 주로 진고개 일대에서 남산 서북쪽 기슭에 이르는 광활한 지역을 점유했는데, 남산 기슭에 모여 살게 된 이들의 압력은 점점 거세진다. 일본인들은 자치기구인 '거류민단'을 구성해 그들만의 경제, 행정, 법적 이권을 확보하고, 풍치 좋은 남산에 자신들만의 공간인 공원을 만들려는 의도를 내비친다. 이에 일본 공사가 조선 정부를 압박해 1897년 3월 17일 예장동 일원의 땅 1만 제곱미터(약 3025평)를 조차하고, 임진왜란 때 자국 군대가 주둔한 뜻을 기린다는 유희시설, 이른바 '왜성대공원倭城臺公園'을 조성한다. 공원에는 휴게소와 분수, 음악당과 연무대를 만들고 벚꽃 600여 그루를 심었다.

°조약 제4조에 "일본공관의 신기지 이축이 필요한 바 조선국은 마땅히 기지 방옥房屋을 교부, 공관公館 및 영사관으로 사용하도록 할 것이며, 그 수축·증설에 조선국이 다시 2만 원을 부담하여 공사비에 충당하도록 한다"라고 명시되어 있다.
°°무예 훈련장인 무예장武藝場이 있던 곳으로, 남산 서북 기슭 예장동藝場洞 명칭은 여기서 유래했다.

임진왜란 때 자국 군대가 주둔한 뜻을 기려
일본 거류민들이 남산에 조성한 왜성대공원.

총독부의 의도가 담긴 경성신사 건립과 논란들

점차 인구가 불어난 일본 거류민은 자기들 정체성을 상징하는 시설물 설치를 또다시 구상하는데, 거주지 인근 남산에 일본 전통 신앙인 '신토신사神道 神祠'°를 세운다는 계획을 1892년 입안한다. 그리고 왜성대공원을 조성한 여세를 몰아 1898년 10월 일본 왕실의 조상 신 아마테라스 오미카미天照大神°°를 모신 '남산대신궁'°°°을 건립한다. 한성에 들어선 최초의 신사였다. 지금의 숭의여자대학교 자리에 일본 거류민의 정신적 구심점이 세워진 셈이다. 신직神職°°°°들은 남산대신궁을 거류민의 정신적 구심점, 곧 순수한 민간신앙의 주체로 만들려 했다.

하지만 메이지유신 이후 군국주의의 길을 걷기 시작한 일본 정부의 생각은 달랐다. 그들은 부국강병을 표어로 내걸고 징병 의무를 일본 왕에 대한 충성과 결부시키며 대외적 긴장을 부채질해 국민을 동원했으며, 군비 확대를 최우선 과제로 내세웠다. 군대는 일본 왕의 직속으로 복속되어 헌법상 내각이나 의회의 통제를 받지 않았고, 내각도 군대를 무시하고서는 존립할 수 없는 제도를 마련하고 있었다. 이를 위해 군국주의 국가체제를 구축, 급격한 중화

°일본 신화, 가미, 자연 신앙과 애니미즘, 조상 숭배가 혼합된 일본의 민간신앙이자 민족 종교로서 신을 모시고 제사를 지내는 성역화된 사당.

°°일본 신화에 등장하는 태양신. 일본 최고라는 '이세신궁伊勢神宮' 주신.

°°°거류민단과 영사관이 주도했다. 거류민단 지도자가 남산대신궁에 모실 신령으로 1897년 7월 이세신궁에서 부적, 거울, 옷을 받아온다. 그리고 일본 건축 기술자를 초빙해 이세신궁 재건 때 쓰고 남은 재료로 이세신궁 본전 대비 100분의 12 크기로 건립했다.

°°°°신토 사제를 일컫는 말. 신직 중 우두머리에 해당하는 신직을 신주神主라고 한다.

근대가 세운 건축, 건축이 만든 역사

학공업화와 군수산업 육성의 길로 치달았다. 따라서 정신을 지배하는 신사도 예외일 수 없었다.

이때부터 일제는 신토신사를 국가 관리체계 아래에 두려고 한다. 그 첫 조치로 정부가 주요 신토신사를 지정·보호하는 이른바 '국가 신토 정책'을 취한다. 아울러 1912년 일왕 메이지의 죽음을 계기로 국가 신토로서 한반도에 대규모 신궁 건립을 구상한다. 일제는 국가 신토 정책을 단순한 종교 문제로 취급하지 않았다. 대대로 일본을 통치해온 신의 아들이자 현인신現人神인 일왕의 신격화와 결부시켰다. 곧 국가 신토를 '천황제 이데올로기'를 주입하는 수단으로 만들어 국민을 통제하고 세뇌하는 강력한 시설로 취급한 것이다. 정신적 동화가 시설물 그 자체로 '물화物化'한 셈이다. 강제병합 이후 조선총독부는 그런 조치의 하나로 1914년 행정구역을 대대적으로 개편하면서 일본 거류민단을 해체시킨다. 거류민단이 누리던 특혜를 제거해 총독부의 행정관리 감독 아래에 묶어두려는 의도였다.

일제는 1916년 이전까지 조선인을 야만인으로 취급했다. 따라서 조선인에 대한 정신적 동화에 그다지 관심을 두지 않았던 게 사실이다. 1916년 이후에야 비로소 조선인을 정신적 동화 대상으로 삼은 것인데, 그해 일제는 기존 남산대신궁을 정식 신사인 '경성신사'로 격상하는 조치를 발표한다. 그러면서 아마테라스 외에 일본의 개척 삼신°을 주신으로 추가한다. 이런 배경에는 '일선동조

°오쿠니타마 노미코토大國魂命, 오나무치 노미코토大己貴命, 스쿠나히코나 노미코토少彦名命를 말한다.

론日鮮同祖論'° 이식과 한반도가 일제 영토임을 종교적으로 합리화하려는 정치적 의도가 깔려 있었다. 국가 신토가 건립될 때까지 임시 변통 역할을 경성신사에 맡기려는 조치이기도 했다.

그러나 이런 조치에 경성신사 신직이 반발하고 나선다. 야만에 가까운 조선인이 일본 신 앞에서 자기들과 동등한 대우를 받게 된다는 데에 대한 불만이었다. 일선동조론이라는 정신 동화정책이 현실에서는 구호에 불과했던 셈이다. 이는 종교적 자유와 황실에 대한 충성 의무 사이에 일어난 대립이자, 국가 신토가 갖는 자체 모순이기도 했다. 아울러 일본인들마저 신사를 통해 일왕에 대한 충성심을 공고히 하는 단계에까지는 이르지 못했다는 것을 알 수 있는 대목이기도 하다. 일본 신 앞에서는 모두가 동등하다면서도 조선 내 일본인 사이에도 출신 성분과 계급, 빈부격차가 뚜렷해 분열이 상당했기 때문이다. 심지어 조선 내 일본인 지도자들조차 총독부가 밀어붙인 일선동조론을 받아들이기보다 조선인을 '비문명적인 존재'²⁵로 멸시하려는 경향이 훨씬 강했다. 따라서 경성신사를 통해 조선인을 정신적으로 동화시키려던 총독부의 의도는 한계가 농후했다. 결국 1925년 조선신궁이 완성되기까지 15년간 경성신사를 이용한 총독부의 정신 동화정책은 매끄럽게 진행되지도, 경성신사와 일본인을 완전하게 굴복시키지도 못했다.

---

*일본 종족과 한민족이 같은 조상의 후예라는 이론. 일본 신화에 따르면 일 왕가의 시조 신 아마테라스의 남동생 스사노오가 포악한 행동으로 천계에서 쫓겨나 인간 세상(일본)으로 내려왔다. 스사노오에 관한 많은 전설이 있는데, 그중 그가 한반도에 들렀다 일본으로 왔다는 일화를 왜곡·과장해 스사노오가 바로 '단군'이라고 주장하는 것이다.

경성신사 제전과 노기신사 건립

강제병합 후 일제는 조선의 국가 의례를 제한하거나 폐지하는 조치를 단행한다. 매년 두 차례 사직단에서 국사신國土神과 국직신國稷神께 제사를 올리던 것을 금지시킨 조치가 대표적이다. 더불어 '이왕가'로 격하된 조선 황족에게 경성신사에 폐백幣帛을 바치도록 강요한다. 아울러 일본 본토에서 신토신사를 이용해 천황에 대한 충성심을 확보하고 이를 통해 분열된 국체를 통일시켰던 경험을 한반도에 그대로 적용하려 한다.

거류민단 해체와 씨자조직°의 변경은 총독부가 경성신사를 완전하게 통제하기 위한 중요한 조치였다. 또 민족을 가리지 않는 신사 갹출금은 하층민들에게 큰 반감을 불러일으키는 원인이 되기도 했다. 이런 상태가 정신 동화라는 총독부의 의도를 갉아먹는 기제로 작동한다. 여기에 경성신사 권력자들이 신사에서 교묘하게 조선인을 차별하고 배제하는 편법을 부렸고, 제전의식祭典儀式을 주로 남산 기슭이라는 한정된 공간에서만 치러냈다. 이는 조선인을 신사제전에서 더욱 떨어뜨리는 결과로 나타났다. 하지만 곧 한계를 드러내고 만다.

행정조직 개편으로 타격을 입은 씨자 총대들은 차츰 제전의식을 총독부와 상의해 결정하기 시작한다. 총독부 개입이 강해지자 씨자조직도 천황 숭배와 밀접한 의식을 계획하고 실행에 옮기지만

°씨자氏子는 지역의 수호신을 숭배하는 집단이다. 씨자 총대는 씨자조직의 대표자다. 경성에서 씨자조직은 1914년 거류민단 해체 이후 1915년 결성되어 1916년 인가를 받았다. 행정자치 단위별로 2~4인을 자율적으로 선출했다.

이는 어디까지나 신사를 보전하려는 움직임에 불과했다. 특히 생존에 커다란 위협을 받았던 3·1운동 직후에는 제전의식에 큰 변화를 보이기까지 한다. 경성 북쪽 조선인 거주지까지 신여神輿가 순회하는 등 형식적 확장을 꾀한 것이다. 거기에 의식도 흥미 위주로 바뀌었다. 첫날의 엄숙한 분위기와는 달리, 둘째 날에는 각종 놀이가 펼쳐지면서 게이샤 행렬이 등장했고, 나중에는 조선 권번 기생들까지 동원되어 구경 나온 이들의 시선을 사로잡았다.

일제는 신사를 하나의 통치 도구로서 적극 이용하긴 했지만 대체로는 종교의 자유를 억압하는 경향이 강했다. 총독부는 신토 의례를 각 개인의 신앙과 관계없이 제국의 모든 신민에게 부과된 '공중적公衆的 의무'[26]라고 규정했다. 일본 본토에서부터 시행되고 파급된 이런 국수주의적 이데올로기는 1920~1930년대 개신교를 비롯한 한반도 내 여타 종교와 끊임없는 갈등을 양산해냈다. 조선인은 경성신사의 존재에도 불구하고, 일본 왕실 혹은 일본 민간 신앙으로서 신토신사 제전 의식을 단순한 흥미 이상으로 여기지 않았다. 총독부는 궁여지책으로 정신 동화 차원에서 실권 없는 조선인 한 명을 씨자 총대에 의무적으로 포함시키도록 강제하는 조치를 단행한다.

처음 경성신사는 일본 본토의 규칙을 적용받지 않는 예외적 특혜를 누렸다. 조선에 거주하는 일본인의 이해관계와 직결되는 사안이었기 때문이다. 신사가 양가성을 띠고 총독부 정책에 때로는 협력하고 때로는 반기를 든 이유다. 1925년 조선신궁이 완공된 뒤에는 그러나 살아남기 위해 몸부림쳐야 했다. 신사 수익과 직결되는 결혼식 같은 행사를 매년 늘려가며 조선신궁에 맞서곤 했다. 심지어 조선인을 끌어들이려는 조치로 1926년 단군과 토착 신을 제신祭神으로 모셨고, 1929년에는 이를 위한 별도의 신전까지 건립한다. 1915년 1888제곱미터(약 571평)이던 신사 면적은 1932년 2만 876제곱미터(약 6315평)로 늘어난다. 경성신사는 1936년에 이르러서야 나라에서 공식으로 인정하는 국폐소사國幣小社로 승격된다. 결국 총독부는 이때까지도 경성의 이 작은 신사를 장악하는 데 실패한 셈이다.

1931년 만주사변 이후 일제의 대륙 침략이 점점 노골화되던 시기에는 경성신사 바로 아래에 노기신사°가 들어선다. 중국과의 전쟁을 염두에 둔 시점에 남산에 노기신사를 건립한 것은 그의 죽음을 본받아 조선인도 천황과 일제를 위해 기꺼이 목숨을 버리라는 노골적 요구나 마찬가지였다.

식민 지배의 시작을 알린
통감부와 한양공원 조성

일본인이 점점 늘어나면서 왜성대는 물론 청계천 남쪽은 이른바 일본인 촌으로 변모한다. 이 지역은 을사늑약을 전후해 본격적으로 중심상권으로 부상하는데, 일본 자본가들은 통감부의 보호

°1934년 4월에 지진제를 갖고, 1934년 9월 13일에 준공했다. 청일전쟁과 러일전쟁에 참전한 일 육군 중장이자 대만 총독을 역임한 노기 마레스케를 받드는 신사다. 1912년 일왕 메이지가 죽자 부인과 함께 자결해 사무라이 정신의 상징적인 존재로 추앙받았다.

남산 아래에 신축된 조선통감부 청사.
통감부 청사가 들어서면서 남산 일대는 일제의 조선 강탈 프로젝트의 핵심 공간으로 자리매김한다.

와 지원을 안고 한반도에서 경제적 지배권을 독차지하기 시작했다. 금융업, 광업, 임업, 어업, 운수업, 에너지업, 통신업 등 산업 전 분야에 걸친 완전독점체제로 나아간 것이다. 일제는 한반도에서 일본 정부의 대표 기관이자 행정기관으로 별도의 입법 권한을 갖는 기구를 설치하는데, 한일의정서와 을사늑약이 바탕이 된 '조선통감부'다. 대한제국 외교권을 강탈해간 이상 공사관은 더이상 필요하지 않았기에 공사관을 통감 관저로 사용하고, 대한제국이 외교업무를 담당하던 광화문 앞 육조거리의 외부外部 청사를 무단으로 점유, 1906년 2월 1일 조선통감부로 개청한 뒤 사무를 개시했다.

초대 통감 이토 히로부미는 대만에서 겪은 시행착오를 반복하지 않으려고 변형된 지배체제를 조심스럽게 대한제국에 적용한다. 대만과 대한제국의 인구와 역사, 문화 차이를 인정하고, 저항을 최소화하려는 의도였다. 그리고 대한제국 정부와 법제화하지 않은 실질적 최고 통치기구였던 '한국 시정 개선에 관한 협의회'를 구성해 숨긴 저의를 현실화한다. 1906년 3월 첫 회의를 시작으로 협의회는 강제병합 전인 1909년 12월까지 총 97회 열렸는데, 협의회는 통감부가 결정한 제반 정책과 법령을 대한제국 정부에 일방적으로 지시해 집행을 강제하는 이원적 지배구조, 곧 간접통치의 타율적 메커니즘[27] 통로로서 작동하는 체계였다. 군사력이 이런 기형적 지배구조를 떠받치는 밑바탕이었다.

1907년 1월 28일 일제는 지금의 리라초등교 아래에 조선통감부 청사를 새로 짓는다. 남산이 명실상부 일제의 조선 강탈 프로젝트의 핵심 지휘공간으로 자리매김한 것이다. 또 각 지방에는 이

사청理事廳°을 두어 조선을 효율적으로 지배하기 위한 포석을 놓는
다. 이때 지어진 통감부 청사는 해방 이후까지 남아 있었지만 언제
사라졌는지는 알 수 없다.

한편, 영사 업무를 전담할 목적으로 1886년 12월 충무로 1
가에 르네상스식으로 지었던 일본영사관은 을사늑약 후인 1906년
경성 이사청으로 전용된다. 그러다 강제병합 뒤 단행된 명칭 변경
과 행정조직 개편으로 1910년 한성부가 경성부로 지정되면서 경
성부청으로 사용된다. 1926년 10월 덕수궁 동쪽에 신청사가 준공
되기까지 그 역할을 감당하는데, 이후 그 터는 일본 매판 자본 미
쓰코시에 팔린다. 미쓰코시는 1930년 그곳에 백화점을 짓는다. 지
금의 신세계백화점 본점 건물이다.

을사늑약으로 대한제국 외교권이 박탈되자 한반도에 주재
하던 외국 공관들은 모두 철수한다. 이어 일제는 정미칠조약을 강
압해 대한제국의 내정권을 빼앗고, 광무보안법을 공포함으로써 언
로를 막는다. 거기에 최대 장애물이던 군대를 해산시킨다. 이때부
터 타오르기 시작한 전국적 의병 투쟁은 이른바 1909년 9월 '남한
대토벌작전'으로 사그라들고 만다. 항일운동가들은 국내를 떠나 만
주나 시베리아로 이주해 투쟁을 이어가야 했다. 실질적 식민지로
전락한 조선은 강제병합이라는 하나의 수순만 남겨둔 상태였다.

남산 서북서쪽 일대가 이 시기를 전후해 공원으로 변모한
다. 1907년 일본 왕세자 다이쇼大正의 방문을 계기로 숭례문 양

°일제가 수원, 해주, 공주, 전주, 광주, 진주, 함흥, 경성 등에 설치한 통감부의 지방 기관.

근대가 세운 건축, 건축이 만든 역사

측 성곽을 없앤 것을 시작으로 도성 성곽이 본격적으로 파괴된다. 1908년경에는 일본인들이 한일 공동공원을 개설한다는 명목으로 남산 서북서 자락의 약 100만 제곱미터(약 30만 2500평) 땅을 차입하겠다고 청원한다. 이에 송병준 등 친일파 관료들이 앞장서서 그 땅을 무상으로 일본인에게 영구 대여한다. 옛 남산식물원에서 3호 터널에 이르는 공간이다. 이 땅을 차지한 일제의 속셈은 따로 있었다. 이곳은 둘로 분리된 일본인 중심지를 연결하는 지리적 요충지였다. 남산 기슭의 진고개와 왜성대 일대 그리고 군사용 조차장이었던 용산역과 군사기지로 조성 중이던 용산기지를 잇는 결절점이었던 것이다. 일제는 1908년 봄 공원 조성에 착수해 2년 만인 1910년 5월 29일 성대한 개원식을 치른다. 이 행사에 2000여 명이 참석했다고 한다. 고종은 이를 기념해 '한양공원漢陽公園'이라는 이름을 친필로 하사하기까지 한다. 공원은 동서로 나뉜 모양새였다. 비교적 넓은 동쪽 구역 모퉁이에는 조선식 건물과 일본식 정자를, 좁지만 전망이 좋은 서쪽 구역에는 조그만 정자를 두었다. 1912년 공원 안에는 한양공원 비석*이 세워진다. 한양공원은 남산 서북서 능선에 일본 국가 신토의 표본인 '조선신궁'이 들어서는 기반이 된다.

한편 일제는 1910년 5월 군인 출신 데라우치 마사타케寺內正毅를 3대 통감으로 임명해 조선에 대한 식민화를 단행한다. 그는 헌병경찰제 등 군사적 위력을 한껏 높인 상태에서 8월 16일 이완용에게 비밀리에 합병조약(안)을 제시하고, 남산 통감관저에서 8월

---

*비석 뒷면에 한양공원 설립 경과를 기록한 한양공원기漢陽公園記와 일본 거류민 단장의 이름을 새겼으나 해방 뒤 사람들이 글을 쪼아 지금은 알아볼 수 없다.

고종의 친필을 새긴 한양공원 비석.
비석 뒷면의 글씨는 해방 뒤 사람들이 훼손해 지금은 알아볼 수 없다.

22일 조약을 체결한다. 이 사실을 숨긴 채 일체의 정치집회를 금하고 대신들을 연금한 상태에서 회유한 뒤 8월 29일 순종에게 나라를 넘겨주겠다는 치욕스러운 '양국조칙讓國詔勅'을 발표케 한다.

조선을 강제로 합병한 일제는 통감부를 폐지하고 1910년 8월 29일 조선총독부를 세운다. 초대 총독은 데라우치였다. 일제는 일체의 정치, 집회, 결사의 자유가 막힌 데 이어 1910년에서 1918년까지 '토지조사사업'을 벌여 엄청난 농지를 빼앗고 수탈형 농업 지배구조를 세운다. 이 때문에 대다수 농민이 최하층 수탈 대상으로 전락한다. 또 그해 12월 공포된 '회사령'으로 3·1운동 직후까지 조선인의 기업 설립을 사실상 불허하고, 민간 소유의 모든 한글신문도 폐간시킨다. 악랄한 식민 지배의 시작이었다.

식민 지배공간 창출을 위한 계획들

경복궁에 조선총독부 신청사가 들어서기 전까지 일제는 옛 통감부 청사를 조선총독부 청사로 사용한다. 일제는 경성을 '미개한 도시'로 보았는데, 문명화와 진보로 나아가는 방향성을 '직선화된 격자형 가로망'에서 찾는다. 하지만 문제는 그리 단순하지 않았다. 식민 통치 수부首府에 대한 각종 이해관계가 난마처럼 얽혀 있었기 때문이다. 특히 남산 일본인 거류민단의 요구가 드셌다. 거류민단은 진고개 일원(명동과 충무로)을 개조해 경성의 중심 상권을 만듦으로써 일본인의 자산 가치를 높여줄 것을 노골적으로 요구했다. 이에 총독부가 화답하는데, 거류민의 자산 증식을 통한 차별적 개발을 염두에 둔다. 그러나 일제는 강제병합 직후 총독부 청사가 있는 남산 일원을 한반도를 통치하는 최고 공간으로 활용하려는 계획을 접는다. 근대도시로서 경성의 공간구조를 개편하는 일이나 식민 지배의 효율성이 저하될 것이라는 점을 인식한 듯하다.

일제는 강제병합 2년여 만인 1912년 5월 거류민단을 놀라게 하는 소식을 발표한다. 남산 서북서 능선에 국가 신토를 표방할 신궁을 짓고 경복궁에 총독부 신청사를 건립하겠다는 발표였다.[28] 이 소식으로 거류민단이 크게 동요한다. 식민 통치의 본산이 북촌으로 옮겨가면, 경성의 중심 상권도 함께 옮겨갈 것이라는 우려와 불만이 터져 나온 것이다. 이에 총독부는 거류민단을 달랠 목적으로 도시 공간구조 개편안을 제시한다. '경성시구개수京城市區改修' 계획에 이런 의도가 확연히 드러나 있다. 동서축으로 율곡로, 종로, 을지로, 퇴계로를 신설하거나 확장하고, 이들 동서축을 남북으로 잇는 도로를 개설해 격자형 도로망을 만든 뒤 그 내부를 방사형으로 개조한다는 계획이었다. 또 주요 도로의 결절 부위에는 대규모 광장을 설치하고자 했다. 이를테면 황금정(지금의 을지로) 중심과 육조거리 남단(지금의 광화문사거리), 안국방(지금의 안국사거리), 파고다공원을 중심으로 한 방사형 가로망과 광장 건설 계획이다. 실현 가능성을 떠나 예산이 300만 원이나 소요되는, 당시로서는 실로 '야심 찬' 방안이었다. 이 계획의 핵심은 무엇보다 남북 도로축인 태평로 개설이었다. 이 도로를 따라 '경복궁 총독부 신청사(예정)~경성부청(예정)~조선은행~조선신궁(예정)~경성역~용산기지'로 이어지는 '식민 통치의 핵심축'을 만들려 한 것이다. 1912년 경성시구개수 계획은 한반도 수부 경성의 공간을 재배치함으로써 조선을 효율적으로 지배하고, 차별적 인종주의를 심는 한편 이들이 교차할 수 있도록 하는 이중성을 띠고 있었다. 한마디로 '과격한' 식민 지배 이념을 이식하려 한 것이다.[29] 하지만 이 계획은 예산 부족과 기술적 제약으로 42개 계획도로 가운데 15개 도로만 완성한 채 마무리된다.[30] 그리고 1914년 행정구역을 개편해 경성부의 영역을 도성과 용산으로 축소하는 조치를 단행한다.

그런데 불과 5년 뒤인 1919년 경성시구개수 계획이 수정된다. 이때의 목표는 단순했다. 대한제국의 통치 공간을 소멸적으로 지배하는 것이 첫째 목표였고, 그 위에 태평로를 중심으로 한 새로운 지배공간을 창출하는 게 둘째 목표였다. 여기에 일본인 거류민단의 요구를 수용해 남촌 황금정 일대를 경성의 중심 상업지역으로 만든다는 계획이었다. 또 천황제 이데올로기를 주입하고 일선동조론이라는 목표를 달성하기 위해 북촌 일부를 개발해 조선인을 달래면서 '동화정책'을 구현하려는 의도를 노골적으로 드러낸다. 여기에 1912년 태평로를 중심으로 한 계획을 확대해 노량진과 영등포까지 식민지 공업화의 예비 부지로 활용할 의도를 내비친다. 1917년 한강인도교 개통이 그 시작이었다.

1925년 이후에는 자본주의가 고도화되면서 세계적으로 도시계획 사조가 유행했는데, 이는 식민 도시의 생산력을 증대해 수탈을 강화하는 도구로 기능했다. 1929년 세계대공황 이후에는 토지 수탈에 열을 올린다. 그 새로운 수단이 지역지구제를 통한 도시 공간의 재구조화였다. 도시계획이 유행처럼 전 세계로 퍼져나가는 상황에서 조선도 예외는 아니었다. 그러나 일제는 식민지 도시의 발전을 꺼려 처음에는 도시계획에 미온적이었다. 그러다 뒤늦은 1934년 6월 '조선시가지계획령'을 제정하는데, 그중 핵심인 '경성 시가지계획'은 일제의 대륙 침략과 궤를 같이했다. 조선시가지계 획령의 대표 주자가 바로 토지구획정리사업인데, 경성에서도 침략 적 기획의 일환으로 토지구획정리사업이 일반화되기 시작한다. 이 사업에서 경성은 동북(돈암, 청량리)과 서남(용산, 마포, 영등포) 방면 으로 확장한다. 일본 도시계획 관계자들과 경성의 일본인 사업가, 친일파들이 반민반관 이익단체이자 부동산 투기조직인 '경성도시 계획연구회'를 1920년대 초 결성한다. 이들이 1926년 제시한 광역 도시계획 시안에 따라 상업과 행정도시 경성과 공업도시 인천을 한강을 중심으로 연결해야 한다는 구상이 토지구획정리사업을 통 해 실행에 옮겨진 것이다.

도시계획을 도입하기 훨씬 이전부터 일제는 군국주의를 본 격화했기에 한반도 도시계획은 도시민의 안락한 생활과 도시 발전 보다는 자연스럽게 군사시설 위주의 '도시 확장'과 확장된 도시에 '국가 통제 개념'을 결합시키는 형태로 나타날 수밖에 없었다. 이는 파시즘적 군국주의와 천황을 신격화하는 국수주의가 절묘하게 결 합한 형태였다. 아울러 일제는 대륙 침탈의 거점을 마련하기 위한 계획도 실행에 옮긴다. 도시계획을 넘어 군국주의적 지역·국토 개 발이 이때 동북아시아에 적용된다. 공업화는 일본-조선-만주를 잇는 블록이었는데, 조선과 만주를 일본 본토 공업에 종속적·보완 적으로 묶어두려는 계획이었다. 군사 부문에서는 북만주와 러시아를 향한 이른바 '북선北鮮 루트'를 염두에 두고 한적하던 나진이 군사도시로 개발된 사례가 대표적이다.

남산을 파헤친 조선신궁의 건립과 해체

도시 공간구조를 개편하는 일과 더불어 일본 신앙을 총괄하는 '총본산 신사' 건립은 강제병합 직후인 1912년 5월부터 계획된 일이었다. 신사의 성격과 위계를 결정짓는 제신祭神 선정은 가장 중요하고 민감한 부분이다. 한반도 침략과 관련된 신공황후神功皇后˚와 도요토미 히데요시豊臣秀吉가 언급되는데, 1912년 7월 일왕 메이지가 죽자 결국 그를 제신으로 결정한다. 또다른 신은 다소 논란이 있었는데, 조선 통치를 상징할 일본 시조신 아마테라스로 결정한다. 1918년 11월 총독부는 내각 총리대신에게 '조선신궁 창립청원서'를 보낸다. 이듬해 한반도 전역에서 3·1운동이 일어나자 일제는 혼란스러운 조선을 종교적으로나 이데올로기적으로 수습할 당위성을 인식한다. 또 커다란 불안감을 느끼는 한반도 내 일본인을 안심시켜야 할 필요성이 전보다 훨씬 증대한다. 이에 일제는 1919년 7월 18일 내각고시 제12호로 조선신궁 창립을 허가한다. 천황 이데올로기의 정신적 기반인 국가 신토를 조선인에게 주입하고, 더불어 일본 신의 가호 아래 조선을 영원히 통치하겠다는 염원을 담아낸 조치였다.

˚삼한을 정벌했다는 전설상의 인물. 신라와 가야 7국을 평정한 뒤 백제를 복속시켰다는 《일본서기》 기록으로, 임나일본부설의 기반이 된다. 허황한 조작이라는 게 정설이다.

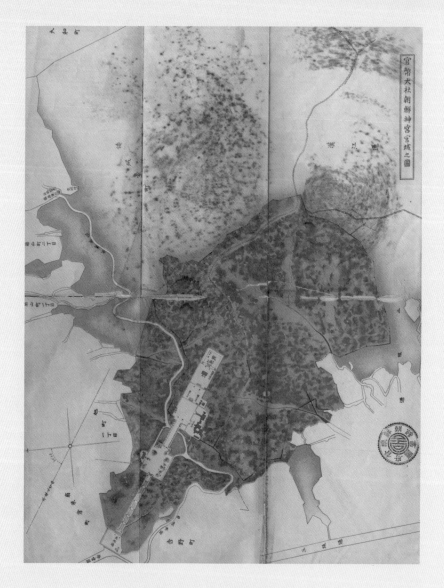

한양공원 자리에 들어선 조선신궁 지도.
남산을 파헤친 조선신궁은 경성의 경관을 완전히 바꿔버렸다.

핵심은 신사 터였다. 한반도 남쪽에 명당으로 이름난 여러 후보지를 살펴보지만 신궁의 안전성 문제와 일본인의 참배 편의성을 고려해 경성에 건립하기로 결정한다. 이에 도성 안에서 여러 후보지°를 검토하는데, 1순위는 경복궁 뒤 신무문 밖 북악산 기슭이었다. 하지만 건립 예정이던 총독부 청사와 신궁이 한곳에 몰린다면 북쪽으로 통치 공간이 편중되고, 남산에 있는 일본인 세력이 약화될 우려가 있어 취소되고 만다. 경성신사를 옮기고 강제병합 10주년을 기념해 신궁을 세운다는 계획으로 왜성대공원 부지를 2순위에 두지만 거류민과의 관계, 예산과 설계 변경 문제, 경성신사 이주 문제로 난항을 겪는다. 결국 1918년 3순위인 한양공원이 최종 부지로 선정된다.

한양공원은 국유지로 비용을 절감할 수 있는데다 경성 어느 지역에서든 잘 보인다는 장점을 가지고 있었다. 또 총독부 신청사와 남북으로 균형을 이룬다는 점에서도 맞춤이었다. 다만 가파른 경사와 폭이 좁은 능선으로 큰 건축물을 짓기가 어렵고 물 사용이 불편하며, 지대가 높아 참배하기 힘들다는 지형적 단점도 존재했다. 설계는 메이지신궁 감독관으로 일본 신사 건축의 대가인 이토 주타伊東忠太 동경대 교수가 맡는다. 메이지신궁도 한양공원과 비슷한 단점을 가지고 있었다. 그는 앞서 검토된 후보지를 다시 평가해 남산 서북서 능선의 한양공원을 최종 부지로 낙점한다. 이유는 지리적 장점 때문이었다. 도성 어디서나 잘 보인다는 시각적 요소에

°한양공원, 왜성대공원, 장충단, 효창원, 사직단, 삼청동, 북악산 등이 검토되었다.

가장 큰 매력을 느낀 것이다. 또 조망도 뛰어나 조선을 지배하는 일본 신의 위엄을 드러내기에 더할 나위 없는 장소였다.

공사는 1920년 시작된다. 이토 주타는 메이지신궁과 마찬가지로 대대적인 토목공사로 터를 넓힌 다음 최상부 본전 안에 큰 연못을 둠으로써 급수 문제를 해결한다. 또 신사로 오르는 계단 바깥으로 참배 길을 두어 차량 이동을 가능케 하는 등 지형적 한계를 극복해낸다. 남산 능선은 시각적 효과, 예산, 권력 공간 안배 등 모든 요소에서 건립 목적을 충분히 만족시키는 결과를 가져다준다.

공정에 따라 지진제地鎭祭(1920년 5월 27일), 근시제釿始祭(1921년 6월 10일), 상동제上棟祭(1924년 4월 3일) 등의 신토 행사가 열렸고, 진좌제鎭坐祭(1925년 10월 15일) 즈음해 공사는 대부분 마무리된다. 더불어 남산 정상에 있던 조선 국사당을 인왕산 중턱으로 옮겨버린다. 조선 신앙이 일본 신궁보다 높은 곳에 있어 불경스럽다는 이유였다. 신궁은 서북서쪽을 향해 주요 건물을 앉혔고, 상중하 3단 공간에 세 개의 광장을 조성했다. 특히 중 광장과 하 광장 사이에 길이 230미터, 폭 15미터의 384단짜리 거대한 돌계단을 두어 상징성을 부여했다. 계단 좌우에는 등롱 14기를 달았고, 돌계단 맨 아래 하 광장에는 경성부에서 바친 대 등롱을 설치했다. 계단 입구에는 높이 11미터, 가로 16미터의 철근콘크리트로 만든 거대한 도리이°를 세웠는데, 이 도리이는 당시 일본에서도 유례가 없을 정도로 큰 규모였다. 조선신궁 하 광장은 경복궁에 들어선 조선총독부 청사

°신사를 상징하는 조영물. 두 기둥을 세우고 그 위에 가로로 2단 기둥을 얹은 문이다.

근대가 세운 건축, 건축이 만든 역사

와 축선이 연결되도록 설계되었다.

일제는 진좌제 때 사용할, 신이 깃들었다는 신체神體를 일본에서 가져온다. 도쿄를 떠난 배는 구축함의 호위를 받으며 부산에 도착했고, 다음 날 신체를 실은 열차는 어쩌면 진좌제를 맞이해 개장(1925년 9월 30일)했을지도 모를 새 경성역으로 들어온다. 총칼을 숨기는 도구로 교묘하게 포장된 근대화의 상징물 철도와 경성역. 정신 동화를 통해 조선 땅을 영구히 지배하려 가져온 조선신궁 신체. 조선 법궁 경복궁을 깔고 앉은 조선총독부 청사. 이 셋은 철권통치와 물자 수탈, 조선인의 정신을 지배하기 위해 전진 배치된 일제 침략의 첨병이었다.

신체가 지나는 철도역마다 사람들이 강제로 동원되었다. 경성역 앞에는 커다란 봉축 문을 세우고 숭례문과 주변 도로, 집들을 무수한 전등과 꽃으로 장식했다. 동원된 학생들은 밤낮으로 깃발과 등불을 들고 행진했고, 잡다한 환영 행사와 평양항공대의 봉축 비행도 이어졌다. 이때 일본 히로히토 왕세자의 결혼을 기념해 지은 '경성부립대운동장(옛 동대문운동장)'도 진좌제에 맞춰 개장한다.

남산을 파헤친 조선신궁은 도성의 경관을 완전히 바꿔버렸다. 짓누르듯 지어진 시설은 무척 강렬했으며, 새하얀 줄처럼 그어진 긴 돌계단은 조선인에게는 쓰라린 생채기였다. 남산을 깔고 앉은 신궁은 조선의 얼을 짓누르는 식민의 무게였다. 부드럽고 순하던 산세가 위압과 공포를 바탕으로 두려움과 굴종을 매개하는 공간으로 변모한 것이다. 수호신이라 여기던 남산을 고개 돌려 애써 외면하게 만드는 풍경이었다. 이렇게 만들어진 조선신궁은 조선

진좌제가 열릴 즈음의 조선신궁.
신궁 앞쪽으로 신축한 경성역사가 보인다.

도성 어디서든 잘 보인다는 지리적 이점이
남산 능선을 신궁 부지로 택한 요인이었다.

내 신사의 최정점으로, 일왕에 충성하는 신민을 만들기 위한 '천황제 이데올로기 및 국가 신토'로 작동했다. 그곳에서 각종 제사가 열렸고 조선인의 강제 참배가 진행되었다.

그러나 신사는 해방이 되자 전국 곳곳에서 파괴된다. 일부는 일본인이 스스로 정리했는데, 조선신궁과 경성신사가 대표적이다. 아직 군권과 치안력을 유지하던 총독부가 이 두 곳의 신령을 일본으로 되돌려 보내는 '승신식'을 8월 16일 극비리에 거행한 것이다. 일본 신토 역사상 처음 있는 일이었다. 조선인에게 치욕을 안겼던 그들의 신령이 거꾸로 치욕을 받는 게 부담스러웠던지 산 사람보다 먼저 도망시킨 것이다. 보검은 일본 육군 통신조사부가 일본 왕실로 가져가고, 신체는 비행기로 운반한다. 나머지 보물, 제문은 8월 25일 소각한 뒤 9월 7일부터는 조선신궁마저 해체한다. 그리고 10월 7일 미군정청의 허가를 받아 정전과 여러 건물을 태워버린다. 이후 미군정청 조령 제5조 '신사에 관한 규정'으로 조선신궁의 모든 재산은 미군정청에 귀속된다.

근정전의 시선을 가로막으며 들어선 조선총독부 청사

경복궁은 조선왕조의 상징 공간이었다. 1395년 처음 지어질 때는 외전 192칸, 내전 173칸, 기타 390칸으로 총 755칸의 아담한 규모였다.[31] 임진왜란 때 도망치듯 피난을 떠난 왕에게 실망한 백성들이 경복궁을 불태운 뒤로 270여 년간 폐허로 방치된 경복궁은

근대가 세운 건축, 건축이 만든 역사

어린 아들을 왕으로 세워 집권한 흥선대원군이 왕권을 강화하고 권위를 확보할 방편으로 1868년 중건한다. 이때 경복궁은 43만 제곱미터(약 13만 평) 대지에 330여 동으로, 궐내 전각 7225칸 반, 후원 전각 232칸 반, 궁성 1063칸 반, 후원 둘레 698칸 반의 대규모 궁궐로 재탄생한다.[32]

　　일제는 조선의 법궁이었던 경복궁을 순차적으로 망가뜨린다. 강제병합 서너 달 전에 전각 4000여 칸을 헐어 민간에 매각했는데, 주로 요릿집과 기생집에 팔렸고, 일본으로 건너간 전각도 부지기수였다. 1914년 7월에는 일제 통치 5주년을 기념하는 일명 '조선물산공진회朝鮮物産共進會'*의 개최 공간을 확보한다는 명분으로 홍례문과 자선당(동궁) 일단의 전각을 모두 헐어낸다. 하지만 이는 기만에 가까운 행위였다. 일제는 1911년 예산 180만 원이 소요되는 총독부 청사 건립계획을 수립한 뒤 독일인 기술자**를 불러 1912년 4월 예산을 300만 원으로 증액한 상태로 설계에 이미 착수했기 때문이다.*** 게다가 1917년 창덕궁에 불이 나자 경복궁의 수

---

* 1915년 9월 11일부터 10월 31일까지 열렸다. 일제가 경복궁 전각을 훼손하고 공진회를 위한 여러 건물을 지어 전국의 물품을 수집·전시한 대대적 박람회였다. 강제병합 합리화와 조선의 진보와 발전을 전시한다는 의도에서 '일제 통치 5주년 기념' 명분으로 전국의 농민까지 강제 동원해 관람케 했다. 총독부 신청사 건립비용 조달 차원에서 개최했다는 주장도 있다.

** 게오르그 데 라란데를 총독부 고문으로 위촉하고 동경에서 데려와 총독부 신청사 기본 설계를 위탁했다. 그는 프러시아 태생의 건축가로 경성 철도호텔과 평양 모란대공원을 설계했다.

*** 조사 준비비 명목으로 3만 원의 예산을 책정하고, 기술자를 서방으로 파견해 서구 열강의 관청을 답사케 했다.

많은 전각을 헐어 이건시키면서 경복궁은 근정전과 경회루 등 몇 몇 전각만 남은 초라한 몰골로 변하고 만다. 총독부 초대 토목국장으로 부임해 신청사 설계를 주관한 모치지 로쿠사부로持地六三郎가 저지른 일이다.

조선총독부 신청사 기본 설계는 1914년 마무리된다. 건축면적 9020제곱미터(약 2729평)로 지하 1층, 지상 5층의 257실을 갖춘 거대한 규모였다. 게다가 중앙 돔은 무려 54.54미터 높이로 경성 시가지 전체를 압도했다. 불火의 기운을 누르려고 관악산을 향한 경복궁 중심축을 동으로 약 10도˚ 틀어 남산 조선신궁 하 광장 축선과 일치시켰다. 경복궁 건축군이 가진 상징성을 철저히 짓밟은 것이다. 조선물산공진회가 끝나고 빈터가 된 광화문 뒷공간에서 땅 신에게 제사를 지내는 성대한 착공식인 지진제(1916년 6월 25일)를 신토제 방식으로 열기도 했다.

완공된 조선총독부 청사는 근정전의 시선을 완전히 가로막았다. 조선왕조가 일제로 대체되었노라 선언하는 모양새나 마찬가지였다. 건립 당시 조선총독부 청사는 한반도와 일본을 통틀어 가장 큰 건축물이었으며 동양 최대의 근대식 건축물 중 하나였다. 철근콘크리트 구조에 벽돌로 기둥 사이 벽을 채우고 외부에는 화강석을 붙여 치장한 건물의 중앙 돔은 일본 왕의 관모冠帽를 형상화한 것이었다. 또 르네상스 양식에 바로크 양식을 절충해 식민지 최고 통치기관으로서 권위를 강조하려 했다. 모든 재료는 조선에서 해결

˚전근대적 측량 기술로 각도의 정확한 수치에 관해서는 이견이 있다.

근정전의 시선을 완전히 가로막은 채 들어앉은 조선총독부 청사.
광화문은 건춘문 왼편으로 이건되어 간신히 살아남았다.

1930년대 조선총독부 전경.
총독부 청사는 이후 미군정청으로, 다시 중앙청으로 사용되다가 1995년 광복 50주년에 철거된다.

한다는 원칙이어서 조선에서 산출된 목재와 화강석, 대리석, 석회석을 주재료로 사용했고. 공예품이나 조각 같은 장식재는 수입해 썼다. 재료 운반을 위해 광화문까지 전차선로를 깔기도 했다.

조선총독부 청사는 675만 2000원을 들여 10년 만에 완공되었고, 1926년 1월 4일 시용식施用式을 열었다. 이 자리에는 이완용 등 친일파들이 대거 참석한다. 그리고 일제 시정기념일인 1926년 10월 1일에 맞춰 낙성식을 치른다. 건물은 동서로 누운 '日' 자형으로 건물 안쪽에는 뜰을 배치했다. 日 자 가운데 축에는 중앙홀을 두었는데, 홀은 천장까지 개방되었으며 바닥은 각양각색의 화려한 대리석으로 치장했다. 홀 양편으로는 계단을 두었고, 그 바로 위 북측 방이 총독실이었다. 중앙홀 남북 벽면에는 벽화[*]가 설치되었다.

중앙홀 양편으로는 'ㅁ' 자형을 잇댄 모양으로 평면을 구성했고, 바깥 입면은 중앙홀로 들어가는 입구에 높은 열주를 세워 권위와 상징성을 부여했다. 또 건물에 설치된 아홉 대의 엘리베이터는 조선은행과 철도호텔에 이어 셋째로 놓인 것이다. 이때 광화문은 총독부 청사 준공과 함께 경복궁 동쪽 건춘문 왼편으로 이건되어 간신히 살아남는다.[**] 그리고 광화문이 사라진 자리, 총독부 청

[*]일본인 서양화가 와다 산조和田三造가 조선 금강산 선녀 전설과 일본에서 전해오는 하고로모 전설을 모티브 삼아 제작한 '하고로모羽衣' 벽화다. 벽화는 1995년 해체 당시 분리되어 국립중앙박물관 수장고에 보관 중이다. 두 전설의 친연성을 강조한 벽화는 당시 일제 통치 이념인 일선동조론을 상징했다.

[**]일본 문예운동 선구자인 야나기 무네요시柳宗悅가 일본 종합잡지 〈개조改造〉 1922년 9월호에 "없애버리려고 한 조선 건축을 위하여"라는 글을 통해 경복궁과 광화문을 파괴하는 총독부의 처사를 비난했다. 이 글로 사라질 뻔한 광화문이 겨우 건춘문 왼편으로 이건될 수 있었다.

사 앞에는 넓은 광장이 조성되었다.

청사는 해방 뒤 9월 9일 진주한 미군이 군정청으로 사용하는데, 같은 날 오후 9대 총독 아베 노부유키阿部信行가 제1 회의실에서 항복문서 서명한다. 건물은 미군이 캐피탈홀Capital Hall이라 일컫던 것을 직역해 한동안 '중앙청中央廳'이라 불렸다. 분단 즈음해서는 중앙홀에서 제헌의회를 개의하고, 앞뜰에서 대한민국 정부수립 선포식을 갖기도 했다. 한국전쟁 중 북한이 조선인민군 청사로 사용하다가 후퇴하면서 불을 질러 내부가 완전히 소실된 채 전쟁이 끝난 이후까지도 방치되었다. 그 뒤 친일 행위는 물론 의식 속에서조차 일제를 청산하지 못한 권력이 집을 복구해 1962년 11월 22일 중앙청 개청식을 열었고, 정부 기능을 과천 청사로 이전하기 전까지 사용한다. 그리고 1986년 8월 21일 국립중앙박물관으로 개관한다.

노태우 정권은 건물 철거와 함께 경복궁 복원 계획을 발표하지만, 실제로 일이 진행된 때는 3당 합당으로 대통령이 된 김영삼이 정통성을 만회하기 위해 1993년 8월 9일 철거를 지시하면서부터다. 이후 철거와 보존이라는 논쟁의 극한 대립°이 이어지지만, 결국 1995년 광복 50주년 경축식에서 총독부 청사 중앙돔 랜턴을 해체하는 것을 시작으로 철거에 들어가 이듬해 11월에 지상부 철거가 완료된다. 중앙돔 랜턴과 건축 부재는 독립기념관에 '조선총독부 철거 부재 전시공원'을 만들어 일반에 공개하고 있다.

°완전철거론, 현상보존론, 이전복원론 등이 맞섰는데, 식민사관과 민족사관의 대립이 주를 이루었다. 경복궁 복원으로 민족정기를 세우자는 주장과 치욕스러운 역사를 기억하고 학습하는 장소로 존치시키자는 의견 대립이었다.

경성부청과 총독관저의 건립

1886년 지어진 충무로 일본영사관 건물은 을사늑약 후 통감부 산하 경성 이사청으로 쓰이다가 강제병합 뒤 단행된 명칭 변경과 행정조직 개편으로 경기도 산하 경성부청 청사로 사용된다. 경성 인구가 증가해° 행정업무가 급증하자 1914~1915년에 걸쳐 두 차례 증축을 진행했는데, 그럼에도 늘어나는 업무량과 직원을 감당할 수 없는 처지에 이른다. 이에 신청사 건립 문제가 대두되지만 재원이 충분치 못했다. 시구개수부터 곳곳에 식민 통치 기반을 마련하느라 분주했던 까닭이다. 그러나 그 필요성이 더해지자 친일파 조선인과 거류 일본인들이 구성한 '경성도시계획연구회'가 전면에 나선다. 이들은 총독부와 협의°°해 신청사 건립에 대한 원칙을 세운다.

위치는 기존 경성부청과 소공로 철도호텔 인근의 대관정, 태평로 남대문소학교(지금의 상공회의소 자리), 〈경성일보〉사(지금의 〈서울신문〉 자리)와 그 뒤 국유지(지금의 프레스센터 자리)가 검토된다. 역시 보상비 등 재원이 걸림돌이었다. 하지만 총독부의 생각은 명확했다. 경복궁~총독부, 덕수궁~경성부청이라는 '통치기구 연담화聯擔化'에 방점을 찍은 것이다. 곧 대한제국의 중심이자 법궁

°1900년 이전 15~20만 명, 1910년 27만 명, 1930년 37.5만 명으로 추정된다.

°°위치를 정하지 않은 상태에서 '총독부는 지금의 경성부청 부지를 경성부에 양여하고, 경성부는 부 재원으로 신청사를 건립해 부지와 청사를 총독부에 기부'하는 조건으로 협의한다.

1886년 지어진 충무로의 일본영사관.
덕수궁 앞에 신청사가 들어서기 전까지 경성부청으로 사용되었다.

〈경성일보〉 옆자리에 들어선 경성부청 신청사.
완공 당시 '本' 자를 형상화했다는 말이 떠돌았지만 정작 설계자는 '弓' 자를 형상화했다고 말한다.

이었던 덕수궁을 거대한 일본 행정기관이 위압하는 경관을 연출하고자 했다. 또 일본식 공간배치의 특징인 '중심점 10리 이내에 주요 시설을 배치한다'는 원칙에 따른 것이기도 했다. 총독부는 〈경성일보〉 자리에 반지하 1층, 지상 4층 건물의 설계안을 1922년 마련해놓고, 제반 조건이 무르익기를 기다렸다. 물론 총독부 기관지인 〈경성일보〉사의 양보와 협의가 관건이었다. 경성도시계획연구회가 용산과의 거리를 고려해 차선책으로 남대문소학교 자리를 잠정 후보지로 결정하자 주로 북촌에 몰려 살던 조선인들이 반발한다. 5~6만 명에 불과한 일본 거류민을 위해 지나치게 남쪽에 편중되었다는 의견이었다. 〈동아일보〉〈조선일보〉도 거들고 나서면서 여론이 비등해지자 1923년 〈경성일보〉가 결국 터를 양보한다.

경성부청 신청사는 〈경성일보〉 옆자리에서 1924년 공사에 들어간다. 1924년 8월 23일 지진제를 지내고 10월 7일 기초공사를 완료하는데, 건물은 44만 4600원에 낙찰받은 오테라구미小寺組가 11월 18일 철근콘크리트 구조로 착공한다. 한강의 지형을 바꾼 을축년 대홍수 때 잠시 공사가 중단되기도 했지만 총독부 청사 건립과 연동되어 있기에 자재 수급이나 노동자 동원은 비교적 수월했다. 게다가 총독부 청사에 비해 과시나 치장이 덜한 사무용 공간을 건립하는 것이어서 난공사도 없었다. 공사 비용이나 공사 기간, 건축 의장 등 모든 요소에서 총독부 청사보다 한참 뒤처지는 수준이었다. 그러나 그리 내세울 게 없는 건축물을 당시 경성부청은 엄청나게 과장된 선전을 해대며 사람들에게 각인시켰다.

경성부청은 1926년 10월 30일, 연면적 8215제곱미터(약

근대가 세운 건축, 건축이 만든 역사

2485평) 규모의 건물로 준공된다. 총독부 낙성식과 일자가 겹치는 것을 피하려는 조치였다. 완공 당시 '本' 자를 형상화했다는 말이 떠돌았지만 정작 설계자는 '弓' 자를 형상화했다고 말한다. 건물은 해방 뒤에도 여러 차례 증축을 거쳐 연면적이 약 2만 제곱미터(약 6000여 평)까지 늘어난다.

남산의 일본공사관 청사는 통감관저로 사용되다가 강제병합 뒤에는 총독관저가 된다. 용산기지에도 러일전쟁 이후 군사비 잉여금으로 1908년 건축한 휘황찬란한 총독관저가 있었다. 그러나 용산 총독관저는 도심과 거리가 멀어 잘 이용하지 않았다. 너무 크고 화려해 유지비가 많이 들어 조선을 방문하는 일본 왕족이나 서양 귀빈을 위한 숙소 또는 연회장으로 간혹 사용할 뿐이었다. 이 건물은 한국전쟁 때 사라진다.

총독관저는 이후 경복궁 북쪽(지금의 청와대 자리)으로 건물을 새로 지어 이전한다. 그리고 이름을 경무대景武臺라 부른다. 본래 경복궁 중건과 함께 후원 신무문 뒤에 지어진 네 건물 중 하나가 경무대로 알려져 있다. 조선총독부가 이 건물들을 철거한 자리에 총독관저를 지으면서 경무대 이름을 가져다 쓴 것이다. 1937년 3월 22일 기공식을 연 총독관저는 야산을 포함해 17만 1900제곱미터(약 5만 2000평) 부지에 연면적 1861제곱미터(약 563평)규모로 1939년 9월 20일 건립된다. 총독관저의 완공으로 일제가 의도한 북악에서 경복궁, 남산을 향해 경무대~총독부~경성부청~조선신궁이라는 배열이 완성된다. 이 축선에 배열된 건축물들은 모두 폭압적 통치의 상징이었다.

총독관저였다가 한동안 대한민국 대통령의 집무실 겸 관저로 사용했던 경무대.
김영삼 정부 때 철거되어 지금은 남아 있지 않다.

지하 1층, 지상 2층의 총독관저는 정면 중앙에 사각기둥을 세운 포치를 두었고, 푸른 기와를 인 경사지붕에 각 창문 위쪽으로 홀루버Louver를 돌출시켰다. 7대 총독부터 해방 전 9대 총독까지 관저로 사용했고, 해방 뒤에는 미군정청 최고 책임관 하지John Reed Hodge 중장이 이어받아 역시 관저로 썼다.

대한민국 정부가 수립된 뒤에도 건물은 이름조차 바꾸지 않은 채 대통령 집무실 겸 관저로 계속 사용되었다. 일제강점기에 복무한 관료와 경찰을 그대로 물려받아 그 힘으로 나라를 분단시키고 권력을 유지했던 이승만이 망치를 들고 다니며 일제가 건물에 설치한 기물을 하나하나 부쉈다는 일화는 그저 웃음거리로 남아 있을 뿐이다. 4·19혁명으로 집권한 2공화국 대통령 윤보선은 '푸른 기와'를 이고 있는 건물이라고 해서 1960년 12월 30일 명칭을 청와대靑瓦臺로 바꾼다. 경무대라는 이름이 독재정권을 연상시킨다는 이유였는데, 더 진전된 사고와 행동은 뒤따르지 못한 듯하다. 1990년 지금의 청와대 본관을 신축하면서 기능을 완전히 잃은 건물은 1993년 10월 15일 철거되는 운명을 맞는다. 김영삼 정부는 옛 총독관저의 벽돌 하나 남기지 않았다. 일제가 파헤친 백악(북악) 능선을 보강한 뒤 그 자리에 '수궁 터'라는 표석만 세워두었을 뿐이다.

6장
─

거친 숨을 몰아쉬며
철마로 밀려온
근대
─

신문물을 처음 접한 사람이라면 누구나 비슷한 경험을 했을 것이다. 모든 게 낯선 생소한 물건 앞에서 당혹스러웠던 경험 말이다. 조선인들에게는 근대적 시·공감각이 신문물을 만난 것처럼 생경한 경험이었을 것이다. 그리고 그 감각들은 기차와 철도역, 시계탑으로 상징되는 기계들과 함께 그들 내면으로 스며들었다. 그 시점은 뜨고 지는 태양에 맞춰 살던 일상의 생활 양태가 기계에 의존하는 추상의 시간에 얽매이기 시작하는 변곡점이었다.

20세기 시작과 함께 제물포와 경성역(서대문역)을 잇는 41.4킬로미터 길이의 경인선이 개설되었다. 경인선은 걸어서 하루 반나절 거리를 단 두 시간으로 단축시켰다. 직선으로 쭉 뻗은 철로는 시감각의 변화를, 단축된 거리는 공감각의 변화를 심어놓기에 충분했다.

기차를 타려면 정해진 시간에 역에 도착해야 한다. 하지만 당시 사람들은 정확한 시간 개념이 없었기에 기차를 놓치기 일쑤였다. 다행히 제시간에 도착해도 차표를 끊은 뒤 대합실에서 개찰 시간을 기다려야 했고, 개찰구를 나선 다음에는 역무원의 통제와 정해진 규칙을 따라야 했다. 기차를 이용하려면 모든 걸 바꿔야 했던 것이다. 정해진 시간에 맞춰 움직이다 보니 사람들은 차츰 강박적 시간관념에 사로잡힌다. 느긋하던 걸음은 어느새 잰걸음이 되었다. 찰리 채플린의 '모던타임즈Modern-Times형 인간'이 탄생하는 순간이다. 스스로 근대형 인간으로 개조되어야 한다는 것을 당시 철도를 이용해본 사람이라면 누구나 느꼈을 것이다. 이렇듯 시공간을 점령해온 근대는 검은 연기 내뿜는 기차와 함께 참으로 잔망스럽고도 두려운 위협으로 다가왔다.

한반도의 첫 철도는 경인선이다. 물론 경인선이 개통하기 전에 전차가 먼저 다니긴 했지만, 이는 어디까지나 노면 전차였을 뿐이다. 철도 부설권은 막대한 이권이 걸린 사업이자 식민지 쟁탈전에서 우위를 점할 수 있는 핵심이었기에 식민제국들은 후진국에서 철도 부설권을 얻거나 빼앗으려 혈안이었다.

한반도 최초의 철도 경인선을 둘러싼 다툼

1883년 제물포항을 개항한 이후 조선은 한강 조운에 의존하던 물류 흐름을 육상으로 돌릴 계획을 구상한다. 바로 철도를 통해서다. 늦었지만 산업화와 근대화에 비로소 눈을 뜬 것이다. 그러나 일본이 호시탐탐 경인선 부설권을 노린다. 여기에 미국인 모스 James R. Morse까지 경쟁자로 등장한다. 모스는 '주조선 미국 전권공사' 직책을 가진 기업인으로, 미국 공사 알렌을 통해 지속적으로 조선에 철도 부설권을 타진한다. 그런 노력으로 1891년 3월 조선과 '경인선철도창설조약'을 협의하지만 결과적으로 무산되고 만다. 이듬해인 1892년 3월에는 '경부선철도부설조건'도 협의하는데, 일제 하수인으로 의심되는 정병하의 극렬한 반대로 역시 일이 틀어진다. 이때 모스는 여비와 체재비, 폐업 손실비 명목으로 거금 1만 원의 배상금을 조선 정부에 청구한다.

한편, 일본은 동학혁명과 청일전쟁을 빌미로 1894년 8월 20일 조선과 '조일잠정합동조관'˚을 맺고 경인선과 경부선 부설권을 빼앗듯 차지한다. 그런데 전쟁에서 승리한 일본이 청에 지나친 배상을 요구하면서 이듬해 삼국간섭이 일어나자 일본은 요동반도와 더불어 울며 겨자 먹기로 철도 부설권마저 포기해야 했다. 결국 아관파천이 일어난 때로부터 50일 뒤인 1896년 3월 29일 경인선 부설권은 모스에게 넘어간다. 이는 수년 전 조선 정부에 요구한 1만 원에 대한 대가일 수도 있고, 당시 고종을 보호하며 일본을 견제하던 러시아 공사 베베르의 지원이 한몫했을 수도 있다. 이런 영향이었는지 모스는 경인선 궤간으로 1524밀리미터의 러시아 광궤를

˚청일전쟁 때 8000여 군사를 출동시킨 일본은 1894년 7월 23일 경복궁을 불시에 점령한다. 이후 도발 행위에 대한 정당화와 내정간섭, 이권 획득(경부선, 경인선 철도부설권 및 전신선 설치·관리권, 목포항 개항 등)과 전쟁 수행을 위해 일본 공사 오토리大鳥圭介가 조선 정부에 체결을 강압하는데, 경복궁을 점령 중이던 일본군의 철수를 조건으로 8월 20일 조약이 체결된다. 총 7개 항목으로 구성된 불평등 조약이다.

염두에 둔다.

모스와 조선 정부는 '경인철도특허조관'을 체결하는데, 내용은 '미국 자본 유치, 1년 내 기공과 3년 내 준공, 한강에 인도교 설치, 다리 중앙으로 배가 다닐 수 있도록 가동교를 만들거나 형하고衡河高°를 높게 할 것'이었다. 계약대로 경인가도 인근 우각현牛角峴(지금의 도원역 인근)에서 1897년 3월 22일 기공식을 치르고 착공에 들어간다. 그러나 시작부터 자금난에 시달리던 모스는 비밀리에 러시아, 일본과 매각 협상을 벌인다.

일본은 경인선을 지렛대 삼아 경부선을 차지하려는 음모를 실행에 옮긴다. 미국인 투자자를 상대로 조선 정치가 매우 불안정하며 전쟁이 일어날 수 있다는 악의적인 소문을 흘려 미국인 투자자들이 투자금 회수에 나서게 만들었다. 모스는 극심한 자금난에 시달릴 수밖에 없었다. 설상가상으로 난공사 구간을 만나 사상자가 발생하고 기술적 한계마저 드러나자 부득이 모스는 철도 부설권을 완공 뒤 일본 경인철도인수조합京仁鐵道引受組合에 100만 달러에 넘기겠다는 계약을 1898년 5월 체결하고 만다. 모스는 계약에 따라 어떻게든 경인선을 준공하기 위해 노력하지만 방법이 묘연했다. 일본인 기술자의 방해도 극심했다. 결국 노반과 한강철교 교각 세 개만 완성된 상태에서 부설권을 일본에 넘겨준다. 경인선 부설권을 차지한 일본은 1899년 5월 '경인철도합자회사'를 세우고, 전면에 시부사와 에이이치渋沢栄一라는 인물을 내세워 착공식을 다시

°교량 상판과 물 표면 사이의 공간 또는 그 높이.

경인철도 기공식 사진.
결국 경인철도를 차지한 일본은 우여곡절 끝에 1899년 9월 18일 1차 개통을 한다.

연 다음 공사를 진행한다. 인천역에서 노량진역까지 33킬로미터 노선에 7개 역을 갖춘 경인선은 광궤 대신 1435밀리미터의 표준궤간을 채택하고 1899년 9월 18일 1차 개통을 한다.

하지만 일본은 한강철교에 투입할 자금이 넉넉지 않았다. 철교 공사를 홍수 핑계로 차일피일 미루더니 인도교를 설치할 수 없다며 일방적으로 조선에 통보한다. 또 공사비가 늘어났다며 생떼를 쓰기도 한다. 이런 우여곡절을 겪으며 1차 개통한 날로부터 10개월이 지난 1900년 7월 5일, 노량진역~용산역~경성역(서대문역) 구간이 가까스로 완성된다.

동북아시아에서 진행된 철도전쟁

러시아는 극동 진출의 교두보로 1860년대부터 시베리아횡단철도를 구상하고 있었다. 1887년 노선 측량을 마치고, 프랑스의 도움을 받아 1891년 마침내 착공에 들어간다. 시베리아횡단철도는 영국과 일본에게 엄청난 위협이었다. 이 때문에 만주와 한반도가 이들 식민제국 사이 다툼의 중심으로 부상한 것은 물론, 1902년 영일동맹이 체결되는 직접적 계기로 작용한다.

러시아 주도로 삼국간섭이 관철된 뒤인 1896년 6월 러시아와 청나라는 밀약을 맺는다. 그 대가로 러시아는 만주와 연해주 사이를 북동에서 남서로 관통하며 치타~하얼빈~블라디보스토크를 잇는 동청철도東淸鐵道 부설권을 얻는다. 아울러 동청철도 지선으로 만주를 동에서 서로 관통하며 하얼빈~심양~대련을 잇는 남만주철도와 대련을 항구로 개발할 25년 기한의 조차권마저 획득한다. 러시아가 부동항을 손에 쥔 것이다. 그러자 영국과 일본은 다급해진다. 일본은 1898년 4월 러시아와 '니시로젠협정'을 맺어 만주에서 러시아의 권리를 인정하되, 한반도에서는 자국의 이권을 챙기는 일시적 후퇴전략을 꺼내든다. 이 협정을 통해 경부선 부설권이 확실하게 일본 권리로 굳어져 그해 9월 일본에 넘어간다.

영국도 러시아와 1898년 4월 양자강 유역과 만주에서 상호 이권을 인정하는 '만양교환론'을 성사시켜 양자강 유역 철도 권익을 확보하고, 같은해 10월 북경~산해관~봉천(심양)을 잇는 경봉철도京奉鐵道 차관계약을 성사시킨다. 이로써 철도 부설권을 둘러싼 동북아에서의 경쟁과 쟁투가 일시적으로 힘의 균형 상태를 이룬다. 하지만 문제는 서울~의주를 잇는 경의선이었다. 이 싸움에는 프랑스까지 끼어든다. 철도 부설권은 그만큼 열강들이 노리는 실속 있는 이권이자 군사 진출의 교두보로서 꿀단지나 다름없었다.

그러나 각 식민제국은 기술적 차이를 보이고 있었다. 러시아가 채용한 철도는 광궤(1524밀리미터)로 표준궤(1435밀리미터)보다 넓었는데, 일본과 영국은 표준궤를 채용하고 있었다. 궤간 차이는 철도 차량은 물론 역사驛舍와 신호·통신 등 모든 기반시설과 운영시스템의 불가피한 차이를 가져온다.

일제의 야욕이 탄생시킨 경부선

일제는 1880년대부터 한반도 철도에 대한 구상을 시작했다.

그들은 철도를 통해 조선은 물론 대륙을 침략할 군사적 목적, 자국 생산품의 판매 루트이자 원료 수탈 루트로 활용할 경제적 목적, 이를 통한 식민지 확장이라는 정치적 목적을 동시에 추구한다는 야욕을 품고 있었다. 일제는 고종이 러시아공사관에 머물던 1896년 세 차례(4월 26일, 8월 10일, 11월 21일)나 경부선 부설권 승인을 촉구하는 문서를 보내온다. 1895년 삼국간섭으로 허망하게 놓친 경인선의 전철을 밟지 않기 위한 조급함이었다.

러시아와 '니시로젠협정'을 맺어 대외 여건을 충분히 구축한 일본은 대한제국을 압박한다. 경부선 철도를 일본에 넘겨주기 직전인 1898년 8월 3일자《고종실록》기사에는 농상공부대신 이도재의 변명 섞인 상소가 등장하는데, "이미 5년(1894년 조일잠정합동조관을 통해) 전 경부선 철도를 일본에 허가한 사실과 이를 압박하는 일본의 독촉이 드세다"는 내용이었다. 이해 4월에 열린 만민공동회에서는 남발되는 각종 이권에 대한 민중의 성토가 있었고, 8~9월에는 수구파 광무정권과 독립협회 사이가 극단으로 치달았다. 외부 요인과 내부 다툼 때문이었는지 급기야 광무정권은 15개 조가 담긴 '경부철도합동조약'을 체결하며 그해 9월 8일 일제 손아귀에 경부선 부설권을 넘겨주고 만다. '표준궤 철도가 지나는 토지는 한국 정부가 제공함, 건설자재는 관세를 면제함, 인력 90퍼센트는 조선인으로 함, 지선 부설권은 일본에 있음, 3년 내 착공과 10년 내 준공, 준공 15년 뒤 한국 정부가 매수하되 불가 시 10년 단위로 연장하고 제3의 외국인에게 주권 양도를 금지함' 등의 내용이 담긴 조약이었다.

일제는 일찍부터 경부선에 눈독을 들였고, 자기들 마음대로 조선 강토를 활보하며 불법을 자행하고 있었다. 일본 밀정은 이미 1885년부터 4년에 걸쳐 전 국토를 돌아다니며 지리와 인문 정보, 경제 현황, 교통 등을 은밀히 조사한 바 있다. 또 사냥꾼으로 가장한 철도 기술자가 일제의 비호 아래 경부선 철도 예정지를 답사하고 측량한 뒤 1892년 보고서와 도면을 일본 정부에 제출한 사례도 있었다. 이를 바탕으로 본격적인 한반도 침략이 자행된 1894년과 1899년, 1900년, 1901년 등 네 차례에 걸쳐 보완 조사를 시행했다. 그리고 일제는 실질적으로 전 국민을 동원하다시피 해서 1901년 6월 25일 반관반민의 '경부철도주식회사'를 설립한다.《고종실록》은 광무 5년(1901년 9월 21일)에 이 회사가 영등포에서 북부행 기공식을, 초량에서 남부행 기공식을 열었다고 기록하고 있다. 그리고 애당초 공주와 강경, 삼남을 아우르도록 계획했던 대한제국의 경부선 노선은 공사 진척 상황과 국제정세에 따라 여러 차례 수정되는 곡절을 겪는다.

러일전쟁이 임박하자 일제는 '경부선 철도 완성은 한 척 전투함을 만드는 것보다, 한 개 사단 병력을 증설하는 것보다 더 우위에 서는 일'이라며 1903년 12월 28일 '속성명령'으로 일 년 내 완공을 밀어붙인다. 이런 만행으로 철도가 지나는 곳 주변에 사는 민중들만 골병이 들었다. 땅과 물자는 물론, 노동력마저 착취당했기 때문이다. 고향을 버리고 유리걸식하는 이들도 속출했다. 광무 정권은 토지대금 마련에 허덕이면서 일본은행에 빚까지 진다. 러일전쟁을 위한 통과 시설로서 경부선은 그렇게 한국인의 뼈와 살을 발라 태어난 것이다. 기존 도시나 지역을 배려한 대한제국의 계획 노선을 완전히 무시한, 초량에서 대전을 거쳐 서울로 이어지는 최단거리 노선(431.13킬로미터)은 순전히 러일전쟁으로 말미암은 것이었다. 공사는 정확히 속성명령이 있은 때로부터 일 년 뒤인 1904년 12월 27일 마무리된다. 그러나 곳곳에서 자행된 부실 공사로 수많은 보수와 재시공이 뒤를 이었다.

개통식과 관련해 1905년 5월 25일 《고종실록》 기사는 "광무 7년(1903년) 11월에 경부철도주식회사가 경인철도합자회사를 매수해 경부선과 경인선 두 선로를 아울러 소유한 이후로 서울과 부산 간 선로 공사가 빨리 완공되어 본년 1월 1일부터 개업을 하였는데, 이에 이르러 경성 남대문정거장 구내에서 개통식을 거행하였다"라고 기록하고 있다.

경의선으로 촉발된 전쟁의 서막

러시아와 일본 쌍방에게 경의선은 한반도로 남하하는 통로이자 대륙으로 치받는 길이어서 반드시 걸머쥐어야 하는 이권이었다. 러시아는 남만주철도를 서울까지 연결할 구상을, 일본은 경의선을 만주까지 연장시켜 영국이 건설하는 경봉철도 영구營口역까지 연결한다는 영의철도(영구~의주)를 구상하고 있었다. 하지만 조선의 생각은 달랐다. 조선은 경의선 부설권을 1896년 5월 프랑스 피브릴Fives Lile 사에 준다. 또 그해 7월에는 '한국철도규칙'을 제정해 한반도 내 철도 규격을 표준궤로 삼는다는 방침을 세운다. 하지만 왕이 러시아공사관에 머물러 있는 상황에서 궤간이 그들의 영향으로 광궤로 바뀐다. 이에 미국과 일본이 반발해 다시 표준궤로 되돌리긴 했지만 이런 일련의 조치들은 일본의 우려가 현실이 되는 것처럼 보일 만큼 충분한 증거로 작용했다.

경의선 부설권을 얻은 피브릴 사는 투자자 모집에 실패하고 시간을 허비해 약속한 착공 일자(1899년 7월 이내)를 지키지 못할 상황에 처한다. 프랑스 자금을 투입해 시베리아철도와 동청철도를 건설 중이었던 러시아 역시 여력이 없었다. 이에 피브릴 사는 1899년 5월 일본에 부설권 양도 의사를 밝힌다. 넝쿨째 굴러온 호박이었지만 일본도 걸림돌이 여럿이었다. 경부선 건설 자금을 마련하는 데에도 허덕이던 상황에서 7월 이내 착공은 불가능에 가까웠기 때문이다. 결국 조선 정부는 6월 26일 피브릴 사에 계약 파기를 통고한다. 이즈음 경원선 부설권 싸움에 독일이 참여함으로써 한반도 북부 철도 쟁탈전은 식민제국의 각축장으로 변모한다.

조선 정부는 자력으로 경의선과 경원선을 건설할 계획을 세운다. 1899년 3월 조선인이 설립한 '대한철도회사'에 착공기한 5년을 조건으로 두 철도 부설권(6월 경원선, 7월 경의선)을 인가한 것이다. 조선 정부는 이 회사에 기술과 자본이 없다는 사실을 잘 알고 있었다. 이를 보완하기 위해 정부 기구로 1899년 9월 '서북철도국'을 설립하고 직접 시공에 나선다. 엄청난 재정난에도 불구하고 이용익이 주도해 피브릴 사의 측량 결과와 기술자를 승계받아 표준궤보다 좁은 협궤로 1902년 3월 한성과 개성 간 노반 공사를 시작한다. 하지만 자본과 기술이 없는 서북철도국이 원만히 공사를 완료하지 못하리란 전망이 지배적이었다. 이에 일본은 일본제일은행을 동원해 부설권을 가진 대한철도회사에 자금을 대여하는 방식으로 회사를 장악할 계획을 세운다. 서북철도국이 시공을 주도하는 상황이었고, 대한철도회사는 1904년 7월 이내에 착공해야만 권리가 인정되는 실정이었다. 예상대로 서북철도국이 주도하던 공사는 1903년 1월 중단된다.

한편 러시아는 1903년 2월 16일 경의선 부설권을 대한제국 정부에 요구한다. 일본은 물론 대한철도회사도 강력하게 반발하는 가운데 정부는 4일 만에 러시아의 요구를 공식적으로 거절한다. 이에 다급해진 일본은 1903년 3월 10일 대한철도회사와 출자계약을 성사시킨다. 서북철도국과 이미 시공된 노반 등 모호하던 권리 관계도 7월 13일 고종이 대한철도회사에 경의선 건설을 최종 인가함으로써 사실상 마무리된다.

일본도 사정이 여의치 않았다. 경부선과 경의선을 동시에 건설하는 것은 엄청난 부담이었기 때문이다. 이에 일본은 배후에서 착공기한 연장을 모의한다. 7월 16일 러시아가 거듭해서 부설권을 요구하지만 대한제국 정부는 자력으로 경의선을 건설할 것임을 밝히면서 다시 한 번 요구를 거절한다. 고종이 대한철도회사에 부여한 건설 구간은 한성과 평양 구간에 국한되었다. 평양과 의주 구간은 불명확했다. 대한철도회사와 서북철도국은 한성과 개성 구간은 대한철도회사가, 개성과 의주 구간은 추후 협상하기로 합의한다. 이에 초조해진 대한철도회사가 9월 8일 일본과 차관계약을 체결하자, 경의선과 경원선 부설권을 사실상 일본이 장악한 상황이 되어버린다. 일본에게는 평안도 용암포에 군사기지를 건설하며 도발하는 러시아가 유일한 걸림돌이었다. 이처럼 만주와 한반도 지역을 점령 거점으로 삼으려는 일본과 러시아는 더는 피할 수 없는 외나무다리로 향하고 있었다.

철도로 도드라진 동북아 쟁투는 마침내 1903년 10월 러일 협상으로 귀착된다. 1898년 5월 러시아가 획득한 남만주지선~압록강 구간의 철도 부설권은 일본의 영의철도 노선과 정면으로 충돌하는 계획 노선이었다. 일본은 영의철도와 경원선을 길림까지 연장하는 계획을 관철하기 위해 협상에 나선다. 하지만 수개월에 걸친 협상은 결국 1904년 1월 결렬되고 만다. 북위 39도 이북 한반도를 영구 중립지대로 설정하자는 러시아와 니시로젠협정처럼 만한 교환론을 내세운 일본 사이에 의견 차이를 좁히지 못한 것이다. 이는 피차 양보할 수 없는 만주와 한반도 지역에서 철도 접속 문제였고, 무력 거점 확보라는 실질적 식민지 쟁탈전이었다. 아울러 그간 이 지역을 두고 영국, 일본, 러시아, 프랑스, 독일이 벌인 다툼이 결코 합의에 이를 수 없는 패권 경쟁임을 재확인한 것이었다. 결과는 러일전쟁으로 이어졌다.

침략의 전초기지로 부상하는 용산역

러일전쟁 개전을 즈음해 일제는 경의선을 군용철도로 부설하기 위해 1904년 2월 21일 서둘러 '임시군용철도감부'를 설치한다. 그리고 이를 4월에 명칭이 바뀌는 한국주차군사령부의 사령관

용산역 앞에 들어선 통감부 철도관리국.
용산역은 한반도는 물론 대륙 침략을 위한 전초기지 성격으로 만들어졌다.

예하로 전속시킨다. 경의선은 이렇게 러일전쟁 와중에 일본 군대에 의해 '군용철도'로 부설된다. 철도 건설 과정에서 일제가 저지른 만행은 목불인견이었다. 토지와 노동력 수탈은 예사였고, 공사장 주변의 물자와 식량을 빼앗았으며, 심지어 부녀자 겁탈도 무시로 저질렀다. 토지를 빼앗겨 항의하는 백성을 총살하는 만행도 일상으로 저질렀다. 그 잔학상이 가혹하고 극심해 철도 건설에 반대하는 조선인의 항일 투쟁을 촉발하는 계기가 되기도 했다.

총 길이 518.5킬로미터의 경의선은 러일전쟁이 끝난 뒤인 1906년 4월 3일 운영을 개시한다. 경부선과 경의선을 연결하는 일은 한반도 동남부에서 서북부를 잇는 철도 축의 완성을 의미했다. 1906년 9월 1일 관리권은 통감부 철도관리국으로 이관된다. 강제병합 후 일제는 경의선을 통해 만주로 세력권을 확장시킨다. 1911년 압록강철교가 가설되고 안봉선 등 남만주철도를 표준궤로 개축함으로써 부산에서 출발한 열차가 봉천이나 장춘까지 직통으로 달릴 수 있게 되었다. 중일전쟁으로 일제의 세력권이 중국 본토까지 확대되는 1930년대에는 동아시아 철도가 일제의 의도대로 재편된다. 국제 물류도 활발해져 경의선과 남만주철도, 시베리아철도를 경유하는 유럽행 열차표가 판매되기도 했다.

지금의 서울역이 완성(1925년)되기 전까지는 용산역~수색역 구간이 경의선의 주 구간이었다. 경성역~신촌역~수색역을 연결하는 지선은 1919년에 건설되어 운행을 시작했으므로, 서울역이 완공되어 주 운행 구간이 바뀌기 전까지 시발始發역 기능을 용산역이 맡고 있었던 것이다. 용산역은 1900년 경인선이 완전히 개통될 때 영업을 시작했고, 뒤이어 1905년 경부선과 1906년 경의선, 1914년 호남선과 경원선이 개통될 때도 모두 시발역 기능을 담당했다. 1906년 용산 군사기지 건설도 경의선 개통을 즈음해 용산역을 중심에 두고 시작되었다. 곧 용산역은 한반도는 물론 대륙 침략을 위한 전초기지로서 대규모 조차장操車場으로 만들어진 것이다.

용산역 역사의 규모는 처음에는 25제곱미터(7.5평)의 판잣집에 불과했지만, 이후 경부선과 경의선의 기점이 되면서 막중한 역할을 담당할 필요가 생기자 임시군용철도감부는 1906년 11월 1일 2~3층 목조건물을 신축한다. 연면적 1587제곱미터(약 480평)로 당시로서는 엄청난 규모였다. 역사는 목조 기반의 지역주의를 채택한 설계로 주목을 받았다. 같은 시기 석조로 지은 바로크나 고딕 양식, 로마네스크 양식과는 차별되는 지점이다. 당시 사진을 살펴보면 서양풍 건축물을 동양적으로 배치했다는 점에서 동서양의 혼성이었으며, 사각 프레임이 둘러싼 트레포일Trefoil°은 전통과 현대적 요소가 잘 어우러진 모습이었다. 또 고전주의 비례방식을 콜롱바쥬°° 구조로 표현했다는 점에서 서양 메이저 양식과 지역주의 양식이 섞여 있음을 알 수 있는 건축물이었다.[33] 옛 역사가 사라진 시기가 언제인지는 불명확하다. 일제강점기 말기(1940년대)에서 해방 이후 몇 년 사이(1949년)로 추정할 뿐이다.

용산역 앞 광장은 역사 건축을 주도한 일제의 임시군용철도

°클로버 같은 삼엽형三葉形 장식.
°°목골조의 하나로 동물 뼈가 서로 맞물리듯 자재 이음을 짜 맞춰 건물을 짓는 건축양식.

감부가 만든 것이다. 이는 용산기지 군사시설과 용산역을 연계하는 병참기지화 전략에 따라 화물 적재와 운반, 대규모 군사의 집결과 숙영이 가능하도록 대비한 시설이다. 1920년대 초반에 이르러 용산역이 포화에 이르면서 경성역 신축안이 입안되는데, 경성역이 완공되고 여객 수요가 옮겨가자 용산역은 오로지 군사 전용 역으로 남게 된다.

뒤바뀌는 철도 기점

대한제국이 의도한 경인선 시발역은 지금의 경찰청 맞은편, 곧 돈의문 남쪽에 있었다. 이곳이 원래 경성역이었다. 입지는 대한제국 정궁으로 자리매김한 경운궁과 가까웠고, 노면전차와 직결되어 환승이 편리했다. 그런데 경인선 건설 중에 일제는 노골적으로 지금의 서울역과 염천교 사이에 있던 남대문정거장의 부속 토지를 징발하겠다고 한성부에 요구한다. 남대문정거장을 철도 기점으로 삼으려는 의도였다. 이는 위치상 남산에 있는 일본공사관과 가깝고, 주로 청계천 이남에 거주하는 일본 거류민을 염두에 둔 조처였다. 이에 일제는 1899년 한성부를 겁박해 36만 4000제곱미터(약 11만 평)를 수용하려 한다. 그런데 황실과 백성들이 들고일어났다. 지맥을 끊고 정조대왕의 수원화성 능행길을 훼손한다는 이유였다. 결국 수용 부지는 17만 1300제곱미터(약 5만 1819평)로 축소된다. 총 보상비 15만 3000원마저 일제가 차관 형식으로 대한제국 정부에 떠안긴다.

옛 남대문정거장. 남대문정거장은 이후 한반도 철도의 기점 역할을 하게 되면서
1923년 1월 경성역으로 탈바꿈한다.

경부선 부설권을 강탈해간 일제와 그 자본가들이 설립한 경부철도(주)가 경인철도(주)와 합병하면서 일제는 남대문정거장을 경인선과 경부선의 중심역으로 삼을 의도를 드러낸다. 러일전쟁 때 체결된 '한일의정서'로 1904~1906년 남대문정거장 인근의 광대한 토지를 헐값에 징발해간 일제는 서둘러 경부선을 개통하고, 1905년 3월 경성역의 이름을 서대문역으로 바꾼다. 용산역에 조차장을 건설해 전쟁과 대륙 진출을 위한 중심 기능을 부여하고, 여객과 화물 운송은 남대문정거장으로 분담시킨 것이다.

강제병합 후 일제는 한반도 철도 운영을 남만주철도(주)에 맡기는데, 한반도와 만주를 잇는 병참선을 관리하기 위한 차원이었다. 그리고 1919년 3월 서대문역을 폐쇄하고, 1919년 6월 남대문정거장에서 연희동을 지나 경의선 수색역을 연결하는 지선을 완공한다. 이로써 남대문정거장이 한반도 철도의 기점 역할을 하게 된 것이다. 그러고는 1923년 1월 남대문정거장 이름을 경성역으로 변경한다.

식민 통치 축에 앉은 경성역

1912년 일제가 수립한 '경성시구개수'가 충무로 일대 일본인 거류지를 위한 것이었다면, 1919년 개정된 시구개수는 본격적인 식민 통치의 기반을 닦기 위한 것이었다. 식민 지배 5주년을 기념해 개최한 '조선물산공진회'는 경복궁 전각을 헐고 총독부 청사를 경복궁 안에 짓기 위한 포석이었으며, 광화문과 남대문에 이르는 길인 태평로는 1914년 이전에 폭 27미터를 확보해둔 상태였다.

일제는 이 길을 경성의 상징 가로로 만들어 식민 통치의 권위를 드러내려는 계획을 실행에 옮기기 시작한다.

총독부~경성부청~철도호텔~조선은행~조선신궁~경성역~용산역~용산기지를 잇는 통치 축이 이때 구상되었다는 추론은 그래서 매우 설득력을 갖는다. 이를 뒷받침하는 일들이 1920년대 중반까지 순차적으로 일어났기 때문이다.

경성역사 건설은 철도의 운영 주체인 남만주철도(주)가 맡는다. 경성역 설계자가 누구였는지는 구체적으로 밝혀진 게 없지만 동경대 교수인 츠카모토 야스시塚本靖가 입면도를 소장하고 있는 점으로 미루어 그가 관여했을 개연성이 높다. 경성역은 알려진 대로 동경역이나 암스테르담역, 헬싱키 중앙역을 모방해 설계된 것이 아니라 1896년 건립되어 1971년 소실된 스위스 '루체른역'에 그 뿌리를 두고 있다는 게 정설이다.

역사는 철근콘크리트로 만들어졌다. 처음에는 외벽을 붉은 타일과 화강석, 인조석으로 마감했지만, 지금은 붉은 회벽으로 바뀌어 있다. 바로크와 르네상스풍을 혼합한 외관에 중앙에 4각 돔을 얹었으며, 균형 잡힌 좌우 대칭형의 권위적인 평면구성을 하고 있다. 층을 구분하는 화강석 띠 장식은 철도 이미지에 어울리게 직선으로 처리했다. 1~2층 통층인 대합실은 3면에서 빛이 들어오도록 설계했는데, 천장은 태극 문양 스테인드글라스로 대체되었다. 역사는 역 광장에서 보면 2층이고, 선로에서 보면 3층이다. 지하에는 역무실이, 1층에는 대합실과 사무실이, 2층에는 당시 장안에서 가장 호사스러웠다는 '그릴'이라는 양식당과 '티-타임'이라는 다실,

1925년 9월 준공된 경성역.
지금은 공연이나 전시회를 개최하는 문화복합공간으로 사용되고 있다.

귀빈실과 이발소 등이 자리했다. 양식당 그릴의 한 끼 식사비는 3원 20전이었는데, 당시 쌀 한 말이 70~80전 하던 시절이었으니 이 식당을 이용한 부류가 누구였는지는 짐작이 간다. 일본인 관료와 친일파들이 주류였을 것이다.

역사는 공사 기간을 2년으로 계획하고 1922년 6월 착공했지만, 관동대지진으로 공사비가 삭감되면서 공기 연장이 불가피했다. 1925년 9월 30일 준공된 역사는 승강설비와 스팀장치, 벽난로까지 갖춘 초호화 역사였다. 경성역 완공은 조선신궁 완성과도 궤를 같이한다.

일제의 마지막 발악으로 건설된 수색 조차장

일제가 전쟁 도구로서 끝까지 포기하지 않았던 교통수단이 바로 철도였다. 그 흔적은 한반도 곳곳에 아직도 남아 있다. 경의선 수색역 인근의 '수색 조차장(지금의 수색 철도기지창)'도 그중 하나다. 이 시설은 일제의 패망으로 건설이 중단되고 마는데, 당시로서는 엄청난 금액인 1300만 원의 예산이 집행된 공사였다. 이를 확인할 수 있는 설계도면이 의왕 '철도박물관'에 남아 있다. 수색 조차장은 1937년 7월 7일 시작된 '중일전쟁'을 수행하기 위한 군사 및 물류 배후기지였다. 일제는 용산역과 용산기지 복사판을 수색에 추가로 만들려 한 것이다.

부산, 평양과 더불어 한반도의 3대 조차장으로 건설하려던 수색 조차장은 내부 선로 길이만 무려 130킬로미터에 이르는 엄청

일제가 만든 쌍굴 가운데 상부선(위)과 하부선(아래).
상부선은 육군창고에서 각종 물자를 실어오는 선로였다. 지금은 일반 도로로 이용되고 있다.

난 규모였다. 시설만 봐도 어안이 벙벙할 정도다. 조차장 내에는 기관구, 기차고 등 운송에 필요한 모든 시설이 계획되어 있었다. 항공대학교 인근에는 현재 육군이 부대로 사용 중인 곳이 있는데, 바로 그곳에 '일본군 육군창고'가 있었다. 육군창고는 대륙 침략에 필요한 폭탄, 탄약, 피복, 식량, 유류 등 각종 물자를 보관하는 곳이었다. 대규모 군사기지는 경의선 화전역 너머 육군 30사단이 사령부로 사용하던 곳에 있었다. 군 주둔과 각종 전쟁물자 보급이 가능한 체계를 이곳에 집중해 만들려 한 것이다. 이 시설의 규모와 기능, 배치 상황을 보면 일제는 식민 지배와 그들이 추구하는 군국주의가 영원할 것이라고 판단했는지도 모른다.

서울 은평구 수색과 고양시 덕양구 덕은동 경계에는 당시 건설된 1킬로미터 길이의 쌍굴이 아직도 남아 있다. 상부선은 육군 창고에서 각종 물자를 실어오는 선로였다. 이렇게 가져온 물자는 조차장에서 다른 열차에 옮겨 실어 대륙으로 운반했다. 하부선은 화전역을 경유해 평양으로 향하는 선로였으며, 한강변 '당인리 발전소'에 석탄을 공급하는 역할까지 겸했다. 결국 수색~평양~신의주~만주로 연결되는 철도 보급로를 통합 관리하는 기능을 수색 조차장에서 수행하려 했던 것이다. 현재 상부선은 자동차가 다니는 도로로 이용 중이고, 하부선은 폐선 철로가 놓인 그대로 방치되어 있다. 항공대학교 인근 둔덕에는 당시 조차장 건설에 강제로 동원되었다가 목숨을 잃은 무연고자 묘지도 남아 있다.

오래된 낯선 공간

옛 서울역사 앞에는 주먹을 불끈 쥐고 오른손에 수류탄을 든 채 결연한 표정을 한 동상 하나가 서 있다. 왈우 강우규 의사다. 연해주 부근에 망명해 독립운동을 하던 강우규 의사는 3·1운동 이후 무장투쟁의 필요성을 절감한다. 그해 신임 총독이 부임한다는 소식을 듣고 7월 러시아인으로부터 영국제 수류탄을 구해 블라디보스토크에서 원산을 거쳐 8월 경성에 잠입한다. 그러고는 9월 2일 사이토 마코토齋藤實 총독이 남대문정거장에 도착해 마차에 오를 때 수류탄을 던진다. 그러나 신문기자와 수행원, 일본 경찰 등 37명의 사상자를 냈을 뿐 총독은 화를 면한다. 수류탄이 제 성능을 발휘하지 못한 탓이다. 거사 뒤 현장을 빠져나와 여기저기 피신을 다니다가 9월 17일 일제 앞잡이에게 붙잡혀 1920년 11월 29일 서대문형무소에서 죽음을 맞는다. 의사 나이 65세였다.

일제강점기 경성역에서 남쪽으로는 쌀과 수탈된 원료가 실려 나갔고, 북쪽으로는 수많은 무기와 군인, 군수품이 이동했다. 부산으로 끌려간 나라 잃은 황실 가족은 볼모가 되어 배를 타야 했고, 강제 노역에 징발된 민중과 일본에 공부하러 간 수많은 유학생은 그곳에서 대한해협을 건넜다. 신의주를 향해서는 항일무장투쟁을 벌이려는 수많은 지사가 출발했고, 가진 것 없는 농민들은 만주에서 땅을 일구려고 맨몸으로 기차에 올라탔다.

해방 이후인 1947년, 경성역은 서울역이라는 이름으로 다시 태어난다. 한국전쟁이 끝나자 많은 사람이 서울로 몰려들었다. 배

곯는 가난 때문에 또는 공부하기 위해 또는 일자리 찾아 무작정 기차를 타야 했던 사람들이다. 그때마다 처음 대하는 공간이 황량한 서울역 광장이었고, 그곳에서 마주한 낯섦에 무척 당혹스러워했다. 또 그곳은 촌뜨기로 혹은 공돌이·공순이로 천대받으며 살아내야 했던 강퍅한 시공간에서 눈빛보다 마음을 먼저 움츠러들게 만들었던 오래된 공간이다.

한반도를 전쟁의 전진기지 삼아 만주와 중앙아시아, 러시아를 거쳐 유럽에 닿고자 일제가 도발적으로 만든 국제 기차역 서울역은 이제 오롯이 우리 몫이 되었다. 그러나 70여 년 넘게 끊어진 허리는 그대로여서 대륙을 향하도록 기획된 서울역의 유전자는 고사 직전에 놓여 있다.

근대성이 이식시킨 시공감각은 점점 자라나 모든 게 빛의 속도로 소비되는 초고속사회를 잉태시켰다. 철도가 이식시킨 근대공간에서 우리가 극복해내야 할 것은 무엇이고 찾고 이어가야 할 것은 또 무엇일까.

1920년 만들어진 경의선 신촌역도 유사한 풍경이다. 서울역의 완공으로 주 운행구간이 바뀌기 전까지 경의선 지선의 시발역이었다. 이 집은 오늘도 얌전하게 자리를 지키고 있다. 한적한 시골 간이역을 연상시킨다. 거대하게 지어진 신식 역사에 밀려 한구석에서 동그마니 외떨어진 집을 바라보고 있으면 측은함을 넘어 가슴 한구석이 아프고 시리다. 만주로 떠나야 했던 수많은 독립운동가와 전답과 재산을 앗긴 민중이 이 작은 역에 뿌리고 간 한숨과 아픔은 얼마일까. 작은 역에 갇힌 피눈물과 두려움을 그 집은 고스

근대가 세운 건축, 건축이 만든 역사

란히 담아 안고 있다.

우리는 통일을 갈망한다. 통일은 곧 연결이면서 변화이고 회복이다. 경의선은 다행히 통일을 예비하고 있다. 그렇게 된다면 가장 바쁘게 변화할 철길이 바로 경의선이다.

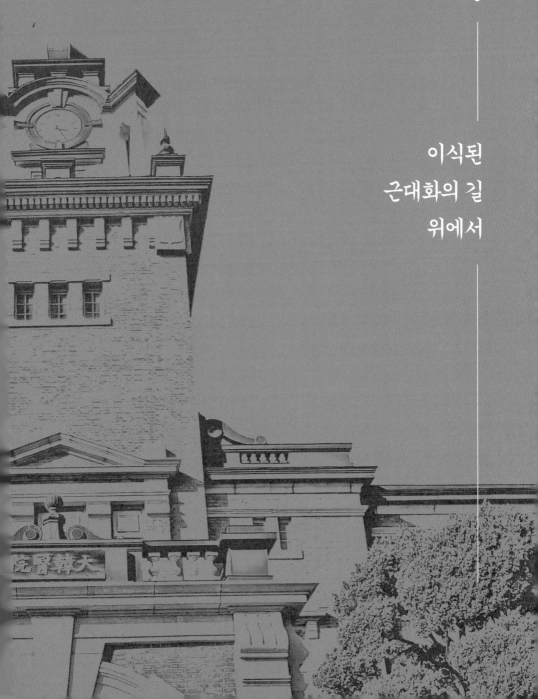

7장

이식된
근대화의 길
위에서

신무기를 만들어 힘을 키우려는 노력

1879년 7월 청나라 이홍장李鴻章에게서 편지 한 통이 날아온다. 일본과 러시아를 견제해야 하며, 신무기를 만들고 군사를 훈련시켜 방비를 튼튼히 하라는 당부였다. 조선에 대한 지배권을 재확인하는 내용이었지만 신무기 제조에 관한 첫 논의이기도 했다. 일본의 견제가 거슬리긴 했지만 고종은 김윤식 등 젊은 개화파에게 이 일을 맡긴다.

이듬해 7월 변원규가 자문咨文을 들고 천진에 있는 이홍장을 찾는다. 자문은 "청은 무기가 정밀하고 예리하여 천하에 위력을 떨치는데, 천진 창廠은 사방에서 정교한 공인들이 모이는 곳이자 각국의 신기한 기술이 집중된 곳이니, 재간 있는 조선인을 유학시켜 신무기 제조법 배우기를 진정으로 소원한다"는 내용이었다.

변원규는 중국어는 물론 문장에도 능했다. 그는 이홍장과 네 개 조의 '조선국원변래학제조조련장정朝鮮國員辨來學製造操練章程'을 체결하고 유학생을 파견할 수 있도록 조치한다. 신무기 제조기술을 익히고 군사훈련을 겸할 길이 비로소 열린 것이다. 변원규는 천진 기기국機器局과 제조국製造局, 군기소軍機所와 서고西沽의 무기와 화약을 두루 견학한다.

고종은 1881년 2월 신무기 제조법에 관한 모든 절차를 갓 설립된 통리기무아문이 맡아 처리하라 명한다. 하지만 통리기무아문의 움직임과 세세한 정보는 친일파를 통해 곧 일본공사관으로 흘러 들어간다. 같은 달 통리기무아문은 신무기 제조법을 배우기 위해 보내는 사신을 '영선사領選使'라 일컫고, 유학생을 보내는 것과 함께 교관을 초빙하는 방안 등을 고종에게 보고한다. 그리고 김윤식이 영선사로 임명된다.

그해 9월 영선사 일행이 유학생 69명을 데리고 청나라로 향한다. 그들은 병장기 만드는 천진 기기국 두 곳에 배속되어 무기 제조기술을 익힌다. 하지만 유학생들의 천진 생활은 그다지 안온하지 못했다. 풍토병에 걸려 조기 귀국한 이도 있었고, 나라에서 뒷받침하는 재정이 열악해 배움마저 신통치 못했다. 비판도 매서웠다. 사직 상소를 올린 좌의정 송근수는 군인들 급료도 주지 못하는 열악한 나라 사정을 한탄하면서 이런 상황에서 국비 유학생이 웬 말이냐며 읍소했다. 그의 염려와 우려, 매서운 비판은 곧 현실이 되고 만다.

1882년 일어난 임오군란으로 도성이 쑥대밭이 되자 진압에 나선 청군은 이태원 등지에서 무자비한 살상을 벌였다. 대원군은 청으로 끌려가고, 나라는 일본과 '제물포조약'을 체결해야 하는 처지로 내몰린다. 이를 계기로 청과 일본의 내정간섭은 더욱 노골화한다.

김윤식은 현실을 올곧게 직시했다. 나라 재정은 몹시 열악했고, 내부 분열과 외세의 참견, 간섭이 극심했기에 대포나 군함 같은 대형 무기를 제조할 능력이 없다고 판단한다. 이에 장차 만들어질 기기국 규모를 염두에 두고 급하게 전략을 수정한다. 유학생들이 당장 이룰 수 있는 기술부터 익히도록 조치한 것이다. 손기술로 만들 수 있는 탄약이나 화약, 소총 같은 작은 무기 제조에 학습 역점을 두었다. 어느 정도 학습이 되면 얼마 남지 않은 유학생들을 조기에 귀국시키고, 따로 기계를 사들여 국局을 설치한 다음 신무기를 제조할 생각이었다. 원대한 꿈을 꾸며 69명의 유학생을 데리고 떠난 지 불과 일 년 남짓이었다.

기기국의 탄생과 한계

제물포조약 체결 이후 일본 군대가 한성에 주둔하고, 친일 여론이 잦아든 자리를 청나라 세력이 파고들어 득세하면서 상황은 점점 어려워졌다. 임오군란에 대한 사과 사절로 일본을 방문한 젊은 관료들은 그들에게 포섭당하고 마는데, 이는 훗날 갑신정변의 도화선이 된다.

영선사 종사관 김명균은 1883년 3월 천진에서 공장 지을 건축가와 설비 담당 기술자 네 명을 초빙한다. 고종은 5월에 기기국 설치를 명하면서 각각 네 명의 총판과 방판을 임명하고, 숲이 우거져 왕래가 뜸한 경복궁 근처 삼청동(지금의 한국금융연수원 자리)을 장소로 정한다. 유학생들도 과학과 기술 서적, 설계도와 기기 모형을 들고 속속 입국한다.

기기국 건축은 그해 8월 시작된 것으로 추정된다. 그러나 김명균이 기기국에 쓸 각종 기기를 중국에서 사들이긴 했지만 건물 완공이 난망이었다. 조선은 벽돌을 쌓아 집을 짓는 기술이 부족했다. 중국인 공장工匠 10여 명이 조선인을 가르쳐가며 건축을 독려하는 상황이었고, 무기 제작에 필요한 설비의 설치 역시 전적으로 중국 기술자에 의존해야 했다.

기기국은 분리된 다섯 건물로 계획되었다. 거푸집에 쇳물을 부어 무기를 만드는 번사창飜沙廠, 탄소량 조절로 더 강한 쇠를 만드는 숙철창熟鐵廠, 나무를 다루는 목양창木樣廠, 총신 등을 만드는 동모창銅冒廠과 고방庫房이다. 각 창은 감동이 독립적으로 관리하고 방판이 총괄하는 직제였다. 실록은 1884년 6월 20일에 기기국 각 창이, 1887년 10월 29일에는 기기창機器廠이 완공되어 기기국 설치를 마무리지었다고 기록한다.

홀로 남은 번사창

다섯 건물 가운데 지금은 번사창 건물만 남아 있다. 나머지는 사라진 시점이 불분명한데, 청일전쟁 때 파괴되었다는 게 중론이다. 2015년 발굴된 건물군 흔적에서 나머지 건물도 번사창과 유사한 규모였다는 게 확인되었다. 남아 있는 번사창을 일제는 세균 검사실로, 미군정청은 중앙방역연구소로 사용했다. 그 후 한동안 방치되다가 1984년 5월 31일 개수에 들어간다. 개수작업 때 25명의 건립위원과 11명의 기술자가 참여한 내용이 적힌, 이응익이 비단에 쓴 상량문이 발견되었는데 "엎드려 생각건대 무기를 저장코자 반석 위에 정하고 쇳물을 부어 흙과 합쳐 건물을 지으니 이를 번사창이라 하였다. 칼·창 등 정예한 무기를 제조·수선·보관하는 건물은 으뜸가는 수준으로 지어야 한다"는 내용을 담고 있었다.

기기국 터는 약 1만 9000제곱미터(약 5748평)로 상당한 넓이다. 남아 있는 번사창 건물은 10미터 높이에 가로 25.6미터, 세로 8.5미터 규모로 청나라풍이다. 천진 기술자들이 건축했으니 당연한 귀결이다. 건립 당시 청나라의 정치·경제적 영향력이 남아 있었음을 건물은 확인시켜준다. 지붕에는 채광과 환기 용도로 한층 높게 낸 고측창高側窓을 두었는데, 무기를 제조하는 건물 용도에 맞게 작업 중에 발생하는 열과 먼지, 오염된 공기를 배출시키는 장치다. 토대는 층계나 축대를 쌓는 방식의 길게 다듬은 장대석과 벽이나 돌담 등을 쌓을 때 사용하는 육면체의 사괴석을 섞어 다졌다. 토대 위에 진회색 벽돌을 이중으로 쌓아 벽체를 만들었고, 붉은 벽돌은 각각의 출입문에 장식된 원기둥꼴의 방추형 띠를 이루고 있다. 벽돌 크기는 가로 25센티미터, 세로 5센티미터로 요즘 벽돌과 다르다. 벽체 중간에 모양이 다른 커다란 여닫이 창문을 두어 계절에 맞춰 이용한 흔적도 엿보인다.

아치형 정문은 화강암으로, 두 개의 아치형 측문은 벽돌로

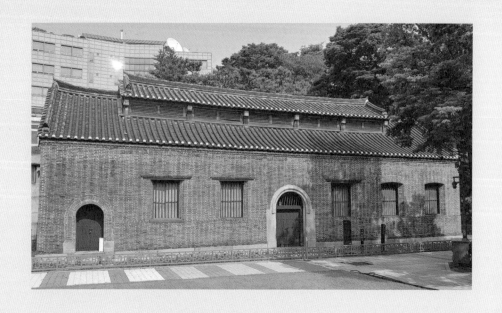

지금의 한국금융연수원 한쪽에 홀로 남아 있는 기기국 번사창 건물.

되어 있다. 지붕과 고측창에는 나무로 짠 삼각 트러스를 일정 간격으로 거치시킨 뒤 그 위에 한옥 형식을 절충한 맞배지붕 기와를 얹었다. 지붕 끝이 벽면에서 짧게 잘려나간 서까래 없는 서양풍이다. 트러스와 벽돌 벽이 만나는 부분은 못으로 결합하거나 벽면에 그대로 끼워 넣어 간결하게 처리했다. 장식 없이 간결한 서양식을 모방한 중국식 건축기술이 한옥 지붕과 절묘하게 어우러진 것이다.

번사창이 완성되고 반년 뒤 일어난 '갑신정변'은 3일 만에 막을 내린다. 그 결과 '한성조약'이 체결되고, 일본은 침략 의도를 더욱 노골화한다. 신무기를 만들어 힘을 키우려던 조선은 점점 더 깊은 수렁으로 빠져들고 만다.

근대국가를 향한 노력과 공업전습소 건립

"한 해 계획은 곡식을 가꾸는 것이고, 십 년 계획은 나무를 심는 것이며, 평생 계획은 사람을 키우는 것이다一年之計 莫如樹穀 十年之計 莫如樹木 終身之計 莫如樹人"라는 말이 있다. 교육의 중요성을 강조하는 말이다. 이처럼 한 국가의 미래는 교육에 달려 있다 해도 과언이 아니다. 따라서 교육은 철저히 국가가 주도해야 한다는 게 근대 이후의 상식이다. 국가의 장래 계획에 부합하는 인재를 육성하는 일이기 때문이다. 공교육이 그만큼 제자리를 굳건히 지켜야 하는 이유이기도 하다.

근대 이전 조선의 교육은 전적으로 유교에 의존하던 체제로, 지배계급이 세습·독점하는 차별적 재생산구조였다. 고려 말부터 뿌리 깊은 차별을 당연시하던 지배계급이 전유한 사농공상士農工商이다. 이는 대를 잇는 계급으로 굳어져 동일 계급 내에서 그에 걸맞은 교육을 세습시키는 사회구성체를 형성했다. 나아가 이는 성리학 바탕의 조선 지배담론으로 굳어졌다. 이런 지배담론은 과학과 기술, 공학과 실업의 발전을 근원적으로 막아서는 뿌리 깊은 장벽이었다. 국가의 발전을 담보하는 공학과 과학기술 교육의 중요성을 나라는 공허한 지배담론에 가둬둔 채 오랫동안 간과하고 있었던 것이다. 18세기에 이르러서야 국가가 아닌 북학파가 주도한 '실학'이 어렵게 태동한다.

일제 우민화 전략의 도구로 전락한 공업전습소

혜화동 대학로에 서면 학자처럼 도열한 굵은 나무들이 이곳이 캠퍼스였다는 걸 상기시킨다. 경성제국대학 법문학부 교정이었던 대학로 마로니에공원 옆에는 독특한 모양의 건축물이 있는데, 마치 책을 켜켜이 쌓아놓은 듯한 하얀색 외관의 2층 건물이다. 서양 건축양식을 모방한 의양풍擬洋風이라 부른다. 목조로 지어진 건물은 100년이라는 시간을 훌쩍 넘겼는데도 제 기능을 하며 여전히 숨 쉬며 살아 있다.

조선은 갑오개혁 때 학무아문을 설립한다. 학무아문은 학제를 소학교, 사범학교, 전문학교, 대학교로 구성하고 이듬해 '교육입국조서'를 반포해 근대적 학제의 기틀을 마련한다. 자주적 근대화의 미래를 담보할 인재 양성이 목표였다. 이후 대한제국은 광무개혁을 통해 1899년 '의학교, 중학교, 상공학교' 설립을 반포한다.

이 가운데 상공학교는 명동 2가에 설립되었다가 수송동 제용감 자리로 옮겨가는데, 예산 부족으로 온전하게 운영되지는 못했다. 그 뒤 1904년에 이르러서야 일본에서 차관을 빌려 가까스로 입학생을 선발할 수 있게 된다. 이때 조선어, 한문 강독, 작문 시험을 거쳐 17~25세 젊은이 80명(공과 50명, 상과 30명)을 뽑는다. 교과에 농업을 추가해 학교는 예과 1년, 본과 3년의 4년제 '농상공학교'로 변신했고, 외국인 전문 교관을 초빙하는 등 열의 있게 출발했다. 공학과 과학기술 인재를 양성해 부국강병의 길로 나아가려는 노력이었다.

하지만 대한제국이 의도한 교육계획은 을사늑약으로 급속히 일제에 흡수된다. 일제는 '우민화 바탕의 황국신민화와 단기 교육을 통한 식민본국의 지원인력(단순기능인) 양산'이라는 교육 목표를 세우는데, 곧 조선에서 식민지 경영을 뒷받침할 하급 인재를 키워내는 게 주된 목표였다. 이때 광무학교와 철도학교, 우무학당과 전무학당 등 신교육 기관이 폐지되는 운명에 처한다. 황국신민화와 우민화라는 교육개량안 원칙에 따라 농상공학교 역시 첫 졸업생을 배출해보지도 못하고 1906년 세 분야로 나뉘고 만다. 상과는 선린상업학교로, 농과는 수원농림학교로 바뀌었고, 공과는 동숭동에 자리한 전환국 산하 기계시험소로 이전돼 2년 6학기의 '공업전습소(목공[건축], 도기, 염직, 토목, 금공, 응용화학)'가 된다. 4년제가 단기 2년제로 전락한 것이다. 통감부 주도로 1906년 '관립공업전습소관제'가 발표되면서 1907년 60명의 신입생을 선발한다. 그해 동숭동에는 여러 교사校舍가 지어지는데, 1만 6830제곱미터(약 5071평) 부지에 실습실 일곱 동과 부속관사, 기숙사가 단 6개월 만

1921년 당시 경성공업전문학교 전경.
100여 년 이상 살아남은 건물은 현재 방송통신대학교 역사관으로 사용되고 있다.

하얀색 외관의 2층 건물은 나무비늘판으로 외벽을 마감해 얼핏 석조건물처럼 보인다.

에 들어선다. 전습소 본관은 1907년 일본인들이 주도한 탁지부의 설계로 1908년 2층 건물로 완공된다. 하지만 이 건물은 무슨 이유에서인지 헐려 사라지고 만다.

일제는 1910년 농상공부령 제50호에 '공업에 관한 시험'을 추가해 연구·분석이 가능한 기술교육을 병행하는데, 이는 순전히 지배체제를 공고히 하는 데 필요한 자료를 축적할 목적이었다. 이에 공업전습소는 1912년 탄생한 총독부 산하 '중앙시험소'에 복속된다. 이때 1908년 처음 들어선 자리로부터 20미터 떨어진 곳에 중앙시험소와 공업전습소 본관 겸용 건물이 1914년 건설된다. 지금도 온전히 남아 자리를 지키고 있는 하얀색 외관의 2층 건물이다. 지붕은 기와 이음으로, 벽은 나무비늘판 이음으로 마감해 얼핏 보면 마치 석조건물인 듯 착각을 일으킨다.

공업전습소에는 1910년부터 실습 위주의 단기 1년 과정인 실과가 별도로 개설되었다가 이후 두 갈래로 나뉘는데, 1년 과정의 실과는 1922년 경성공업학교가 되었다가 1940년 경성공립공업학교로 바뀌고, 이후 서울공업고등학교가 된다. 2년 과정의 전문기능은 1916년 경성고등공업학교가 되었다가 1944년 경성공업전문학교로 바뀌고 해방 뒤에는 서울대학교 공대에 흡수된다. 이 학교의 입학경쟁률은 무척 치열했는데, 시간이 지나면서 점차 한국 학생들을 찾아보기 어려웠다. 한국 최초의 건축가라 할 수 있는 박길룡과 시인 이상(김해경)이 경성고등공업학교 건축과 출신이다. 100여 년 이상 살아남은 건물은 현재 방송통신대 역사관으로 사용되고 있다.

국립병원 설립의 결실과 좌절

한성에는 한의학을 바탕에 둔 네 곳의 국립의료기관이 있었다. 궁궐에서 왕과 왕족의 병을 고치던 내의원內醫院, 궁에 필요한 약재 공급은 물론 의학교육을 담당하며 필요에 따라 관료를 치료하던 전의감典醫監, 민중의 병을 치료하던 혜민서惠民署, 역병·전염병의 예방과 치료를 전담하던 활인서活人署다.

고종은 이 가운데 혜민서와 활인서를 1882년 12월 폐지한다. 논란의 여지는 있지만 폐지한 이유로 두 가지 추정이 가능한데, 하나는 시급히 서양의학을 도입할 재원을 확보하려는 차원이고, 다른 하나는 재정난으로 민중들에 대한 치료를 포기한 게 아니었느냐는 것이다. 이즈음 고종이 묄렌도르프에게 서양병원과 의학교 설립을 계획하라고 지시한 점으로 미루어 전자가 우세해 보인다.

국립의료원 제중원의 설립

국립의료원 제중원濟衆院은 1885년 설립된다. 제중원은 통설처럼 갑신정변 때문에 설립된 것은 아니다. 조선은 1870년대부터 급진개화파의 주도로 활발하게 서양의학 도입을 논의해왔다. 따라서 서양식 국립의료기관 설립은 시간문제였을 뿐 예정되어 있었다고 보는 것이 타당하다.

갑신정변 과정에서 미국 북장로회 선교사이자 의사인 알렌이 보여준 치료 효과와 그의 설립 제안이 촉매제로 작용한 것은 사실이다. 여기에 정변 때 목숨을 잃은 홍영식의 가옥(지금의 헌법재

1885년 개원 당시의 제중원.
갑신정변 때 목숨을 잃은 홍영식의 집을 받아 사용했다.

판소 자리) 2000제곱미터(약 605평)를 사용할 수 있게 된 물적 기반도 한몫했을 것이다. 처음에 알렌은 무급으로 일했지만, 1887년부터 제중원 의사들은 50원이라는 고액 월봉을 받는다. 그러나 조선은 서양의료기관 운영 능력은 물론 의학교육에 필요한 인재와 재정마저 부족했다. 관리 주체인 외아문은 부득이 제중원 운영을 제삼자에 맡겨야만 했다. 이에 자연스럽게 알렌 중심의 북장로회가 제중원 '운영권'을 가져가게 된다. 이후 조선 정부는 제중원에 매년 약 3000원 상당의 운영비를 지원했다.

설립 일 년 뒤 제중원은 825제곱미터(약 250평)를 확장해 '의학당'을 짓고 학생 16명을 입학시키지만 끝내 졸업생은 배출시키지 못한다. 그해 7월 2차 확장을 통해 '여성 전용 병동'도 완성한다. 이 모두는 북장로회의 요청에 따른 것으로, 확장 비용으로 3000원이 소요된다. 이때에 이르러 제중원은 2850제곱미터(약 862평) 규모의 완성형 서양 의료기관으로서 면모를 갖춘다. 하지만 불과 한 달 뒤인 8월에 의아한 일이 벌어진다. 알렌이 남별궁 터를 지목하면서 갑자기 병원 이전을 요구한 것이다. 여러 이유를 들었지만 민중을 진료하기에 북촌 재동이 부적합하다는 명분이었다. 고종은 그 요구를 거부하고 대신 구리개(옛 외환은행 본점 자리)에 병원 부지를 마련해준다. 터는 약 6000제곱미터(약 1815평)에 이른 것으로 추정된다. 제중원은 1887년 초 구리개로 이전하지만 1894년까지 거의 방치되다시피 해 병원이라기보다는 사실상 약국 수준에 불과했다. 설상가상 그해 7월 일본의 경복궁 침범을 기화로 소유권에 위협을 느낀 조선 정부는 '관리권'마저 북장로회에 넘겨줘야 하는 처지로 내몰린다.

그 상황에서 병원과 의학교육 기능은 1897년에 이르러서야 가까스로 복원된다. 알렌은 1902년 제중원의 '소유권'마저 얻으려 시도하지만 실패한다. 이를 보면 북장로회는 처음부터 제중원을 선교 목적의 선교회 부속병원으로 삼으려 한 게 아닌가 한다. 이에 북장로회는 다른 활로를 모색한다. 미국 대부호 세브란스Louis Henry Severance로부터 1899년 거액을 기증받아 숭례문 밖 복숭아골(지금의 서울역 앞)에 1904년 병원을 신축한다. 제중원 의료진과 의료기구, 의료기록을 새로 지은 병원으로 옮기고 일 년 뒤 북장로회는 약정서를 체결해 구리개에 있는 제중원을 정부에 반환한다.

관립으로 세워진 여러 의료기관들

1895년 11월 '종두의양성소규정'이 공포되면서 서양의학에 근거를 둔 전문 교육기관 '종두의양성소'가 생겨난다. 1개월 단기 과정이었지만 졸업한 뒤 의적醫籍에 등록되면 전국 종두소에 파견되어 일할 수 있었다. 1899년 '의학교관제'가 마련될 때 양성소는 의학교에 편입된다.

광무개혁과 만민공동회라는 격랑을 거치면서 아관파천 후 목숨을 잃은 김홍집의 집터(지금의 종로경찰서 자리)에 1899년 3월 '의학교'가 들어선다. 1895년 '교육입국조서'에 따른 후속 조치였다. 3년제로 총 16개 교과목에 기초과학, 기초의학, 임상의학이 두루 포함되었다. 의학교관제에 따라 설립된 학교는 첫해 50명이 입학해 1902년 19명의 졸업생을 배출한다. 하지만 대한의원에 통폐

합될 때까지 겨우 36명(2회 13명, 4회 4명)의 졸업생만 배출하고 역사 속으로 사라지고 만다.

'내부병원설립관제'를 근거로 1899년 4월에는 내부병원이 설립되어 다음 해 '광제원'으로 개칭된다. 일반 환자 치료 외에 전염병 환자를 격리하는 별도 시설로 피避병원을 운영하고, 감옥 죄수를 5일 간격으로 진료하기도 했다. 외과의, 소아의, 침의, 대방의 大方醫(내과의사), 향약鄕藥의 등을 두어 양의와 한의가 함께 진료하는 체제였다. 그러나 일제는 미개한 의술이라는 이유로 1906년 광제원에서 한의사들을 축출해버린다. 이처럼 양한방 갈등의 시원은 일제가 뿌린 불씨였다.

대한제국은 1900년대 초 국제적십자 조약에도 서명하는데, 1905년 10월 '칙령 제47호 대한적십자사규칙'을 반포해 기틀을 갖추고 1906년 2월 '적십자병원'에 건축비 2만 원을 지원한다. 적십자병원은 설립 후 영추문 밖 한옥에서 진료를 하다가 확장할 필요가 생겨 그해 10월 이화동으로 이전한다.

대한의원 설립

'대한의원'은 을사늑약 후 대한제국을 실질적으로 통치한 통감부가 만든 의원이다. 건물은 탁지부 일본인의 설계로 1906년 착공해 1908년 시계탑을 갖춘 2층 건물로 완공된다. 을사오적을 비롯한 친일파, 특히 '대한의원'이라는 이름을 지은 이토 히로부미의 작품이다. 정부는 1907년 3월 의정부 직할 '대한의원관제'를 반포해 대한의원에 의학교와 광제원, 적십자병원을 통폐합하고, 제

1908년 대한의원 본관 전경.
대한제국을 실질적으로 통치한 통감부가 주도해 설립한 의원이다.

중앙시계탑이 무척 인상적인 바로크와 르네상스, 빅토리안 양식을 절충한 건물은
현재 서울대학교 의학박물관으로 사용되고 있다.

중원 기능을 부여한다. 그리고 창경궁 바깥 정원인 함춘원 자리에 병동 7동, 해부실, 의학교를 순차적으로 만든다. 일본은 40만 원이라는 거액의 공사비를 차관 형식으로 대한제국에 떠넘긴다. 국립의료원 위상에 걸맞게 설립 당시 규모가 가장 큰 병원이었다.

1907년에는 치료, 교육, 위생의 3부 관제를 내부內部 관할권의 치병부, 의육부, 위생시험부 관제로 바꾸는데, 이 관제에 따라 원장과 부원장을 비롯한 의료종사자 대부분을 일본인이 맡는다. 따라서 주된 치료 대상도 일본인 거류자들이었다. 그리고 이 관제를 개정해 1909년 3부를 폐지하고, 대한의원에 부속 의학교를 두어 의료인 양성에 중점을 둔다. 강제병합 뒤에는 총독부 의원이었다가 경성제국대학이 설립된 뒤인 1926년에는 대학에 편입되어 진료와 치료, 교육과 연구기능을 수행하는 기관으로 변모한다.

대한의원 건물은 바로크와 르네상스, 빅토리안 양식을 절충한 모습이다. 중앙시계탑은 정육면체 귀퉁이에 기둥을 덧붙인 마름모꼴로 만들어 의도적으로 장식 효과를 높였다. 출입구 포치로 차가 다닐 수 있도록 만들어 응급환자를 곧바로 안으로 후송할 수 있게 했다.

중앙은행 설립 노력과 한국은행의 탄생

전 세계는 오랜 기간 기축통화 전쟁을 벌이고 있다. 17세기 스페인 달러가 19세기에는 금본위제와 영국 파운드화로 그리고 20세기에는 다시 미국 달러화로 자리를 바꿨다. 미국 달러화는 지금도 여전히 기축통화로 기능하고 있으며, 이 외에 네 화폐가 국제통화기금IMF이 인정하는 특별인출권SDR 지위를 가지고 있다. 2016년 특별인출권 지위를 얻은 중국 위안화가 미국 달러화의 위상을 위협하는 실정이다. 통화전쟁의 바탕이 자국 화폐가치를 지켜낼 국제적 공신력을 갖춘 경제력이라는 점은 자명한 사실이다. 이렇듯 어느 국가든 화폐는 국제적 공신력을 갖춘 금융기관에서 발행되고 관리되어야 한다. 따라서 '발권은행' 기능은(모든 나라가 다 그런 건 아니지만) 통상 중앙은행이 담당한다. 또 중앙은행은 자국의 화폐가치를 유지해야 하고, 예금자에 대한 지불 능력을 보장하는 '은행의 은행'으로서 기능한다. 아울러 '정부 은행'으로서 국고 수납과 지불 업무는 물론 국채 발행과 상환 업무까지 대행한다.

우리는 한국은행이 중앙은행이다. 그리고 한국은행의 최고 의사결정기구로서 합의제인 금융통화위원회가 통화와 신용에 관한 정책을 수립하고 이자율을 결정하며, 한국은행 업무 및 관리에 관한 지시·감독을 수행하는 구조다. 이렇듯 한 나라의 중앙은행은 정치·군사 부문과 더불어 경제발전 계획과 관리를 담당하는 핵심 기구다. 하지만 우리는 그 길을 순탄하게 걷지 못했다. 최초 중앙은행을 설립하려던 대한제국의 노력은 좌절되었고, 기울어가는 나라의 운명에 따라 일제 손아귀에서 중앙은행이 탄생하는 설움을 겪어야 했기 때문이다.

제대로 된 화폐가 없었던 조선

서구 자본주의의 발달 과정을 보면 대항해시대 상업자본주의 - 산업혁명 산업자본주의 - 침략적 제국주의 독점(금융) 자본주의로 오랜 시간에 걸쳐 진행되었다는 것을 알 수 있다. 하지만 조선은 서구 자본주의가 발달하는 동안 자본주의의 맹아인 화폐경제조차 싹틔우지 못하고 있었다.

조선은 개항 이후 밀려드는 재정 수요를 감당하고 중국 화폐의 폐단을 막기 위해 주조한 당오전當五錢의 실패를 거울삼아 1883년 서둘러 화폐발행기구 '전환국'을 세우지만 1891년까지 실효를 거두지 못한다. 이에 1892년 '신식화폐조례'를 발표하고 5냥 은화를 발행하는데 이 역시 실제 사용은 어려웠다. 동학혁명을 통해 분출된 민중의 요구가 뒤이은 갑오개혁에 상당 부분 반영되어 가장 큰 폐단인 조세를 돈으로 수취하는 '금납제金納制'가 시행되지만, 당시 조선은 교환가치를 지닌 제대로 된 화폐를 가지고 있지 않았기에 이 역시 실현되기 어려운 허상에 불과했다. 그리고 청일전쟁과 갑오개혁은 오히려 일본 화폐가 유입되어 우리 경제를 갉아먹기 시작하는 계기를 만들었다. 막대한 전쟁 비용이 필요했던 일제는 갑오개혁으로 1894년 7월 조선에 '신식화폐발행장정新式貨幣發行章程'을 강압하기에 이른다.

백동화를 남발하는 전환국

신식화폐발행장정은 화폐 단위를 푼分, 전錢(10푼), 냥兩(10전)으로 구분하고 1푼은 황동, 5푼은 적동, 2전 5푼은 백동, 1냥 및 5냥은 은화로 규정했다. 5냥 은화가 본위화폐였고 은화 1냥 이하는 보조화폐였다. 신식화폐가 대량으로 주조될 때까지는 임시로

외화의 혼용을 허용했는데, 외화는 조선 화폐와 동질·동량·등가로 취급했다. 신식화폐발행장정은 일본 제도를 본떠 채택한 은본위제로, 특히 7조 규정은 조선에서 일본 화폐를 유통하려는 의도였다. 이에 따라 일화 1원, 20전, 10전, 5전, 2전, 1전이 조선에 유입된다. 전환국은 은 부족으로 본위화폐를 주조하지 못하고, 주조비 대비 수익성이 가장 큰 2전 5푼짜리 백동화를 대량으로 만들어 유통한다. 왕실과 정부 재정을 확대하려는 의도였다. 그런데 백동화는 전환국에서만 주조된 것이 아니었다. 신식화폐발행장정에는 불법 주조 금지나 처벌에 관한 규정이 없었기에 정부가 특정인의 주조권을 인정하는 특주特鑄, 뇌물을 받은 당국자가 묵인하는 묵주默鑄, 전환국 판형을 훔쳐 주조하는 사주私鑄가 비공식적으로 유통되었다. 심지어 외국에서 주조한 사주 백동화가 대량으로 조선에 밀반입되기도 했다. 전환국은 왕실의 재정을 확보하기 위해 매년 백동화 발행량을 엄청나게 늘린다. 그러나 백동화는 경기도에서만 주로 유통되었고, 삼남과 한반도 북부 지역에서는 인플레이션 없는 현물 유통이 주를 이루었다. 백동화가 그만큼 당시 사람들로부터 가치를 인정받지 못했던 것이다.

1900년대 초에는 '백동화 인플레이션'이 극심해지면서 화폐 가치가 하락해 민생이 파탄 나는 원인을 제공하기도 했다. 이에 정부는 백동화를 전국적으로 유통해야 할 필요성에 직면하고, 조세 금납을 통해 백동화를 보급할 방법으로 중앙은행이 아닌 1899년 1월 민간이 설립한 '대한천일은행'에 조세 수취업무를 맡겨 활로를 모색하기에 이른다.

2전 5푼 백동화.
백동화 남발로 극심한 인플레이션이 발생했다.

실패로 끝난 차관 도입

조선의 질서가 무너진다면 러시아와 일본 양국 군대가 조선 영토를 점령할 수 있다는 합의, 곧 러시아와 일본이 1896년 비밀리에 체결한 '모스크바의정서'의 존재가 1897년 3월 조선에 알려진다. 다급해진 고종은 프랑스 공사 플랑시와 뮈텔 주교를 불러 대응 방안을 논의한다. 일본과 러시아를 견제할 새로운 세력으로 프랑스를 끌어들인 것이다.

1898년 독립협회의 입헌군주정 요구를 패퇴시킨 광무정권은 그 보수적 한계에도 불구하고 러시아와 일본 손아귀에서 벗어나기 위한 노력을 기울인다. 1899년 들어 대한제국 재정권財政權을 이용익이 장악하는데, 당시 조선은 본위화폐의 안정과 심각한 재정난 해소, 자립경제 구축 같은 재정 관련 현안이 산재해 있었다. 이용익은 타계책으로 대규모 차관 도입을 구상한다. 자본력을 키워 중앙은행 설립으로 나아가는 길을 열고자 한 것이다. 플랑시의 중개로 프랑스계 홍콩은행과 차관 문제를 놓고 교섭하지만 신통치 못했다. 그런데 이 교섭은 영국과 프랑스 자본가가 중국 운남성 광산 채굴을 위해 1896년 설립한 운남신디게이트의 대표인 프랑스 자본가 카잘리스Auguste Cazalis가 1900년 5월 방한하면서 진전을 맞는다. 그리고 이듬해 4월 평양 탄광채굴권을 포함해 여섯 조항이 담긴, 은화 500만 원의 차관 계약이 성사된다. 고종은 해관세海關稅를 담보로 내걸고, 이어 영국인 총 세무사 브라운을 해고한다. 이에 열강들이 가만히 있을 리 없었다. 화들짝 놀란 영국은 인천에 군함을 띄워 무력시위를 벌였고, 일본은 자국 제일은행 업무인 해관 운영에 위협이 되는 요인으로 여긴다. 미국과 러시아도 해관세를 담보로 하는 차관 도입에 반대한다. 궁극적으로 모두가 프랑스의 진출과 세력 확장을 견제한 것이다. 대한제국 내부에서도 반대 목소리가 커졌다.

결국 정부는 1902년 2월 운남신디게이트에 차관 도입 거부를 선언하고 만다. 궁지로 내몰린 처지였기에 심각한 부작용이 발생할 수 있다는 우려에도 할 수 없이 백동화 주조를 더욱 늘리는 수밖에는 도리가 없었다.

결국 일본에게 장악당하는 화폐와 경제주권

대한제국은 부족한 재정과 허술한 신식화폐발행장정으로 극심한 백동화 인플레이션을 겪지만 그럼에도 이 화폐가 국가자본 축적에 큰 몫을 담당했다는 사실만은 분명하다. 이용익은 축적된 자본력을 바탕으로 '중앙은행' 설립을 도모한다. '중앙은행조례'와 함께 중앙은행 발행 지폐를 금화나 금괴로 교환할 수 있도록 명기한 '태환금권조례'를 1903년 3월 반포한다. 중앙은행을 총 자본금 300만 환圜으로 설립해 해관세를 포함한 모든 세금과 국고금 수납을 담당케 하고, 태환금권 발행을 전담케 한다는 구상이었다. 태환금권은 1환, 5환, 10환, 50환, 100환 등 다섯 가지였다.

이용익은 금괴 3만 개를 내장원內藏院으로 운반한다. 그리고 은행 본점을 남대문로 광통교 부근 옛 사자청寫字廳 자리로 정하고, 지소는 각 도에 둔다는 방침을 세운다. 보유 금화가 충분치 않은 상황에서 태환금권 발행이 남발되면 백동화보다 더 큰 부작용

근대가 세운 건축, 건축이 만든 역사

이 생긴다는 내부 비판도 있었지만 계획은 그대로 추진되었다. 전환국은 1903년 12월 120만 원의 금괴를 확보하고 50전半圓짜리 은화 150만 원 상당을 주조했으며, 1904년 4월에는 태환금권과 백동화 어음 인쇄도 시작한다. 그해 11월 일제에 의해 강제로 전환국이 폐쇄되기 전까지 주조하거나 저장한 화폐, 금, 은과 더불어 제품으로 만들거나 세공하지 않은 황금인 지금地金 총액을 추산하면 약 460만 환이었다. 여기에 미포함된 화폐 액수를 고려하면 광무정권이 중앙은행 설립을 통한 경제개혁 자금을 충분히 확보했다는 걸 분명히 알 수 있다.

그러나 러일전쟁으로 한일의정서가 1904년 2월 체결된 뒤 이용익은 일본으로 납치되고 만다. 8월에는 일본인 재정고문과 일본이 추천하는 외교고문을 각각 한 명씩 초빙하면서 외교관계는 미리 일본과 협의해야 한다는 내용의 치욕적인 '1차 한일협약'이 체결되어 재정업무와 외교업무를 장악당한다. 러일전쟁에서 승기를 잡은 일제가 가장 먼저 재정 부문을 침범해 들어온 것이다. 재정고문으로 부임한 일본인이 1904년 11월 전환국을 폐쇄하는데, 이는 일본제일은행권 진출을 저지하던 백동화를 퇴출시키려는 조치였다. 중앙은행 설립을 통해 화폐주권과 경제주권을 되찾고 한반도에서 제멋대로 화폐를 발행하며 영업하는 외국은행, 특히 일본제일은행을 통제하려던 꿈은 결국 무산되고 만다.

일제가 세운 중앙은행

일본은 연이은 칙령으로 조선의 화폐제도를 폐지하고 모든 거래에 일본 화폐를 사용하도록 법적 근거를 마련한다. 곧 칙령 4호 '구화폐 교환회수에 관한 규정'으로 모든 구화폐에 대한 정리 기준을 마련한 뒤 1905년 7월 화폐교환소를 설치한다. 그리고 이를 시행할 은행으로 일본제일은행을 선정하고 이들에게 엔화 본위제 화폐 발행권(1905년)도 부여한다. 일본제일은행이 발행하는 화폐는 만일에 일어날 한반도 경제위기가 일본 경제에 끼칠 악영향을 사전에 차단하려는 의도였다.

일본제일은행으로 넘어간 화폐 발행 기능은 1909년 11월 중앙은행인 '한국은행'이 설립되면서 대한제국에 형식적으로 넘어온다. 그보다 앞선 7월에 일제는 대한제국 정부에 '한국은행조례'를 제정·공포하도록 강제하고, 통감부의 강압으로 8월에는 '중앙은행에 관한 각서'를 교환한다. 뒤이어 일본 정·재계 인사를 동원해 구성한 '창립위원회'를 통해 중앙은행 설립 업무를 진행시킨다. 형식적으로 조선인 두 명을 위원으로 참여시켜 10월에 한국은행을 설립하는데, 중앙은행으로서 한국은행은 태환은행권 발행, 일본 국고금 취급, 일본제일은행 발행 화폐 인수 및 소각 업무를 맡는다. 설립자본금 1000만 원을 조달하기 위한 발행주식 10만 주 가운데 대한제국 정부가 3만 주를 떠안는다. 그럼에도 경영진에는 단 한 사람의 조선인도 참여하지 못한다. 식민지화에 대한 일제의 자신감이 묻어나는 대목이다.

중앙은행 설립을 계기로 재정 실권을 장악한 일제는 그해 11월 은행 업무를 개시한다. 기존 중앙은행 기능을 맡던 일본제일은행 업무를 인계받아 한반도 식민화의 경제적 초석을 다진다. 강

근대가 세운 건축, 건축이 만든 역사

제병합 뒤인 1911년 3월에는 '조선은행법'을 제정·공포하면서 명칭을 '조선은행'으로 바꾸고, 해방 때까지 중앙 금융기관으로서 기능한다. 대한민국의 중앙은행으로서 한국은행은 1950년이 되어서야 재탄생할 수 있었다.

집에 어울리지 않는 순한 얼굴

한반도 침략의 원흉인 이토 히로부미의 흔적이 서울 한복판 건축물에 버젓이 남아 있다. 한반도 최초의 중앙은행이 탄생한 집이다. 지금은 화폐박물관으로 사용 중인 옛 한국은행 본관 '정초定礎'다. 2020년 10월 문화재청은 이 글씨가 이토 히로부미의 친필임을 공식적으로 확인했다.

옛 한국은행 본관은 원래 일본제일은행 본점으로서 1908년 착공했다. 이후 한국은행을 설립하면서 완공 뒤 한국은행 본관으로 사용할 것을 예비해 1912년 준공한다. 건물은 대한천일은행 광통관과 그 형태가 유사한데, 한마디로 광통관을 부풀려놓은 형상이라 해도 무방하다. 중앙 포치는 대한의원 본관과 닮았는데, 차량이 들어올 수 있게 한 것과 약간 변형된 형태마저 유사하다. 일본 건축가가 설계한 것인데도 중앙 포치에는 한국 전통의 배흘림기둥을 가져다 썼다. 전체적으로 건물은 네오바로크 양식 같은 서구의 여러 건축양식을 적절하게 혼용해 지은 모습이다. 중앙 부분은 절제되어 보이지만 양 측면은 마치 서양의 성城을 연상시키는 박공지붕과 돔을 채택했다. 그 바람에 '卅 자' 대칭형 건물인데도 위압감이 그리 강하지 않다. 지하에는 대형금고를 설치했고, 사각형의 중

1915년 당시 조선은행(위)과 지금의 전경(아래).
집은 해방 이후에도 대한민국의 중앙은행으로서 그 역할을 수행하다가 지금은 화폐박물관으로 사용되고 있다.

앙 홀 사방으로는 사무 공간을 두었다. 건물은 이식된 식민 독점자본주의의 표상이다. 자본주의의 완성형 수탈 구조가 '금융자본'이라는 말을 생각나게 하는 공간이다.

우정총국에서 서울중앙우체국까지

우정사업본부의 상징은 '제비'다. 〈흥부전〉에서처럼 먼 강남에서 삼월삼진날이면 '봄소식'을 전해주려고 다시 찾아오는 반가운 존재였기에 그렇게 삼은 게 아닐까 한다. 그러면 한반도에서 '최초의 우표'를 사용한 편지는 언제, 누가, 무슨 목적으로 보냈을까? 불행하게도 추정만 할 뿐 실체를 확인할 실물은 나타나지 않았다. 우표 수집가들 사이에서 소인 찍힌 우표와 봉투 일체를 '엔타이어 Entire'라고 부르며 고액으로 거래하는 모양이다.

소식은 그 자체로 유용한 정보다. 정보는 문화와 문물이 될 수도 있으며 빠르게 변화하는 국내외 정세일 수도 있다. 따라서 남보다 빠르게 정보를 취득하고 가공하고 활용하는 일은 한 집단은 물론 국력을 가늠하는 척도가 된다. 하지만 1870년대까지 조선의 통신체계는 조금은 굼뜬 우역郵驛과 파발, 봉화 그리고 인편에 기대고 있었다.

우정사업의 선구자 홍영식

북학파의 맥을 이으며 1860년대 초부터 형성되기 시작한 서구 개화사상은 1874년 무렵 하나의 당파를 형성한다. 1884년 삼

일천하로 끝난 '갑신정변'을 일으킨 젊은 관료들이 그 주역이었다. 이 가운데 특히 우정사업郵政事業에 힘을 쏟은 이가 홍영식이다. 그는 1881년 5월 조사시찰단朝士視察團으로 일본으로 건너간다. 이때는 중국인 황준헌黃遵憲이 쓴 《조선책략朝鮮策略》°에 대한 반발로 영남만인소嶺南萬人疏°°가 일어나 수구 바람이 거셀 즈음이다. 홍영식의 임무는 육군성 시찰이었다. 하지만 그는 우정사업에도 지대한 관심을 보여 일본 우편체계를 깊이 살폈다는 기록이 일본 측에 남아 있다. 이런 공적 때문이었는지 그는 1882년 설립되어 도로, 전신, 우편, 수로를 관장하는 우정사郵程司 협판으로 임명된다. 이 무렵 그의 업무는 크게 두 가지였다. 하나는 '한미통상조약' 협상이었고, 다른 하나는 나가사키와 부산 사이에 전신선을 가설하는 '부산구설해저전선조관釜山口設海底電線條款' 협상이었다. 후자는 부산에 거주하는 일본인을 위한다는 명분에도 불구하고 불평등 조약이었고, 사실상 우리 전신사업 권리를 침해하는 것이었다. 이 조약으로 한일 간에 해저 전신선이 가설되고, 1884년 2월 부산에 일본 전신국이 문을 열어 업무를 개시한다.

　　미국과 수교한 뒤 1883년 홍영식은 '보빙사절단報聘使節團' 일

°러시아의 남하를 막기 위해 조선은 청나라, 일본, 미국과 손잡아야 한다는 내용을 담고 있었으며, 일본에 파견된 수신사 김홍집이 귀국하는 길에 기증받아 고종에게 전달했다. 그리고 이는 조선 조정에 큰 파장을 일으켰다.

°°《조선책략》으로 고종과 관료들이 미국과의 수교에 관심을 갖자 이만손을 비롯한 경상도 지역 유생들이 정부의 개화정책에 반대해 '만인소'를 올린 사건. 이들은 청나라·일본·미국과 연합해 러시아를 막는다는 주장의 불합리함을 지적했다. 영남만인소로 촉발된 위정척사운동은 전국적인 유생들의 운동으로 확산되었다.

원으로 이번에는 미국을 방문한다. 그는 미국의 우편과 통신체계를 직접 목도하고 엄청난 충격을 받는다. 기술을 넘어 잘 정비된 제도와 체계에 대한 충격이었다. 귀국 후 고종에게 신식 우편체계 도입을 건의한 그는 함경도 병마절도사로 있다가 1884년 4월 22일 우정총국郵征總局 총판에 임명된다.

우정총국은 왕실 약재를 담당하던 전의감 터에 자리를 잡은 뒤 1884년 5월 일본인 실무자 두 명을 고용하고 우정수취소郵征受取所와 우초매하소郵鈔賣下所(우표판매기구) 그리고 각 지방에 설치할 분국(실제 인천분국 설치)을 계획한다. 또 법체계를 세우는 한편, 우편에 필수인 '우표' 발행도 준비하는데, 태극 문양 도안의 다섯 종(5문, 10문, 25문, 50문, 100문)의 '문위우표文位郵票'를 우정총국 개국 일정에 맞춰 발행할 예정이었다. 그러나 조선에는 인쇄술이 기준에 미치지 못해 일본 대장성 인쇄국에 발주한다. 총비용 760원을 들여 5문, 25문, 50문은 각 50만 매, 10문은 100만 매, 100문은 30만 매를 제작하는데, 이 가운데 5문과 10문 우표는 우정총국 개국 일자인 11월 18일 도착했지만, 나머지는 인쇄가 늦어져 발행하지 못했다. 업무를 개시한 우정총국은 한성과 인천 간 우편 업무를 우선 취급한다.

우정총국 개국 17일 만인 12월 4일 저녁, 낙성식을 기화로 김옥균, 박영효, 서재필, 서광범, 홍영식 등 개화당이 무력 정변을 일으킨다. 청나라에 의존하는 민씨 외척 집단을 몰아내고 개화 정권을 수립할 목적이었다. 그러나 이 정변은 3일 만에 끝이 난다. 이 과정에서 홍영식이 죽고, 나머지는 일본으로 도망친다. 그 바람에 우정총국은 20여 일 영업을 끝으로 문을 닫아야 했다. 아울러 갑신 정변 와중에 5문과 10문 우표 상당량이 유실된다. 일본 대장성은 1895년 3월 나머지 3종의 우표를 조선 정부에 납품하면서 우표 발행대금을 지급해달라고 독촉한다. 이에 정부는 1896년 1월 남은 우표를 독일인 마이어Edward Meyer가 인천에서 운영하는 세창양행 에 전량 매각해 대금을 받은 뒤 인쇄대금을 지급한다.

우정총국이 제도로 기능했던 20여 일 동안 서울과 인천을 오간 편지는 얼마나 될까? 우리 관청이 이용한 우편은 갑신정변 과정에서 사라졌을 개연성이 높다. 그 외에는 외국인 상점이나 기 업, 외교관들이 주로 이용했을 것으로 추정된다. 따라서 문위우표 엔타이어도 이들 후손이 보관하고 있을 가능성이 높다.

전신선으로 구축한 정보 네트워크

일본군 장교를 죽이고 의연하게 붙잡혀 사형당할 위기에 처한 백범 선생을 고종의 긴급전화 한 통이 살려냈다는 유명한 일화가 있다. 《백범일지》에 기록된 이 이야기는 진위 여부를 떠나 신속한 정보전달의 중요성을 변증한다. 전화기는 한참 뒤에나 사용되기 시작했지만, 이때 이용된 전신선은 1885년 8월 설치된 서로전 선인 서울과 인천 구간이었다.

임오군란을 전후해 청나라는 조선의 전신선 권리를 차지하기 위해 집요하게 파고든다. 조선을 영구 속국으로 삼기 위해 전신선 가설을 가장 시급한 과제로 여긴 것이다. 이홍장은 갑신정변 뒤인 1885년 6월 '의주전선합동義州電線合同'이라는 불평등 조약 체결을 강요하는데, 조약에는 "중국 전보국의 승인 없이 조선 내 어떤 육로 전신선도 가설할 수 없다"는 내용이 포함되어 있었다. 조약에 따라 서울과 인천 구간 전신선 가설이 8월 19일 완료되고, 다음 날 '한성전보총국漢城電報總局'이 업무를 시작한다. 서울과 의주 구간은 1886년 5월 가설이 완료된다.

이에 놀란 일본은 서울과 부산 간 전신선 권리를 요구한다. 조선은 여러 이유로 이를 거절하는데, 청나라는 앞서 맺은 조약을 근거로 남로전선까지 가설하겠다고 압박한다. 하지만 청나라도 덴마크 기술자 미륜사彌綸斯, H. J. Muhlensteth에 전적으로 의지하는 처지였기에 그가 병들어 있던 기간이 지난 뒤인 1886년 10월 서울~충주~대구~부산 간 측량을 마친다. 이를 탐탁지 않게 여긴 조선은 청나라와 마찰을 감수하면서 직접 발 벗고 나선다. 전선과 전신기는 세창양행을 통해 현물 차관으로 들여오고, 영국인 헬리팩스 Thomas E. Hallifax를 감로 위원으로 임명해 측량을 진행한 것이다. 선로는 서울~천안~공주~전주~거창~대구~부산으로, 삼남 주요 도시를 이었다. 선로 공사는 1888년 5월 완공되고, 6월 1일에는 '조선전보총국朝鮮電報總局'이 개국한다. 명실상부 자주적 정보통신 기구가 생겨난 것이다. 이런 결실에 홍철주의 노력이 있었다는 것은 잘 알려지지 않은 사실이다.

조선전보총국은 더 나아가 북로전선 가설에도 나선다. 이는 서울과 블라디보스토크를 전신선으로 연결해 상대적으로 요금이 비싼 해저전신선 수요를 끌어들이는 한편, 유럽과 직접 연결을 도모하려는 의도였다. 그러나 자금과 기술 부족은 물론 중국 전보국인 화전국의 방해가 극심했다. 이 갈등을 1891년 2월 청나라와 '원선합동조약元線合同條約'을 맺어 타결한다. 여러 악조건을 무릅쓰고 서울~춘천~안변~원산에 이르는 선로가 1891년 6월 가설된다. 애당초 계획했던 원산~함흥~블라디보스토크 구간은 끝내 건설되지 못하지만 어쨌든 정보의 신속한 취득과 가공 그리고 활용을 위한 기본 인프라가 이로써 구축된 셈이다. 서울을 기점으로 서쪽으로는 인천, 남쪽으로는 공주·전주·대구·부산, 서북쪽으로는 평양·의주, 동북쪽으로는 원산을 잇는 전신선을 깔아 정보통신 네트워크 시대를 연 것이다. 하지만 전신선은 청일전쟁 과정에서 일본에 강점당해 군사용으로 전용된다. 이는 나아가 동학혁명을 패퇴시키는 효과적 도구로 이용된다. 그리고 곳곳이 파괴된 채 이듬해 조선에 반환된다.

그렇다면 주소는 언제 만들어졌을까? 토지조사사업을 끝낸 1918년 이후 각 땅에 지번이 생기면서부터다. 그 이전까지 편지는 '광통교 건너 왼쪽 첫째 골목의 누구누구 댁'이라 적어 보냈다. 지번과 주소가 생기면서 생활상 여러 편의가 개선되었지만 역으로 감시와 처벌도 한결 수월해졌다.

조선전우총국에서 통신원까지

일제는 강화도조약 이후 부산, 인천, 원산에 막무가내로 우편국을 세운다. 조차지 치외법권을 활용한 의도적 도발 행위였다. 각 개항장의 거류민이 사용할 용도라는 꼼수를 부려 1891년에는 서울에도 '인천우편국 경성출장소'를 설립하기에 이른다. 일제의 도발로 우편국은 1894년 전국에 29개로 늘어나 영향력을 발휘하기 시작한다.

조선은 기존 전신 업무를 총괄하던 조선전보총국을 확대해 1893년 8월 '조선전우총국朝鮮電郵總局'을 설립한다. 총판으로 조병직을 임명하고 우신총국과 전보총국으로 이원화한다. 우신총국은 국내우편(내체우신)과 국제우편(외체우신) 업무를 관장했다. 갑신정변 이후 9년 만에 재개된 우정사업이었지만 이듬해 동학혁명과 뒤이은 일제의 경복궁 침탈 그리고 청일전쟁으로 우편 사무는 사실상 전면적으로 중단되고 만다. 반면 한반도 내 일본 우편국의 수는 갈수록 늘어났다. 조선전우총국 또한 갑오개혁 여파로 공무아문 산하에 '전신국電信局'과 '역체국驛遞局'으로 분리된다. 1895년 을미개혁 때는 농상공부 '통신국通信局'으로 우편과 전신 업무가 다시 통합되는 우여곡절을 겪고, 그해 6월에서야 가까스로 서울과 인천 간 우편 업무가 재개된다. 우편 업무가 재개되기까지 실로 10여 년이 넘는 시간이 걸린 것이다. 그 뒤 창간된 〈독립신문〉의 전국적 보급은 사실상 이때 재개된 우편 사무의 큰 혜택을 입는다.

통신국 두 과 가운데 체신과는 우체, 전신, 전화, 전기 사업을, 관선과는 선박, 해원海員, 항로 표지, 표류물, 나파선, 항칙港則, 수운 회사, 수운 사업을 감독했다. 1900년 1월에는 국제우편 업무를 개시하고 만국우편연합UPU에도 가입한다. 그해 3월에는 통신국을 다시 독립기구인 '통신원通信院'으로 분리 개편한다. 통신원 업무는 기존 통신국에서 관장하던 사무 일체였다.

전화교환원이 근무하던 모습.
초창기 전화는 주로 정부 부처에 설치되어 왕명을 전달하는 데 사용되었다.

전화기의 도입

전화기를 처음 도입한 때는 1882년 3월로 추정한다. 1898년 이전, 궁궐을 중심으로 각 관청까지 전화 사용이 일반화되었다는 게 정설이다. 경운궁에 전화 교환대를 설치하고, 왕실 업무 수행기관인 궁내부와 정부 부처인 각 아문 간 전화선을 연결해 왕명을 전달했다. 아울러 나라 관문이라 할 만한 인천감리서와 인천재판소와도 잦은 통화가 있었던 것으로 보인다.

초창기 전화는 주로 장거리 시외 전화였는데, 서울의 관문이 인천항이었기에 제반 통신과 전화는 주로 인천에 집중되었다. 그러다 1902년 서울~개성에 이어 개성~평양 간 전화가 개통되고, 이듬해 서울~수원 구간이 개통된다. '한성전화소' 산하에는 마포, 도동(동대문), 시흥(영등포), 경교(서대문) 지소가 개설된다. 일반인이 전화를 사용하기 시작한 것은 1902년부터로 서울에 2명, 인천에 3명이었다가 1903년에는 서울에 16명, 인천에 14명으로 늘어난다. 1905년에 이르러서는 서울에 50명, 인천에 28명, 수원과 시흥에 각각 1명 등 모두 80명이 전화를 사용했다.

빼앗긴 정보통신 주권

을사늑약이 있던 해에 조선이 일본에 빼앗긴 건 외교권만이 아니었다. 교통 주권과 화폐·재정권은 물론이고 '한일통신기관협정韓日通信機關協定'을 통해 정보통신 주권마저 강탈당한다. 조선의 통신시설이 송두리째 장악당한 것이다. 이때 일제는 통신원을 폐지하고 통감부 산하에 '통신관리국'을 두어 조선의 정보통신산업을 관장한다.

게다가 일제는 불법으로 진출한 71개의 일본 우편국을 최대한 활용하는데, 이들이 취급하던 우편저금과 우편환을 그대로 조선에 적용한다. 일제는 막대한 전쟁 비용을 적자공채 발행으로 충당하고 있었기에 이를 메우기 위해 바닥까지 긁어가는 우편국 금융을 활용한 것이다. 서민들 주머니마저 털어내는 전술이었다. 강압적으로 저축을 강요하던 풍습은 이때 시작되어 1970년대까지 이어진다.

강제병합 후에는 총독부 '통신국'이 전기통신과 해운, 기상 관측, 가스 업무까지 관장한다. 1912년 4월 조선총독부 체신관서 관제에 따라 통신국을 '체신국遞信局'으로 바꾸면서 기상 관측 부분은 따로 떼어 내무부로 이관시킨다. 전력에너지 공급이 시급해지자 1923년에는 수력발전 업무를 전담하는 '임시수력조사과'를 체신국 내에 두기도 했다.

우편국에서 우체국까지

일제는 1905년 우체사와 전보사를 '우편국郵便局'으로 통합하는 한편, 1906년에는 우편, 전신, 전화는 물론 통신 업무 전반까지 수행하게 한다. 또 기존 업무에 국고금 수취와 저축 업무까지 추가한다. 이를 통해 효율적인 식민 통치는 물론 빈발하는 각 지역의 의병을 탄압하고, 아울러 군수산업에 필요한 자본을 축적하는 목적을 충실히 수행한다. 그리고 1910년 10월 조선총독부는 '조선총독부통신관서관제'를 통해 이를 재정비한다. 전신과 전화 업무를 취급하는 '우편국'과 이를 취급하지 않는 '우편소'로 이원화한 뒤 이들 조직을 전국에 촘촘하게 심은 것이다.

시간이 지나면서 우편국 수는 줄고 소규모 우편소는 증가한다. 이는 순전히 일제의 의도였다. 일제는 중국 침략을 준비하기 위해 일본과 만주를 연결하는 통신망을 확충하는 데 열중한다. 이는 곧장 군과 경찰의 통신시설 확장으로 이어졌고, 일반인이 이용하는 공중통신과 우편망 설치는 뒷전으로 밀린다. 그럼에도 공중용 통신시설 확충은 식민지 통치기반을 강화하는 데 필수 요소였다. 치안유지를 통한 의병 탄압과 반대 세력 제거와 직결되었기 때문이다. 게다가 1910년을 전후해 한반도로 이주한 일본인이 크게 늘면서 그들의 수요 또한 급증했다.

이와 같은 이율배반적 상황에서 조선총독부는 1922년 '전신·전화 5개년계획'을 수립하고 시설 확장에 나선다. 1923년에는 민간자본을 유치해 소규모 통신기관을 운영케 하는 '청원통신시설제도'를 도입한다. 운영비가 많이 드는 우편국 증설은 억제하고, 민간이 시설비와 유지비를 부담하는 소규모 우편소 건립을 장려하는 정책이었다. 이런 배경에서 우편소 증설이 이뤄진 것이다.

일제는 1941년 이 모두를 '우편국'이라는 명칭으로 통일하면서 우편소를 우편국과 구분하기 위해 특정우편국이라 부르는데, 이 특정우편국의 3분의 2가 일본인 소유였다. 해방 직후 특정우편국 비율은 94퍼센트에 달했는데, 남한 전체 우편국 692개 가운데 무려 651개를 차지했다. 미군정청은 1945년 11월 체신사업조사위원회를 설치하고 이듬해 6월 특정우편국을 일반우편국으로 전환

옛 한성우체총사(위)와 경성중앙전화국 광화문분국(아래).

옛 경성우편국(위)과 같은 자리에 새로 들어선 서울중앙우체국(아래).

한다. 그리고 이들은 모두 1949년 '우체국郵遞局'이라는 이름을 얻는다.

서울중앙우체국의 탄생

을사늑약이 체결된 해 7월 일제는 '경성우편국'을 지금의 서울중앙우체국 뒤편에 지어진 서양식 2층 건물인 일본우편전신국으로 이전한다. 그리고 1913년 이 건물 서쪽에 새로운 청사를 신축해 1915년 완공한다. 붉은색과 흰색으로 된 3층짜리 경성우편국은 1939년 10월 '경성중앙우편국'으로 이름이 바뀌었다가 해방 뒤인 1949년 '서울중앙우체국'이 된다. 일제가 지은 경성우편국 건물은 한국전쟁 때 파괴되어 1957년 같은 자리에 3층의 철근콘크리트 건물로 다시 짓는다. 그리고 1981년 같은 자리에 13층의 대형 건물을 올려 한동안 중앙우체국 청사로 이용한다. 그리고 2007년 영문 'M'자를 형상화한 포스트타워가 들어서면서 지금까지 그 역할을 감당하고 있다. 대한제국 시기 방대한 임무를 수행하던 우체국은 그동안 많은 기능을 여기저기 떼어주면서 초라해졌지만, 지금은 우편 업무만이 아니라 예금과 보험, 공과금 수납 업무까지 맡고 있다.

처음으로 전자우편을 사용하던 생경한 경험이 또렷하다. 구한말을 살아낸 선조들도 그런 기분이었을까? '소식'이 유익하고 기쁜 기억으로 남아 소통은 물론 더 좋은 삶을 일구는 도구로 자라길 기대한다.

피식민지 초기 10년 동안 조선인은 한반도라는 감옥에 갇혀 독립운동 외에는 아무것도 할 수 없었다. 1차 세계대전이 끝나고 일어난 3·1운동은 식민 치하였음에도 많은 변화를 가져온 전환점이었다. 형식적이나마 일제의 식민 통치 방식이 바뀌었고, 기만적이었지만 한글 신문이 창간되었으며, 총독부 주도로 종합대학도 설립되었다. 그러나 보완·수탈형 공업화도 이때 본격화되었다. 조선인 기업가의 창업을 원천 봉쇄했던 회사령을 1920년 3월 폐지한 게 그 시작이었다. 한반도에 이미 침투한 일본 독점자본과 충돌하지 않는 업역 안에서 조선인의 기업 활동을 허가한 것이다. 물론 철저히 총독부 시책에 복무하는 전제에서다. 봉건적 토지 소유에 발판을 둔 조선인 산업자본가 계급은 따라서 싫든 좋든 철저히 친일의 길을 걸어야 했다. 계급의 한계였다. 일본 본토보다 생산 단가와 운송비 등 자본 비용이 낮은 면직류와 음식료품 같은 주로 경공업 부문에서 이들은 전쟁 후방 지원 역할을 수행했다. 이들 피식민지 자본가 계급은 일본이 패망할 때까지 전쟁 특수를 누리며 일정 자본을 축적하는 성과를 거둔다.

이런 영향으로 3·1운동 이후 지식인층, 소수의 화이트칼라와 관리자, 고급 기술자가 출현하고 근대형 도시 노동자가 탄생한다. 이때부터 사회적 변화, 곧 서구화된 생활양식이 중산층 위주로 확산된다. 1929년 개최된 조선박람회를 기점으로 일본에서 유입된 이른바 '문화주택'이 큰 인기를 끄는데, 이는 부엌, 화장실 등 위생을 개선한 서구식 생활양식의 추종이었다. 하지만 초기에는 철저히 일본인 관료나 은행가, 기업가의 전유물이었다. 1920년대 초부터는 친일파와 일본인, 기업가들 위주로 도시계획운동이 활발해진다. 대륙 진출을 위한 거점도시 건설이 명분이었지만 실제로는 토지 수탈에 따른 자본 이득, 곧 땅 투기를 위해서였다.

조선총독부는 식민도시의 발전을 가져온다는 명분으로 도시계획에 부정적인 입장이었다. 하지만 이런 경향과 급격한 인구 증가는 총독부로 하여금 정책 방향을 바꿀 수밖에 없는 압박 요인으로 작용했다. 뒤늦은 1930년대 들어 총독부는 최초의 도시계획 법령인 '조선시가지계획령'(1934년 6월)을 제정하기에 이른다. 이는 경성이라는 도시의 확산을 불러일으키는 발판이었다. 토지구획 정리사업을 앞세워 기성 도심인 사대문 외곽에 우후죽순 신시가지가 형성되는데, 이렇게 형성된 신시가지에 이른바 문화주택이 자리를 잡는다. 문화주택을 소유할 수 있었던 조선인이 극히 제한적이었다는 사실은 불문가지다.

　이에 대한 반발로 개량한옥을 공급해 '집 장사'를 한다는 혹평을 듣던 건양사 정세권이 출현한다. 그는 한옥 입면과 구조에 서구식 평면을 결합한 절충형 주택을 시내 곳곳에 보급하는데, 대표적으로 북촌 한옥마을로 잘 알려진 가회동이 그때 만들어졌다. 설계된 모듈을 지형에 맞게 적용한 형태다. 이처럼 당시 생활 속으로 파고든 주택은 형식에는 차이가 있었지만 생활양식의 변화를 판단하는 기준인 개량된 부엌과 화장실을 가지고 있었다.

　중산층 이상 계급에 파고든 이런 변화는 곧장 대중문화 영역으로 확산되었다. 경성에 거주하는 일본인이 주로 소비하던 영화, 대중가요, 고전음악, 근대무용이 조선인에게도 파급되었고, 이는 대규모 공연장과 극장 건축으로 이어진다. 이렇게 만들어진 극장과 공연장은 피식민지 시민들의 이목을 끌어당기기에 충분했다. 모두가 총천연색 휘황한 대형 화면과 감미로운 노래에 취해 정치와 항일의식을 거세시키기에 여념이 없었다.

　아울러 소비 행태는 현란한 대형 백화점으로 집약되었다. 대형 백화점의 출현은 물류 흐름을 근본적으로 바꿔놓았다. 이 때문에 전통 물류에 의존하던 조선의 거대 상인집단은 몰락의 길을 걷는다. 하나의 건물에서 여러 상품을 소비하는 행위는 생계유지에 급급한 조선인과는 동떨어진 일본인과 상류계급의 전유물로 인식되었다. 이와 같은 소비 행태의 이원화는 궁극적으로 전통 재래시장과 차별되는 집약형 도시 공간구조의 변화로 이어졌다.

　1930년대 후반부터 일제는 극단의 군국주의로 치달았다. 피식민지는 소나무 송진까지 발라내야 하는 공출에 시달렸다. 공연장은 설립 목적과 다르게 군국주의로 치닫는 일제의 선전장으로 곧장 활용되었다. 황국신민화를 찬양하는 영화가 일상적으로 상영되었고, 친일 일색의 왜색가요가 음반으로 제작되어 유통되었다. 신문 등 범람하는 인쇄매체는 천황 군대의 영웅적 침략전쟁을 찬양하기 바빴고, 거기에 기생하는 피식민지 자본가와 지식인, 관료들은 자기 배 채우기에 여념이 없었다. 그 과정에서 친일파가 대량으로 양산되었다. 백성은 강제노역장이나 일본 군대로, 여성은 위안부로 끌려가야 했다. 이렇듯 전쟁은 극단의 자본 이득과 극단의 민족 및 계급 차별을 파생시켰다.

해방은 우리에게 도둑처럼 찾아들었다. 그마저도 우리 힘으로 되찾은 해방이 아니었다. 그랬기에 친일로 뿌리내린 자본과 차별을 끝내 해소해내지 못했다. 이런 이야기들을 다 담지 못한 아쉬움이 이 책에 오롯이 남아 있다.

1. 노주석,《제정 러시아 외교문서로 읽는 대한제국 비사》, 이담북스, 2009, 102쪽에서
   각색해 인용.
2. 위의 책, 101~102쪽에서 각색해 인용.
3. 카르네프,《내가 본 조선, 조선인》, 가야넷, 2003, 58~60쪽에서 각색해 인용.
4. 하원호 외 4인,《개항기의 재한 외국공관 연구》, 동북아역사재단, 2009, 199쪽에서 각
   색해 인용.
5. 위의 책, 202쪽에서 각색해 인용.
6. 위의 책, 204~205쪽에서 각색해 인용.
7. 위의 책, 205~206쪽에서 각색해 인용.
8. 위의 책, 206쪽에서 각색해 인용.
9. 위의 책, 238~239쪽에서 각색해 인용.
10. 위의 책, 209~210쪽에서 각색해 인용.
11. 위의 책, 210~211쪽에서 각색해 인용.
12. 위의 책, 211~212쪽에서 각색해 인용.
13. 김정동,《남아 있는 역사, 사라지는 건축물》, 대원사, 2000, 116쪽에서 인용.
14. 서정민,《한국 가톨릭의 역사》, 살림, 2017, 17~18쪽에서 인용.
15. 김용순 외 7인,《하루쯤 성당 여행》, 디스커버리미디어, 2014, 40쪽에서 인용.
16. 임정의,《명동성당 100년》, 코리언북스, 1998, 23쪽에서 재인용.

17. 이덕주, 《이덕주 교수가 쉽게 쓴 한국교회 이야기》, 신앙과지성사, 2009, 41쪽에서 각색해 인용.

18. 위의 책, 48~49쪽에서 각색해 재인용.

19. 옥성득, 《첫 사건으로 본 초대 한국교회사》, 짓다, 2016, 129쪽에서 인용.

20. 위의 책, 143쪽에서 각색해 인용.

21. 옥성득, 《한국 기독교 형성사》, 새물결플러스, 2020, 426쪽에서 각색해 인용.

22. 위의 책, 468쪽에서 재인용.

23. 서울역사편찬원, 《근대 문화유산과 서울 사람들》(서울역사강좌 04), 서울역사편찬원, 2017, 20쪽.

24. 국가법령정보센터 '반민족행위처벌법 제1장 죄'에서 각색해 인용.

25. 토드 A. 헨리, 《서울, 권력도시》, 산처럼, 2020, 129쪽에서 인용.

26. 위의 책, 123쪽에서 인용.

27. 민족문제연구소, 《일제 식민 통치기구 사전-통감부·총독부 편》, 민족문제연구소, 2017, 27쪽에서 인용.

28. 토드 A. 헨리, 앞의 책, 74쪽에서 각색해 인용.

29. 염복규, 《서울은 어떻게 계획되었는가》, 살림, 2013, 12쪽에서 각색해 인용.

30. 토드 A. 헨리, 앞의 책, 80쪽에서 인용.

31. 홍순민, 《우리 궁궐 이야기》, 청년사, 2010, 62쪽에서 인용.

32. 양택규, 《경복궁에 대해 알아야 할 모든 것》, 책과함께, 2007, 53쪽에서 인용.

33. 황민혜, "사진으로 본 구 용산역사(1906~미상) 외관의 양식 절충에 관한 연구", 〈한국 철도학회 논문집〉(제21권 제5호), 2018, 초록에서 각색해 인용.

1장 서로를 경계하며 우후죽순 밀려드는 외국 공관들

강동완·전병길,《통일의 눈으로 서울을 다시 보다-정동·광화문 편》, 너나드리, 2020.

강준만,《한국 근대사 산책 2》, 인물과사상사, 2007.

강준만,《한국 근대사 산책 3》, 인물과사상사, 2007.

김영수,《이희, 러시아공사관에서 375일: 고종과 아관파천》, 역사공간, 2020.

김정동,《고종황제가 사랑한 정동과 덕수궁》, 발언, 2004.

김정동,《근대건축 기행》, 푸른역사, 1999.

김정동,《남아 있는 역사, 사라지는 건축물》, 대원사, 2000.

김종록,《근대를 산책하다》, 다산초당, 2012.

노주석,《제정 러시아 외교문서로 읽는 대한제국 비사》, 이담북스, 2009.

박영숙,《서양인이 본 꼬레아》, 남보사연, 1998.

박종수,《러시아와 한국》, 백의, 2001.

박종효,《격변기의 한·러 관계사》, 선인, 2015.

벨라 보리소브나 박,《러시아 외교관 베베르와 조선》, 동북아역사재단, 2020.

안창모,《덕수궁》, 동녘, 2009.

윤일주,《한국 양식 건축 80년사》, 야정문화사, 1966.

이순우,《정동과 각국 공사관》, 하늘재, 2012.

임석재, 《서울, 건축의 도시를 걷다 1》, 인물과사상사, 2010.
전우용, 《서울은 깊다》, 돌베개, 2008.
최석호, 《골목길 역사 산책-서울 편》, 시루, 2018.
카르네프, 《내가 본 조선, 조선인》, 가야넷, 2003.
하원호 외 4인, 《개항기의 재한 외국공관 연구》, 동북아역사재단, 2009.
한국문화유산답사회, 《서울-답사 여행의 길잡이 15》, 돌베개, 2004.
한국사역사연구회, 《한영수교 100년사》, 한국사역사연구회, 1984.
홍인근, 《대한제국의 해외공관》, 나남, 2012.

2장 순교하는 가톨릭, 병원과 학교를 앞세운 개신교

강인철, 《한국 천주교의 역사사회학》, 한신대학교출판부, 2007.
김용순 외 7인, 《하루쯤 성당 여행》, 디스커버리미디어, 2014.
김정신, 《역사 전례 양식으로 본 한국의 교회건축》, 미세움, 2012.
서정민, 《한국 가톨릭의 역사》, 살림, 2017.
오영환·박정자, 《순교자의 길》, 해드림출판사, 2020.
오영환·박정자, 《순교자의 땅, 이제는 순례자의 땅》, 가톨릭출판사, 2017.
옥성득, 《첫 사건으로 본 초대 한국교회사》, 짓다, 2016.
옥성득, 《한국 기독교 형성사》, 새물결플러스, 2020.
윤민구, 《한국 천주교회의 기원》, 국학자료원, 2002.
이덕주, 《이덕주 교수가 쉽게 쓴 한국교회 이야기》, 신앙과지성사, 2009.
임정의, 《명동성당 100년》, 코리언북스, 1998.
조은강, 《나의 아름다운 성당 기행》, 황소자리, 2010.
조현범 외 3인, 《한국 천주교회사 4》, 한국교회사연구소, 2011.
주원규, 《한국교회, 이미와 아직 사이에서》, 곰출판, 2020.
최석호 외 2인, 《골목길 근대사》, 시루, 2015.
최석호·옥성삼, 《왜 조선교회는 두 개의 문을 만들었는가?》, 시루, 2019.

3장 근대화를 향한 몸부림, 경운궁 중건과 서양관

강인, 《노래를 잃어버린 시대를 위하여》, 좋은땅, 2019.
교수신문·부산대학교 한국민족문화연구소 로컬리티의인문학연구단 외, 《한국 근현대
　사 역사의 현장 40》, 휴머니스트, 2016.

권기봉,《권기봉의 도시 산책》, 알마, 2015.

김윤희,《이완용 평전》, 한겨레출판, 2011.

김정동,《고종황제가 사랑한 정동과 덕수궁》, 발언, 2004.

노형석,《한국 근대사의 풍경》, 생각의나무, 2004.

독립신문강독회,《독립신문, 다시 읽기》, 푸른역사, 2004.

서울대학교박물관,《그들의 시선으로 본 근대》, 눈빛, 2004.

서울역사편찬원,《개항기 서울에 온 외국인들》, 서울시사편찬위원회, 2016.

서울역사편찬원,《근대문화유산과 서울 사람들》, 서울역사편찬원, 2017.

안창모,《덕수궁》, 동녘, 2009.

옥성득,《첫 사건으로 본 초대 한국교회사》, 짓다, 2016.

이덕수,《신 궁궐 기행》, 대원사, 2004.

이사벨라 버드 비숍,《한국과 그 이웃 나라들》, 살림, 1996.

전국역사지도사모임,《표석을 따라 경성을 거닐다》, 유씨북스, 2016.

전우용,《서울은 깊다》, 돌베개, 2008.

정은혜·손유찬,《지리학자의 국토 읽기》, 푸른길, 2018.

주복식,《덕수궁 이야기》, 톱스타출판사, 2018.

토드 A. 헨리,《서울, 권력도시》, 산처럼, 2020.

홍순민,《우리 궁궐 이야기》, 청년사, 1999.

4장 침략의 첨병으로서 우리를 옥죈 기구들

권기봉,《권기봉의 도시 산책》, 알마, 2015.

노형석,《한국 근대사의 풍경》, 생각의나무, 2004.

다치바나 다카시,《천황과 도쿄대 1》, 청어람미디어, 2008.

다치바나 다카시,《천황과 도쿄대 2》, 청어람미디어, 2008.

서울시공원녹지정책과,《용산공원: 지난 세기의 기억과 흔적을 넘어》, 서울특별시, 2015.

서울시역사문화재과,《용산공원의 세계 유산적 가치》, 서울특별시, 2015.

서울역사편찬원,《근대 문화유산과 서울 사람들》(서울역사강좌 04), 서울역사편찬원, 2017.

서울역사편찬원,《쉽게 읽는 서울사-개항기 편》, 서울책방, 2020.

신주백·김천수,《사진과 지도, 도면으로 본 용산기지의 역사 1》, 선인, 2019.

신주백·김천수,《사진과 지도, 도면으로 본 용산기지의 역사 2》, 선인, 2020.

신주백·김천수,《사진과 지도, 도면으로 본 용산기지의 역사 3》, 선인, 2021.

이완희,《한반도는 일제의 군사 요새였다》, 나남, 2014.

정명섭 외 4인, 《일제의 흔적을 걷다》, 더난출판사, 2016.
홍성태, 《사회로 읽는 건축》, 진인진, 2012.

5장 치밀한 흉계로 경성을 장악한 통치기구들

민족문제연구소, 《일제 식민 통치기구 사전-통감부·총독부 편》, 민족문제연구소, 2017.
서울역사편찬원, 《쉽게 읽는 서울사-일제강점기 편》, 서울책방, 2020.
양택규, 《경복궁에 대해 알아야 할 모든 것》, 책과함께, 2007.
염복규, 《서울은 어떻게 계획되었는가》, 살림, 2013.
임석재, 《사회미학으로 읽는 서울 건축》, 이화여자대학교출판부, 2011.
정운현, 《서울 시내 일제유산 답사기》, 한울, 1995.
토드 A. 헨리, 《서울, 권력도시》, 산처럼, 2020.
홍순민, 《우리 궁궐 이야기》, 청년사, 1999.

6장 거친 숨을 몰아쉬며 철마로 밀려온 근대

교수신문·부산대학교 한국민족문화연구소 로컬리티의인문학연구단 외, 《한국 근현대
    사 역사의 현장 40》, 휴머니스트, 2016.
권기봉, 《서울을 거닐며 사라져가는 역사를 만나다》, 알마, 2008.
김종록, 《근대를 산책하다》, 다산초당, 2012.
노형석, 《한국 근대사의 풍경》, 생각의나무, 2004.
박천홍, 《매혹의 질주, 근대의 횡단》, 산처럼, 2003.
손길신, 《한국 철도사》, 북코리아, 2021.
오창섭, 《근대의 역습》, 홍시, 2013.
윤상원, 《동아시아의 전쟁과 철도》, 선인, 2017.
이덕수, 《한국 건설 기네스 1-길》, 보성각, 2010.
이용상 외 4인, 《한국 철도의 역사와 발전 1》, BG북갤러리, 2011.
이용상 외 4인, 《한국 철도의 역사와 발전 2》, BG북갤러리, 2013.
정운현, 《서울 시내 일제유산 답사기》, 한울, 1995.
정재정, 《일제 침략과 한국철도》, 서울대학교출판부, 1999.
정재정, 《철도와 근대 서울》, 국학자료원, 2018.
황민혜, "사진으로 본 구 용산역사(1906~미상) 외관의 양식 절충에 관한 연구", 〈한국
    철도학회 논문집〉(제21권 제5호), 2018.

7장 이식된 근대화의 길 위에서

강웅천 외 3인, 《근현대사신문-근대 편》, 사계절, 2010.

강준만, 《한국 근대사 산책 2》, 인물과사상사, 2007.

공서연·한민숙, 《역사를 만나는 산책길》, 교보문고, 2020.

김정동, 《남아 있는 역사, 사라지는 건축물》, 대원사, 2000.

노형석, 《한국 근대사의 풍경》, 생각의나무, 2004.

박성진, 《모던 스케이프》, 이레, 2009.

서울역사편찬원, 《서울 2천년사 36》, 서울역사편찬원, 2016.

서윤영, 《서윤영의 청소년 건축 특강》, 철수와영희, 2021.

신정일, 《신정일의 신 택리지-서울·경기도》, 타임북스, 2010.

윤희철, 《그림 그리는 건축가의 서울산책》, 도서출판이종, 2017.

이기열, 《편지에서 인터넷까지 IT강국 한국의 정보통신 역사기행》, 북스토리, 2006.

이승렬, 《제국과 상인》, 역사비평사, 2007.

이용재, 《역사가 아프니 건물도 괴롭더라》, 도미노북스, 2012.

이종탁, 《우체국 이야기》, 황소자리, 2008.

임석재, 《사회미학으로 읽는 서울 건축》, 이화여자대학교출판부, 2011.

임석재, 《사회미학으로 읽는 서울 건축》, 이화여자대학교출판부, 2011.

임석재, 《서울, 건축의 도시를 걷다 1》, 인물과사상사, 2010.

임석재, 《서울, 건축의 도시를 걷다 1》, 인물과사상사, 2010.

정명섭 외 4인, 《일제의 흔적을 걷다》, 더난출판사, 2016.

최공호, 《산업과 예술의 기로에서》, 미술문화, 2008.

최호진 외 4인, 《근대건축-기록과 흔적, 현재》, APC, 2019.

한국문화유산답사회, 《서울-답사여행의 길잡이 15》, 돌베개, 2004.

한국문화유산답사회, 《서울-답사여행의 길잡이 15》, 돌베개, 2004.

황태연, 《한국 근대화의 정치사상》, 청계, 2018.

국립민속박물관 231쪽(아래), 292쪽.
국립중앙박물관 30쪽, 119쪽, 143쪽(아래), 306쪽.
문화재청 27쪽, 35쪽, 64쪽, 73쪽, 75쪽(아래), 122쪽(위), 122쪽(아래).
서울역사박물관 32쪽, 47쪽(위), 60쪽, 85쪽, 96쪽(위), 104쪽, 107쪽(위), 107쪽(아래),
    112쪽, 143쪽(위), 190쪽(위), 199쪽, 206쪽, 216쪽, 220쪽, 221쪽, 225쪽(위), 225쪽
    (아래), 226쪽, 230쪽, 231쪽(위), 234쪽, 310쪽(아래), 311쪽(위).
서울역사아카이브 34쪽, 152쪽, 157쪽, 183쪽, 252쪽, 256쪽, 259쪽, 278쪽, 298쪽.
서울대학교 의학역사문화원 282쪽, 286쪽.
용산공원 160쪽, 166쪽.
용산역사박물관 75쪽(위).
우표박물관 310쪽(위), 311쪽(아래).
인천시문화재과 243쪽.
주한영국대사관 47쪽(아래).

출처가 표기되지 않은 이미지는 지은이가 직접 촬영한 것입니다.
저작권자를 찾지 못한 이미지는 추후 저작권자가 확인되는 대로 합리적 출판 관행에 따
    라 게재 허락을 구하겠습니다.

근대가 세운 건축, 건축이 만든 역사

1판 1쇄 찍음 2022년 09월 01일
1판 1쇄 펴냄 2022년 09월 05일

지은이 이영천
펴낸이 천경호
종이 월드페이퍼
제작 (주)아트인
펴낸곳 루아크
출판등록 2015년 11월 10일 제2021-000135호
주소 10881 경기도 파주시 회동길 480, 아트팩토리 NJF B동 233호
전화 031.998.6872
팩스 031.5171.3557
이메일 ruachbook@hanmail.net

ISBN 979-11-88296-59-0 03910

이 도서는 '2022 경기도 우수출판물 제작지원사업' 선정작입니다.